晚清军事近代化的文化观照

黄松平 朱亚宗 著

广西师范大学出版社
·桂林·

图书在版编目（CIP）数据

晚清军事近代化的文化观照 / 黄松平，朱亚宗著. 桂林：广西师范大学出版社，2025.1. -- ISBN 978-7-5598-7660-7

Ⅰ.E295.2

中国国家版本馆 CIP 数据核字第 2024RT9351 号

广西师范大学出版社出版发行

（广西桂林市五里店路 9 号　邮政编码：541004）
　网址：http://www.bbtpress.com
出版人：黄轩庄
全国新华书店经销
广西昭泰子隆彩印有限责任公司印刷
（南宁市友爱南路 39 号　邮政编码：530001）
开本：880 mm × 1 240 mm　1/32
印张：10　　字数：250 千
2025 年 1 月第 1 版　　2025 年 1 月第 1 次印刷
定价：69.00 元

如发现印装质量问题，影响阅读，请与出版社发行部门联系调换。

序　深谷回望启新知

　　作为四大文明古国之一的中国,曾在政治、经济、文化、科技与军事等方面创造了辉煌的历史。政治、经济方面,秦汉的大一统国家,西汉文景之治及经济繁荣,隋唐的新一轮统一与"八方来朝"的大唐气象,两宋的经济高峰、城市繁华;军事上,战国的大规模军事斗争及《孙子兵法》的问世,秦汉、隋唐及元、明、清客观上促进民族融合的统一战争,古代兵器及城防设施;科技方面,创立医、农、天、算等独树一帜的四大学科,战国时期秦国的都江堰水利工程、秦朝的灵渠,西汉发明的带壁高效犁具领先欧洲千年之久,隋代挖掘南北两条大运河,宋元代数学不仅领先于当时世界,而且以独特的离散数学思维与欧几里得几何的逻辑数学思维各领风骚,中国古代领先的精耕细作的农业技术;在罗马帝国衰亡后的欧洲中世纪,中国社会在总体上一直领先于世界,直至19世纪初,清代的 GDP 仍然占到世界的三分之一。
　　随着欧洲的文艺复兴、宗教改革、牛顿创立近代科学体系、蒸汽机和电力两次工业革命、资本主义体制的完善等一系列重大改革和进步,中西社会的实力和态势发生重大逆转,中国掉入深深的"低谷"之中,情况正如马克思于 1858 年所犀利批判的:"从十九世纪初起……半野蛮人维护道德原则,而文明人却以发财的原则来对抗。一个人口几乎占人类三分之一的幅员广大的帝国,不顾时势,仍然安于现状,由于被强力排斥于世界联系的体系之外而孤立无依,因此竭力以天朝尽善尽美的幻想来欺骗自己,这样一个帝国终于要在这样一场殊死的决斗中死去,在这场决斗中,陈腐世界的代表是激于道义的原则,而最现代的社会的代表却是为了获得贱买贵卖的特权——这的确是一种悲剧,甚至诗人的幻想也永远不敢创造出这种离奇的悲剧题材。"①

在20世纪上半叶,中国的经济社会状况因大规模日本侵华战争和持久内战的影响,在很多方面(如GDP)已不如19世纪。但进入20世纪,在政治、军事及文化领域,因引入马克思主义及大量西方科技文化而拥有强大的进步力量。而在19世纪,这种进步因素只是微弱的萌芽,且受到根深蒂固的封建传统的排斥和压抑。面对19世纪的中国态势,李鸿章惊呼"三千年未有之大变局"。19世纪可说是中国历史的一个深谷。在这样的深谷之中,中国一批开明的封建士大夫开始反省并开眼看世界。尽管他们的基本立场、观念依然是封建的,但他们的眼界、思想与方法已不同程度地超越封建传统,在马克思所严厉批判的"陈腐世界"中已经萌发出新的因素。他们努力奋斗的成果,为后来更先进的人们的作为奠定了重要的基础。本书围绕"中国军事近代化的文化观照"这一主题而展开探讨,以期在深谷的回望中启迪新知。以下就本书主旨和思维方法做一简述。

鉴于对中国在19世纪中后期沦为半殖民地半封建社会后羸弱不堪的状况,现象层次的史料已浩如烟海,理论层次的政治、经济、军事、社会、文化等方面分析亦颇多建树,但学术层次的军事、

---

① 《马克思恩格斯选集》第2卷,北京:人民出版社,1972年,第26页。

科技与文化的交叉综合性研究却十分薄弱,其中不少问题的研究仍付诸阙如。在发展是第一要务、创新是第一动力、人才是第一资源的新时代和"百年未有之变局"的新形势下,关于军事、科技与文化的整体统一性认识异常重要和紧迫,这是走中国式现代化强军兴国道路,必须理性面对的一个充满不确定性的环节。而这一方面的综合性研究,必须结合中国近代从繁盛跌入深谷的教训和病根,方能更为真切和深刻。本书作者在科技哲学、中国科技史、中国近代军事技术史、中国传统文化,以及新军事变革与新科技革命等方面有长期的研究与积累,本书写作的主旨,即在作者所掌握的相关基础理论基础上,对中国近代军事、科技、文化做交叉综合性考察,从新的视角深入认识中国近代从繁盛跌入深谷的若干教训和病根,以及揭示徐光启、陶澍、魏源、曾国藩、胡林翼、左宗棠、李鸿章等一批中国近代化探索者和实践者的进步因素,在这些历史人物为功为罪的众说纷纭中贡献作者的一孔之见,并为新时代中国现代化强军兴国提供某些启示。

关于本书的思维方法,无论在酝酿构思阶段,还是写作修改阶段,都是萦绕于笔者脑海的一个重要问题,面对纷繁复杂的近代军事、科技、文化史料,以及关于中国近代史相关人物为功为罪的各种评说,本书始终秉持马克思主义的思维方法。

一、历史唯物主义的功绩思维

本书所涉及的重要人物,在中国近代史研究中颇有争议,有些评价甚至有霄壤之别。如曾国藩逝世时,有挽联评为中国第一等圣贤与完人:"立德立功立言三不朽,为师为将为相一完人。"这一评价从19世纪下半叶一直延续到20世纪40年代,毛泽东在青年时代也曾言:"吾于近人独服曾文正。"但范文澜先生在延安的一篇文章,将曾国藩从圣人贬为历史的罪人:镇压农民运动的刽子手与崇洋媚外的卖国贼。

近年学界对曾国藩的评价虽趋客观平和,但分歧依然不小。就笔者手头几本中国近代史而言,关于曾国藩的评价就大相径庭。由白寿彝先生主编,曾于1980年11月出版发行的《中国通史纲要》。又于2016年1月第2版发行,封面标记"史学泰斗传世之作,中国通史经典读本",对曾国藩的评价是:"曾国藩(1811至1872年),号涤生,湖南湘乡县人。他在血腥镇压人民群众的同时,大力宣扬封建道德,说君臣、父子、上下、尊卑,如冠履之不可倒置。"①也是在2016年,由著名的曾国藩研究专家唐浩明评点与编写,出版了一套曾国藩著作,其中有一本《曾国藩书信》,前言写道:"百余年来风行海内的曾氏家书,它集中展示了曾氏的精神世界,无论是对学人的研究,还是对世人的实用,始终都是一部经典之作。"②白寿彝与唐浩明两位中国近代史名家关于曾国藩精神文化的评价,在今天仍有霄壤之别,是发人深省的。

两位专家对曾国藩的评价是苛是夸,见仁见智,仍须从长计议,等待历史的沉淀与评判。但是历史唯物主义明确的人物功绩评价标准,为笔者所完全赞同,这就是列宁早在1897年就指出的:"判断历史的功绩,不是根据历史活动家有没有提供现代所要

---

① 白寿彝主编:《中国通史纲要》,北京:中国友谊出版公司,2016年,第251页。
② 唐浩明编:《曾国藩家书》,长沙:岳麓书社,2016年,第1页。

求的东西,而是根据他们比他们的前辈提供了新的东西。"①

二、学术无穷的探索思维

马克思和恩格斯指出:"我们仅仅知道一门唯一的科学,即历史科学。"②从广义来说,历史科学的研究在空间与时间上都是无穷的。中国马克思主义史学的奠基人李大钊的《史学要论》《史学概论》《研究历史的任务》等著作,不仅在中国史学史上第一次构建了马克思主义史学的基本理论框架,而且提出了历史学必须与时俱进,有"改作和重作"旧历史的巨大空间。

"历史是有新鲜的生命的,是活动的、进步的,不但不怕改作和重作,而且还要吾人去改作、重作。……推翻古人的前案,并不算什么事,故吾人应本新的眼光去改作旧历史。很希望有许多人起来,去干这种很有趣味的事,把那些旧材料的记录,统通召集在新的知识面前,作一个判决书。"③

李大钊关于史学必须与时俱进的观念,与鲁迅关于中国文学史必须重新研究的见解是相通的。鲁迅在 1934 年 3 月 4 日致萧三的信中说:"中国文学史没有好的……至于作家评传,更是不行,编者并不研究,只将载于报章杂志上的'读后感'之类,连起来成一本书,以博稿费而已,和别国的评传,是不能比的。"④

---

① 黎澍、蒋大椿主编:《马恩列斯论历史科学》,北京:人民出版社,1980 年,第 344 页。
② 黎澍、蒋大椿主编:《马恩列斯论历史科学》,北京:人民出版社,1980 年,第 1 页。
③ 李大钊:《史学要论》,北京:北京出版社,2018 年,第 142—145 页。
④ 鲁迅:《鲁迅全集》第 12 卷,北京:人民文学出版社,1991 年,第 347 页。

鲁迅不仅能批判,而且能创造。他以在北京大学讲授中国小说史的讲义为基础,于1923年出版了《中国小说史略》,以后多次修订,直至1935年第10版时,仍有改订,终成中国文学史名著。鲁迅又以在厦门大学与中山大学的讲义为基础,完成了《汉文学史纲要》这部中国文学史力作。正是创作两本中国文学史经典著作的学养,使鲁迅评价当时的中国文学史时,有"会当凌绝顶,一览众山小"的底气和眼光。

尽管中国军事近代化的著述与相关历史人物的评说,已如汗牛充栋,但空白与争议仍不计其数。本书作者尝试以军事、科技、文化的交叉视野,对中国近代史的若干问题进行新的探索,以期深化研究,创新见解,为中国式现代化强军兴国之路提供某些启示。

三、传统文化的扬弃思维

本书所涉及的中国近代史上的重要人物,如陶澍、曾国藩、胡林翼、左宗棠等人,皆以坚守、恢复、发扬中国传统文化为理想和职守,中国传统文化思想不仅是他们事功的基本指导思想,也是他们修身养性的主要思想源泉。对于身处半殖民地半封建社会的严重衰落的深谷中却依然坚守传统文化的人物,本书作者以"扬弃"的思维进行评说,情况与恩格斯对待黑格尔哲学的"扬弃"相类似:"仅仅宣布一种哲学是错误的,还制服不了这种哲学。像对民族精神发展有过如此巨大影响的黑格尔哲学这样的伟大创作,是不能用置之不理的办法加以清除的。必须从它的本来意义上'扬弃'它,就是说,要批判地消灭它的形式,但是要救出通过这个形式获得的新内容。"①

中国古代传统文化以及曾、胡、左等人所坚守的文化传统都有优秀积极的一面与落后、消极的一面。毛泽东在《新民主主义论》中所论述的对待"古代文化"的态度,仍是我们今天对待传统文化及相关人物应该遵循的态度。"中国的长期封建社会中,创造了灿烂的古代文化。清理古代文化的发展过程,剔除其封建性的糟粕,吸收其民主性的精华,是发展民族新文化提高民族自信心的必要条件;但是决不能无批判地兼收并蓄。必须将古代封建统治阶级的一切腐朽的东西和古代优秀的人民文化即多少带有民主性和革命性的东西区别开来。中国现时的新政治新经济是从古代的旧政治旧经济发展而来的,中国现时的新文化也是从古代的旧文化发展而来的,因此,我们必须尊重自己的历史,决不能割断历史。"②

除了上述原则性的基本态度,近代思想家梁启超又为我们示范了具体看待近代史人物某种优秀品格的眼光:"曾文正……非有超群绝伦之天才,在并时诸贤杰中称最钝拙,其所遭事会,亦终身在拂逆之中。然乃立德、立功、立言,三不朽,所成就震古烁今而莫与争者,其一生得力在立志自拔于流俗,而困而知,而勉而行,历百千艰阻而不挫屈,不求近效,铢积寸累,受之以虚,将之以勤,植之以刚,贞之以恒,帅之以诚,勇猛精进,艰苦卓绝。"③这种坚忍不拔、铢积寸累的优秀传统文化精神与实践,不仅助力曾国

---

① 《马克思恩格斯全集》第 4 卷,北京:人民出版社,1972 年,第 505 页。
② 毛泽东:《毛泽东选集》第 2 卷,北京:人民出版社,1991 年,第 707—708 页。
③ 梁启超辑:《曾文正公嘉言钞》,北京:金城出版社,2013 年,第 4 页。

藩在中国军事近代化、中西科技交流和开辟中国近代工业等方面取得卓越成就,而且使五百年来未有人才的曾氏家族连续六代人才辈出。曾氏家族有两百余人接受了高等教育,众多留学欧美或日本等国,其中取得博士、硕士和获得院士、教授、研究员等职称的多达百余人,未出现一个"废人",构成了一个声名远播的家族人才群体。

国家之魂,文以化之,文以铸之。本书基旨是弘扬中国军事近代化过程中的积极文化因素,以及挖掘相关人物超越前人的独特贡献,重点不在批判,而在弘扬挖掘"宝藏",揭示蕴含其中的文化精神、文化胸怀和文化自信,推动中华优秀传统文化创造性转化、创新性发展,以期为中国式现代化强军兴国之路提供文化借鉴和启示,不断提升国家文化软实力和中华文化影响力。所论有所侧重,希读者批评指教。

黄松平　朱亚宗

于国防科技大学一号院图书馆

2024 年 11 月 22 日

目 录

上 篇

第一章 对近代火器革命为什么没有在中国产生的思考 …… 3
  一、中国传统科学内在缺陷的影响 …………………… 3
  二、国家政治权力的专制 ……………………………… 4
  三、封建经济体系的腐朽 ……………………………… 7

第二章 对文化与战争关系的辩证思考 …………………… 9
  一、战争本身是一种经常性的文化交往方式 ………… 9
  二、文化是战争演变的重要基础 …………………… 13
  三、战争的胜负越来越由兵士的文化水平决定 …… 20

第三章 关于中国工程首创性的文化思考 ……………… 24
  一、中国工程首创性的历史回顾 …………………… 24
  二、中国工程首创性薄弱的深层文化根源 ………… 31
  三、提升中国工程首创性水平的战略性建议 ……… 40

第四章 "魏源—曾国藩—郭嵩焘猜想"与中国军事技术近代化
………………………………………………………… 48
  一、魏源对中国军事技术近代化的探索 …………… 48
  二、曾国藩中国军事技术赶超西方的"二十年论" ……… 50

三、郭嵩焘"三百年论"的理性认知 …………………… 53
第五章 中国近代军事工程技术衰落的原因解析 …………… 56
　一、中国近代军事工程技术衰落的状况 …………………… 56
　二、中国近代军事工程技术衰落的内在原因分析 ………… 61
　三、中国近代军事工程技术衰落的社会原因考察 ………… 69
第六章 军事技术自觉与军事技术创新 ……………………… 74
　一、古代军事技术自觉意识的迷失与军事技术创新的举步
　　　维艰 ………………………………………………………… 74
　二、近代军事技术自觉意识的觉醒与军事技术创新的长足
　　　发展 ………………………………………………………… 76
　三、现代军事技术自觉意识的成熟与军事技术创新的狂飙
　　　突进 ………………………………………………………… 78
　四、保持军事技术自觉意识是军事技术创新的不竭动力
　　　…………………………………………………………… 81

中　篇

第七章 军事技术主体结构变迁与晚清军事技术进步 ……… 85
　一、军事技术个体主体与晚清军事技术近代化的发轫 …… 85
　二、军事技术集团主体与近代军事工业的肇始 …………… 89
　三、军事技术社会主体与晚清军事技术的深入发展 ……… 93
第八章 徐光启与曾国藩比较新论 …………………………… 97
　一、徐光启:科学的创造者和文化的迷失者 ……………… 97

二、曾国藩：科学的门外汉与和文化的坚守者 …………… *103*
　　三、在培植固有文化传统中学习西方先进科技 …………… *106*

第九章　陶澍与中国近代化的探索和揭橥 ……………………… *108*
　　一、陶澍对中国近代化思潮的引领 ………………………… *108*
　　二、陶澍与中国近代化经济改革 …………………………… *112*
　　三、陶澍与中国近代化人才准备 …………………………… *115*
　　四、陶澍与中国军事近代化 ………………………………… *117*

第十章　魏源科学探索者形象与中国科技价值观的转向 …… *121*
　　一、中国传统文化中重道轻器的科技价值观 …………… *122*
　　二、魏源的自然科学知识与科学思想修养 ……………… *127*
　　三、魏源的工具主义科技价值观及其历史地位 ………… *130*
　　四、魏源工具主义科技价值观的局限 …………………… *134*
　　五、晚清后魏源时代军事技术的进步 …………………… *136*

第十一章　"曾国藩之谜"的深层解析 ………………………… *138*
　　一、军事价值文化中的"道器"之争 …………………… *138*
　　二、曾国藩道器游移的表现和"曾国藩之谜" ………… *140*
　　三、深层文化潜意识与"曾国藩之谜"的破解 ………… *144*

第十二章　曾国藩系统科技价值观探析 ……………………… *152*
　　一、曾国藩系统科技价值观的思想渊源 ………………… *152*
　　二、曾国藩系统科技价值观形成与实施的主客观条件 …… *158*
　　三、曾国藩系统科技价值观的实际施展 ………………… *164*

第十三章　曾国藩选将核心标准与早期选将典范储玫躬管窥
　　………………………………………………………………… *170*
　　一、曾国藩选将的核心标准 ……………………………… *170*

二、储玫躬是典型的忠义血性型将领 …………………… 175
　　三、储玫躬乃湖南靖州人 …………………………………… 183

第十四章　曾国藩与中国军事技术近代化 ………………………… 185
　　一、理性认知军事技术的地位和作用 …………………… 185
　　二、开创中国近代军事科技事业先河 …………………… 188
　　三、罗致和培养近代化军事科技人才 …………………… 192

第十五章　李鸿章与中国军事近代化 ……………………………… 197
　　一、购求和自制新武器,促进军事装备近代化 ………… 197
　　二、兴办近代军工厂,促进军事工业近代化 …………… 199
　　三、配合新式装备练兵,促进军事训练近代化 ………… 203
　　四、培养新式军事人才,促进军事教育近代化 ………… 206

第十六章　胡林翼与中国近代建军治军范式的转型 ……… 210
　　一、军事技术系统时代的开端与冷兵器时代的建军治军
　　　　范式 ……………………………………………………… 210
　　二、近代重文轻武的文化环境 …………………………… 212
　　三、胡林翼建军治军范式的基本内容 …………………… 217
　　四、结语 …………………………………………………… 233

第十七章　晚清军事技术发展策略的调整与福州船政局的成就
　　　　　 ……………………………………………………………… 234
　　一、军事技术非均衡发展策略导致的水师装备的衰退 …… 234
　　二、福州船政局:均衡发展策略下海军技术进步的缩影 … 240
　　三、福州船政局与清末海军军事技术人才力量的成长 …… 249

下 篇

第十八章 从湖湘文化中汲取强军兴军力量 …………… 255
 一、从湖湘文化的政治意识中汲取爱国报国的道德精髓
  ………………………………………………………… 255
 二、从湖湘文化的尚武精神中汲取能打胜仗的意志能力
  ………………………………………………………… 257
 三、从湖湘文化的务实学风中汲取精神力量 …………… 259

第十九章 用中华优秀传统军事文化助力强军实践 …… 262
 一、先秦军事文化是中国传统军事文化的重要源流 …… 262
 二、汲取中华传统军事文化优秀特质助推强军实践 …… 264
 三、推动中华优秀传统军事文化的创造性转化与创新性发展
  ………………………………………………………… 270

第二十章 以先进军事文化助推国防科技创新的案例实践 ……
 ………………………………………………………………… 273
 一、军事文化与先进军事文化的科学内涵 ……………… 273
 二、军事文化是国防科技创新的深层动力 ……………… 275
 三、军事文化助推国防科技创新的路径 ………………… 282

第二十一章 以高度的军事文化自信推动强军兴军 …… 288
 一、军事文化自信是决定战争胜负的深层因素 ………… 289
 二、高度的军事文化自信是强军兴军的重要基石 ……… 291
 三、培养高度军事文化自信 ……………………………… 295

上 编

第一章 对近代火器革命为什么没有在中国产生的思考

中国是世界上最先发明火药的国家,也是首先使用火器的国家。唐哀宗天祐元年(904)火药已经被应用于军事,1132年又发明了原始的管型火药火器。直到13世纪,火器才由阿拉伯人传到欧洲。此后,火器在欧洲获得了长足发展,最终演变成了一场影响世界历史进程的火器革命。近代火器革命为什么没有在火药的故乡中国产生,其原因值得我们深入探索和思考。

一、中国传统科学内在缺陷的影响

中国传统科学的一个显著特点是满足于实际应用,缺乏理论上的探讨。在古代所留传下来的许多科技著作中,大多属于对当时生产经验的直接记载或对自然现象的直观描述。除猜测性的议论外,极少进行科学理论的探讨,凡是讲不清所以然的各种科学现象,往往都用"阴阳学说"来解释。如关于火药成分硝石、硫磺、木炭的性能古代人讲不清楚,就把它们分到"阴""阳"两类物质中去,认为火药的爆炸是由于阴阳两类物质矛盾作用的结果。明代宋应星在《天工开物》中就说:"凡火药以硝石、硫磺为主,草木灰为辅。硝性至阴,硫性至阳,阴阳两神物相遇于无隙可容之中。其出也,人物膺之,魂散惊而魄齑粉。"

当人们接受了这种玄之又玄的解释之后,继续探索的精神便立即消失了。同时,轻视实验与不善于实验,是中国传统科学的通病。除了天象观测、水利工程、宫殿营造等在历代受到重视外,其他如物理学和化学领域的实验极少,现在流传下来的有关科学实验记载的历史典籍十分贫乏。如果不进行特定的实验,就不能把自然界中各种错综复杂的现象逐个分离开来,就不能进行单独的深入分析研究,结果只能得到笼统、模糊的印象。

二、国家政治权力的专制

中国是世界上最早发明火药的国家,也是最早将火器运用于战争的国家。但及至明代,中国火器技术便已经被西方超越了。清朝以骑射得天下,所以在军队建设的观念上也就形成了骑射乃"满洲之根本,旗人之要务"的观念,对火器的研究与生产极度轻视,规定军队不准专习鸟枪而废弓矢。这导致了清军武器装备长期得不到更新。清军入关时,就装备着弓矢、矛戟、刀斧、椎梃等冷兵器与鸟枪、抬枪、少量火炮等热兵器。[1] 到了鸦片战争时,清军在武器装备方面竟然没有任何变化。其实,清军本来有很多改进武器的机会,但都被自己放弃了。

乾隆五十七年(1792),大英帝国以给乾隆皇帝祝寿为名派出了马戛尔尼勋爵(1737—1806)率领的庞大使团访问清朝。使团中包括外交官、贵族、学者、医师、乐师、技师和士兵,加上水手近

---

[1] 季云飞、章慕荣:《中国近代军事文化的变迁》,《军事历史研究》,2002年第4期。

700人,分乘五艘船只,其主舰"狮子号"拥有64门火炮。在历经10个月的海上颠簸后,使团于1793年7月抵达天津大沽口岸,并于9月14日在承德避暑山庄觐见了乾隆皇帝。

马戛尔尼为了吸引和打动乾隆皇帝和清朝官员,精心准备了足以显示西方工业革命以来最新科学技术水平和军事实力的许多礼物。除了科学仪器、车辆、图册、乐器、呢绒等,还有当时欧洲最先进的步枪、连发手枪、榴弹炮、迫击炮等武器。其中一种用于野战的小型铜炮,据记载每分钟能发射7发炮弹,射击速度很高。① 而且为了给皇帝留下深刻的印象,使其支持他们的外交活动,随团卫队准备在皇帝面前迅速变换队形并展示现代炮兵的装备。另外,英王陛下赠送给中国皇帝当时英国最大的、装备有110门最大口径火炮的"君主号"战舰的模型。"这是想暗示装备有64门火炮的'狮子号'及其4艘护航舰只是英国强大海军舰队的微不足道的一部分。"② 这本来是一次了解西方最新军事技术及其炮兵战术的绝佳机会,但遗憾的是,清廷上下对这些送上门的先进军事技术竟无动于衷,也不屑去学习。

虽然英国人竭力在某些方面展示军事技术的优越,但面对自高自大、陈陈相因的天朝帝国,显然是枉费心机。乾隆皇帝并没有继承其祖父康熙那种深受传教士赞扬的科技爱好,他本能地反感新生事物,不屑于让马戛尔尼赠送的速射大炮当他的面试放一下,对使团的要求和建议更是表现出傲慢冷淡的态度,认为"天朝

---

① 李斌:《清代传统兵学的衰落与"师夷制夷"战略思想的形成》,《故宫博物院院刊》,2002年第3期。
② [法]阿兰·佩雷菲特:《停滞的帝国:两个世界的撞击》,王国卿等译,北京:生活·读书·新知三联书店,1998年,第86页。

物产丰盈,无所不有"。马戛尔尼向权臣和珅建议中英两国进行科学和技术的交流,但和珅对此同样兴趣不大,并且阻止了马戛尔尼精心准备的热气球升空和其他一切试验。马戛尔尼转而想去博得乾隆爱将福康安的好感,邀请他观看装备连发枪的使团警卫操练,但也被后者拒绝了。福康安认为这毫无"新意",回复英国使团道:"看亦可,不看亦可。这火器操作,谅来没有什么稀奇。"其傲慢和盲目自大的心态暴露无遗。其实,连发枪对于这位南征北战、战功卓著的将军来说完全是一个"新大陆",清军此时还在用火绳引爆的枪。难怪使团副使斯当东失望地做出结论:"在这个国家,人们认为一切都是最好的,并认为任何改进的打算都是多余的,甚至是有罪的。"①

中国封建统治者出于自身统治考虑,时时禁锢和鄙薄科学技术,限制科学技术的发展,从事科学研究的人常常要担风险。孙中山就说过,在中国封建社会里,"创造新器,发明新学,人们以惧死刑,不敢从事"。② 任何一个有才华的人一想到自己的努力得到的不是报酬而是惩罚,那他就必然会无所作为。清朝自康熙平定噶尔丹以后,不但禁止进行火器研制,甚至将前代关于兵器的书籍列为禁书,致使火器失去传承。此后各朝因袭康熙制定的政策,对民间私造火器做出变本加厉的规定。雍正规定:"鸟枪硝黄,不许民间藏匿。"乾隆上谕:"私藏火炮及私造鸟枪者,系官革职,兵丁鞭一百革退,火炮鸟枪俱入官。"道光年间规定:"凡合成

---

① [法]阿兰·佩雷菲特:《停滞的帝国:两个世界的撞击》,王国卿等译,北京:生活·读书·新知三联书店,1998年,第382页。
② 孙中山:《孙中山选集》上卷,北京:人民出版社,1962年,第23页。

火药十斤以上者,照私铸红衣大小炮位例处斩,妻子缘坐,财产入官。"

在清朝以政治强权推行火器限制的政策下,近代火器革命在中国产生是不可能的。加之封建君主由于短视和无知实行闭关锁国的政策断绝了西学东渐的道路,可以说,清廷内堵死了自主创新的源泉,外切断了科技传播的渠道,火器发展几乎完全停滞。以火器著述为例,自南怀仁的《神威图说》(1682)和《穷理学》(1683)发表之后,直至鸦片战争以前,近一个半世纪竟没有一本论及火器的兵书和科技著作问世。

三、封建经济体系的腐朽

社会生产发展的需要程度对于科学技术的发展起着决定性的影响。正如恩格斯所说的:"社会一旦有技术上的需要,则这种需要就会比十所大学更能把科学推向前进。"[1]生产发展的需要会促使人们对原有的科学技术加以变革,生产的发展反过来又可以为人们提供新的研究资料和更为有力的研究手段。欧洲近代科学正是在工业生产蓬勃发展和航海贸易实业的需要下兴起的。

火器西传后,一开始的进步还是比较缓慢,后来就以持续加速的步调发展。由蒸汽机引发的工业革命带来了工业各领域的巨大变革,反过来又刺激着科学各分支的发展。科学、技术和工业形成相互促进的上升模式,18世纪末,这场工业革命最终导致战争走向工业化,大批量生产、装配线技术相继产生,工厂成为战

---

[1]《马克思恩格斯全集》第4卷,北京:人民出版社,1972年,第505页。

场的重要组成部分。19世纪末,英国的阿姆斯特朗兵工厂拥有2.5万名员工和各种先进的机器设备,包括一个星期能冶炼700吨钢材的设备,能制造2500支李-恩菲尔德步枪和维克斯机枪的设备等。

中国自古以来就是以农业立国,农业经济在整个国民经济中占有绝对优势。到了封建社会后期,自给自足的自然经济对科学技术的需要越来越成停滞状态,极不利于科学技术的交流和传播,大大阻碍了科学技术的发展。农业生产技术在几千年中几乎没有根本性的变化与进步,操作过程单调往复,生产技术因循守旧,这对科学技术的发展起了一种消极的限制作用。

马克思指出:"亚洲各国不断瓦解,不断重建和经常改朝换代,与此截然相反,亚洲的社会却没有变化。这种社会的基本经济要素的结构,不为政治领域的风暴所触动。"①中国封建社会基本结构的长期停滞使得与其相适应的科学技术结构也长期停滞在古老而幼稚的形态中。同时,口耳相传、父子相传的技术保守,严重地影响科学技术社会化,严重地阻碍科学技术的交流和提高。

---

① 《马克思恩格斯全集》第23卷,北京:人民出版社,1972年,第367页。

第二章 对文化与战争关系的辩证思考

任何由人类组成的有凝聚力和纪律的群体,在共同生活一段时间后,都会形成自己的文化。文化维系了团体,如果没有一套大家都非常熟悉并认为理所当然的准则,就不会有纪律和凝聚力。文化是团体的"地标"和 Logo,它将一个团体与另一个团体区分开来。作为执行政治任务的武装集团,任何军队都是由我们称之为军事文化的纽带维系起来的暴力组织。战争是一种文化现象。"从文化角度阐释军事和战争,有助于我们更好地揭示战争的实质,从而找到一条消除战争的文化蹊径。"①

一、战争本身是一种经常性的文化交往方式

文化交往是人类文化发展和社会进步的重要杠杆。它不仅是人类社会无从避免的文化现象,而且是文化发展的加速剂与新文化出世的催化剂。一切优秀的、内涵丰富、影响巨大的传统文化,无不是包容性很强,汲取和消融外来文化能力很强的文化。情况正如罗素指出的那样:"在往昔,不同文化的接触曾是人类进步的路标。希腊曾经向埃及学习,罗马曾经向希腊学习,阿拉伯

---

① 陆惠林、林建公:《对战争与文化的辩证思考》,《军事历史研究》,1990 年第 1 期。

人曾经向罗马帝国学习,中世纪的欧洲曾经向阿拉伯学习,文艺复兴时期的欧洲曾经向拜占庭学习。"①

梁启超(1873—1929)很早便注意到了文化交流对社会进步的重要性:"我中华当战国之时,南北两文明初相接触,而古代之学术思想达于全胜;及隋唐间与印度文明相接触,而中世之学术思想放大光明。"②著名历史学家柳诒徵(1880—1956)更是以中外文化间的两次大交流为界限,将中华文化的发展史大致分为三个时期:一是"自邃古以迄两汉,是为吾国民族本其创造之力,由部落而建设国家,构成独立之文化之时期";二是"自东汉以迄明季,是为印度文化输入吾国,与吾国固有文化由抵牾而融合之时期";三是"自明季迄今日,是为中印两种文化均已就衰,而远西之学术、思想、宗教、政法以次输入,相激相荡而卒相合之时期"。③ 这是从文化交流的独特视角所做的中国文化发展史的分期。"中古和近世两次大规模地引进与融合外来文化的大潮,在中华文化史上确有划时代之性质,每次都促使中华文化开拓出新局面,展现出新特质,进入了新时代。"④

从历史上看,文化交往形式主要有:迁徙、贸易、传教、殖民、战争、旅游、留学、图书往来、外交等。但是在一定的历史时代,文明的传播只能通过战争征服和强迫认同来实现,有时甚至是通过

---

① [英]罗素:《一个自由人的崇拜》,胡品清译,北京:时代文艺出版社,1988年,第8页。
② 梁启超:《论中国学术思想变迁之大势》,《饮冰室合集·饮冰室文集之七》,北京:中华书局,1989年,第4页。
③ 柳诒徵:《中国文化史》上册,南京:正中书局,1947年,第1页。
④ 丁伟志、陈崧:《中西体用之间》,北京:中国社会科学出版社,1995年,第2页。

赤裸裸的野蛮侵略和血腥镇压来实现的。尤其在古代,战争曾对文化交流产生过特殊的积极作用。日本军事理论家浅野祐吾在研究东西方的文化交流关系时也认为:"战争是建立这种文化交流关系的一个重要途径。"①自从人们开始在肥沃的底格里斯河和幼发拉底河流域以及尼罗河流域定居下来,并为保卫他们的农业社会使它免遭觊觎其平原的游牧民族的挑战以来,战争一直与人们的求生图存密切相关。冲突从来不是历史进程的一种罕见现象,而是它的常见现象。可以毫不夸张地说,战争从未在人类生活中长时间停顿过。

据不完全统计:"在有记载的5560年的人类历史上,共发生过大小战争14 531次,平均每年2.6次。中国更是战争频繁之国,见诸史籍的战争发生了近5000次,约占世界战争总数的1/3。"②因此,马克思、恩格斯在《德意志意识形态》一书中深刻指出:"战争本身还是一种经常的交往形式。在传统的、对该民族来说唯一可能的原始生产方式下,人口的增长需要有愈来愈多的生产资料,因而这种形式也就被愈来愈广泛地利用着。"③实际上,战争作为一种交往形式,不但对野蛮民族是这样,而且对文明民族也莫不如此。作为第一次东西方文化大接触的十字军东征伴随着血与火的战争,地理大发现以海盗式的烧杀掳掠来完成,近代西方文化对东方文化的冲击更是以大炮军舰为前导的。

---

① [日]浅野祐吾:《军事思想史入门》,赵志民、李苑译,北京:解放军出版社,1988年,第10页。
② 李选清等:《从学子到良将的路有多远——沈阳军区某师师长高光辉成长启示录》,《解放军报》,2009年4月22日。
③ 《马克思恩格斯军事文集》第1卷,北京:战士出版社,1981年,第51页。

军事上的对抗同时也是文化之间的碰撞。"战争的精华,却不是在胜利,而是在于文化命运的展开。"德国历史学家斯宾格勒(1880—1936)这句名言深刻地道出了战争与文化关系的实质。在两种文化的对抗过程中,处于弱势的文化能否在外来文化的冲击下,积极地进行自我更新,是能否长久生存下来的一个前提条件。这种文化的自我更新,在军事领域内就表现为军事思维的变革或革命。同时,这一结论也蕴含着军队在国家文化软实力中的先导作用。由于军队是基于战争的存在而存在的,而战争的胜利又为拓展和提升国家的文化实力打开了通道,所以军队在国家文化建设中具有先导作用。特别在正义战争中,军队这种先导作用就愈加明显。历史和现实告诉我们,军队通过革命的正义战争,不仅在摧毁旧社会中建立新社会,而且成为"转到新时代的桥梁"①。

英国军事理论家富勒(1878—1966)认为:"马拉松一战使希腊人对于他们自己的命运发生了信心。整个命运支持了三个世纪,在整个时期中,西方文化才出生了。所以马拉松可以算是欧洲出生时的啼声。"②富勒视萨拉米斯海战和普拉提亚会战为历史上最伟大的战役,其原因正在于它们好像是两根擎天柱,负起支持整个西方历史的责任。③ 古代罗马与迦太基的死战则是地中海

---

① 刘戟锋:《刍议军队在国家文化软实力建设中的作用》,《中国军事科学》,2008年第3期。
② [英]J. F. C. 富勒:《西洋世界军事史》第1卷,钮先钟译,北京:战士出版社,1981年,第32页。
③ [英]J. F. C. 富勒:《西洋世界军事史》第1卷,钮先钟译,北京:战士出版社,1981年,第60页。

文化区域将要统一时的大战。公元7世纪,希腊化的埃及被阿拉伯人所征服后就很快阿拉伯化,直到今天埃及仍是阿拉伯文化的一部分。

近代以来,西方文化正是凭借非对称战争的胜利高歌猛进,主宰了战败者的命运,当然同时包括其文化命运。鸦片战争中西方凭借坚船利炮打开"天朝大国"的大门,西方文化开始大规模进入中国。其目的并非发展中国文化,而是要实现对中国文化的控制。这种险恶用心在鸦片战争期间担任英国海军司令向导的传教士郭士立(1803—1851)的狂妄宣言中暴露无遗:"龙要被废止,在这个辽阔的帝国里,基督教将成为唯一的王和崇拜对象。"①

二、文化是战争演变的重要基础

战争的历史表明,当一个社会出现了过剩的物力和劳力足以维持对历史产生深远影响的冲突时,长时间、大规模的战争才会产生。可见,一个社会出现战争,特别是大战必须达到一定的文明程度。在这个意义上,战争是一种"奢侈品"。② 文化是战争演变的重要基础。

(一)战争规模随着文化的发展而演变

克劳塞维茨(1780—1831)在其不朽名著《战争论》开篇即给

---

① 程伟礼:《基督教与中西文化交流》,《复旦学报》,1987年第1期。
② 倪乐雄:《战争与文化传统:对历史的另一种观察》,上海:上海书店出版社,2000年,第340页。

出了一个有关战争的初步定义。他说:"战争无非是扩大了的搏斗。""战争是迫使敌人服从我们意志的一种暴力行为。"①葛林伯雷曾说:人生来就是文化的产物。换句话说,人类整个内在活动系统是依循着物种进化的系统而建造和"计算"的,以至于需要用文化传统加以补充。造成一个群体的凝聚和排外的特殊性质是文化发展里仪式化了的行为标准。

假若没有依赖于文化的传统仪式和风俗,人类绝不可能形成一个大于原始家庭团体的社会单位。② 因此,也就绝不可能发生大规模的战争了。其实,高昂的战斗精神正是行为模式与仪式化社会标准交互作用的结果。战斗性热心正是在强烈的文化仪式感染下被激发出来的。在战斗的激烈时刻,他们为去迎接那个文化仪式赋予的神圣任务准备放弃一切。此时,一切理性思考、批评和合理的争论都以最低姿态沉默下来。在参与战争甚至是不义之战的士兵也会有正直的感觉,甚至感受到这种正直的快乐。就像西方谚语说的那样:"当旗帜飘扬时,一切正气都在号声之中。"③

战争规模的衍生与文化的发展密切相关。文化是激发战斗精神的最强号令,战斗精神所防卫的对象随着文化的发展而变化。从战争的演变看,战争起先是为了团体奋战。这个团体是具

---

① [德]克劳塞维茨:《战争论》第1卷,中国人民解放军军事科学院译,北京:商务印书馆,1978年,第23页。
② [奥]康罗·洛伦兹:《攻击与人性》,王守珍、吴雪娇译,北京:作家出版社,1987年,第277页。
③ [奥]康罗·洛伦兹:《攻击与人性》,王守珍、吴雪娇译,北京:作家出版社,1987年,第281页。

体的,分子之间彼此认识,而且这个团体是由爱情与友谊的联系集聚起来的。随着社会单位的扩大,共为分子所遵从的社会标准和仪式成为凝聚团体的主要表征。经过巴甫洛夫(1849—1936)的条件化历程以及一些不可逆的烙印,这些非常抽象的价值在每个人的文化里,都取代了团体防卫举动里最原始、最具体的对象。这种传统的条件化替代对象,对战斗性热心的功能将有关键的影响。一方面,对象本身的抽象性质使得它有鲜明的残忍性,而变得绝对的危险。在海涅(1797—1856)诗中,拿破仑的士兵这样说:"我在乎妻儿的什么?"正是此种举动的最大特色。另一方面,它使得战斗性热心在为真正的道德价值效劳的时候,能够得到支援。① 假如没有战斗性热心专注的奉献,战争不可能长久持续,其破坏力也不会趋于极致。

共同的文化价值凝聚起来的军队的战斗力显然大于同等数量的一群乌合之众。因此,历史上能征善战的军队往往是由共同的文化价值维系的军队,并且深信自己的文化优于它的对手。由共同文化价值武装起来的军队面对危险会毫无畏惧,勇往直前。军队的一个重要工作就是培育激发战斗热情的这种共同的价值观念,以使其在战争中的作用发挥到极致。"聪明的理性责任想要控制我们的感情去归顺于文化价值的需求,就像它在检视其他的本能一般的强——假若没有超过的话。假若放肆的战斗性热心被群众所传染,而且当它的高贵貌视了一切其他的顾虑的时

---

① [奥]康罗·洛伦兹:《攻击与人性》,王守珍、吴雪娇译,北京:作家出版社,1987年,第283页。

候,再也没有任何一个其他的本能可以比得上它的破坏效果。"①

(二)军事技术是文化最有力的表现形式

马克思和恩格斯都承认,军事技术是衡量军队发展水平的标尺,先进武器战胜落后武器、工业社会的热兵器战胜古典农业社会的冷兵器是历史规律。"总之,手枪战胜利剑,即使最幼稚的公理论者在这里都应当明了。"②英国社会人类学家马林诺夫斯基(1884—1942)则指出:"人的物质设备,举凡器物,房屋,船只,工具,以及武器,都是文化中最易明白,最易捉摸的一方面。它们决定了文化的水准,决定了工作的效率。在一切关于民族'优劣'的争执中,最后的断语就在武器,它是最后的一着。"③由此可以看到,作为物质设备的武器乃是文化的一个方面,而且扮演着解决争执的仲裁人角色。

"任何帝国、任何文明、任何民族或者任何宗教的崛起,莫不以这种'打打杀杀的事情'上取得优势为先决条件。通常,最成功的思想、宗教、民族、文明和帝国,都不过是设法获得了更多的大炮,然后利用大炮将其余的对手压制了下去。相反,鲜有伟大的思想、宗教、民族、文明和帝国,在衰亡之前不试图通过武力来挽

---

① [奥]康罗·洛伦兹:《攻击与人性》,王守珍、吴雪娇译,北京:作家出版社,1987年,第287页。
② 《马克思恩格斯军事文集》第1卷,北京:战士出版社,1981年,第12页。
③ [英]马林诺夫斯基:《文化论》,费孝通等译,北京:中国民间文艺出版社,1987年,第4页。

救其命运的。"①这与毛泽东把原子弹视为决定命运之武器的观点可谓不谋而合。虽然技术并不是战争中取胜的根本因素,但战争中始终充满着军事技术的较量却是不争的事实。19世纪中叶以来,拥有先进武器装备的一方在战场上的损失和它的对手相比很不对称。在普奥战争的7场主要战役中,装备有后装击针枪的普军给奥军以重创,奥军的伤亡是普军的3—8倍。

在殖民战争中,由于武器装备的差距更大,即使是最庞大的、最勇敢的本土军队也会被帝国主义军队以相对较小的代价所击败。最为典型的就是,在1898年恩图曼战役中,赫伯特·基切纳少将指挥的英埃联军利用发明不久的马克沁机枪和李-恩菲尔德步枪,在一个上午的时间内就歼灭了1.1万名伊斯兰托钵僧,自己却只付出了48人的伤亡。这样的战争无异于一场屠杀! 近代以来,大国崛起的因素固然很多,但军事技术担当撬动大国崛起的那根最有力的杠杆却是不争的事实。早期老牌资本主义国家英、法如此,后期新兴世界性大国美、日亦然。英国在1588年打败西班牙"无敌舰队",开始走上世界强国的道路,所依赖的就是机动性能较好的武装商船、射程较远的火炮和纵队战术等优势。

近代殖民主义之所以敢于远涉重洋,对天朝大国发动战争,在很大程度上就是倚仗其火器技术的优势和造船技术的先进。清王朝的声威一遇到不列颠的枪炮就扫地以尽,天朝帝国万世长存的迷信受到了致命的打击,野蛮的、闭关自守的与文明世界隔绝的状态被打破了,开始建立起联系,这些联系从那时起就在加

---

① [以]马丁·范克勒韦尔德:《战争的文化》,李阳译,北京:生活·读书·新知三联书店,2010年,第3页。

利福尼亚和澳大利亚黄金的吸引之下迅速地发展了起来。从某种程度上讲,一部大国崛起的历史,就是军事技术创新的浪潮一波高过一波的历史。

(三)现代军事组织是文化发展的必然产物

列宁在评论旅顺口陷落时深刻地指出:"一个国家的军事组织和它的整个经济文化制度之间的联系,从来还没有像现在这样密切。因此,军事上的破产不可能不成为深刻的政治危机的开端。像历史上屡次发生过的那样,先进国家同落后国家的战争这一次也起着伟大的革命作用。"①恩格斯以拿破仑使之完善的那种现代体系为例,总结出现代作战体系的两个枢纽是:人员、马匹和大炮这些进攻工具的大量使用和这些进攻工具的运动性。他进一步指出这两个枢纽都是现代文明军队的特征。进攻工具的大量出现是文化发展到较高阶段的必然结果,特别是武装力量和人口总数的现代的比例,是与资产阶级解放以前的任何一个发展阶段不一致的。

和进攻工具的大量使用一样,军队的运动性也是和兵士的一定文化水平相联系的,因为他们在许多场合必须善于独立行动。法国革命以来,巡逻、粮秣征发、前哨勤务等大为的发展;兵士常常必须单独行动并依靠自己的智力行事;散兵战获有重大意义而其结果则视每一单个兵士的知识、判断力和精力如何而定——所有这些都要求士官和兵士具有比在弗里德里希二世军队里所曾

---

① 《列宁军事文集》,北京:战士出版社,1981年,第13页。

有的更高的文化水平。而作为现代作战体系的前提的这个普遍的平均的文化水平,只是最先进的国家的兵士才有。

法国革命前欧洲军队的不灵活,正是封建制度的反映。可以说,他们都是一些臃肿笨重的团体。军队和整个生活一样是以缓慢的速度前进的。一支部队,假定为3万人,后面跟着一大群妇女、儿童、仆役和随军商人,其人数往往相当于部队实力的50%—150%。部队无论开往何处,都必须拖着这条巨大的"尾巴"。因而,他们的行李,特别是载运军官财物的行李车辆本身就阻碍了一切运动。如1610年拿骚的莫里斯出征时,随军的942辆大车有129辆被指定用来装载参谋人员及其行李,这一数字还不包括可能同样多的"编外"车辆。这样臃肿不堪的军队,真正打起仗来,不要说指挥作战,就是疏散也不容易。

(四)战争受文化规则的约束

不论大规模对抗的总体性有多强,即使是战争也存在着文化规则。比如说,达尼人的战斗从不在晚上进行,而且武器也只限于矛和弓箭。同理,在国际社会中,各国政府也会签订"克己"的条约,限制使用毒气、进行细菌战等等。① 鉴于战争的残酷性,"在1139年,在第二届促进全世界基督教团结的普世拉特兰第一次会议上宣布在基督徒之间使用弩是违法的行为。作为人类第一次

---

① [美]C·恩伯、M·恩伯:《文化的变异:现代文化人类学通论》,杜杉杉译,刘钦审校,沈阳:辽宁人民出版社,1988年,第428页。

正式控制武器的尝试,这项法令不管效果如何都应该受到更多关注"①。

1868 年的《圣彼得堡宣言》明确规定:"作战的目的在于削弱敌人之军事威力,即使敌方军队失去其战斗能力。故使用使交战者过分痛苦而死亡的武器,实为超越此目的之范围";"战争之行动应服从人道之原则,故需限制技术使用之范围"。1899 年和 1907 年的海牙公约附件第 22 条也明文规定:关于用以伤害敌人的手段,各交战国家的权利并不是没有限制的。1977 年的日内瓦第一附加议定书,更把这项内容列为"作为战争手段和方法"的第一项基本原则。公约中禁止的作战手段和方法之一,就是禁止使用极度残酷的武器。②

三、战争的胜负越来越由兵士的文化水平决定

恩格斯早在一百多年前就富有远见地看到文化在军事领域的基础作用。他精辟地总结到,从所有过去的战争经验中,我们可以得出一个结论,而且每个不抱成见、思想健全、富有经验的军人都会证实这一结论:在目前军事公开的情况下,只有多动脑筋,在军事领域和国家资源的利用方面不断地改进和发明创造,以及发展本民族特有的军事素质,才能在一个时期内使一个国家的军队在竞争者中间跃居首位。因此,我们就看到,文化水平比较高

---

① [美]罗伯特·L. 奥康奈尔:《兵器史:由兵器科技促成的西方历史》,卿劼、金马译,海口:海南出版社,2009 年,第 81 页。
② 刘戟锋、曾华锋:《战争伦理:一种世界观念》,《伦理学研究》,2006 年第 4 期。

的国家对文化不够发达的邻国在军事上具有怎样的优越条件。

恩格斯以他那个时代的俄国军队为例强调了文化的极端重要性。俄国的兵士虽然具有一切优良的战斗素质,但是从未超过文明的欧洲的任何一国的军队。在同等条件下,俄国人不论怎样殊死奋战,结果总是被敌人打败,有时被法国人,有时被普鲁士人、波兰人或英国人打败。① 拿破仑战争后的一个半世纪里,德国军队高度重视文化作用,精心培育军事文化,军队始终是"国家的学校",世界上再没有哪支军队对于军服、军器、军乐和阅兵比他们更感到骄傲了。也再没有哪支军队比他们更重视自己的历史,设计出更复杂的方式来进行庆祝。几乎所有公共庆典中,军事都是突出部分,而这些军事活动通常都会得到无数的老兵组织的支持。德国军队正是在他们的文化支持下,出色地将凝聚力、严明的纪律、高度的创造性和被称为任务型命令(Auftragstaktik)的指挥系统结合在了一起。这些素质反过来帮助这支军队在1864—1871年的统一战争中赢得了一系列重大胜利。②

鸦片战争以来,中国军队屡战屡败,技术层面表现为工业社会初期的军事技术同古典农业社会的军事技术的对抗,其实质则是文化水平较高的西方向不够发达的中国的一种扩张。战争的胜负其实早已由交战前双方的文化水平差距决定了。正如普法战争中普鲁士的胜利早在小学教师的讲台上就决定了的一样。因为按照马克思主义的理解,文化水平较高的人们创造并使用先

---

① 《马克思恩格斯军事文集》第1卷,北京:战士出版社,1981年,第226页。
② [以]马丁·范克勒韦尔德:《战争的文化》,李阳译,北京:生活·读书·新知三联书店,2010年,第366—367页。

进的生产力,文化水平较低的人们使用落后的生产力。先进武器战胜落后武器意味着先进生产力战胜落后的生产力。文化水平提高无疑将导致生产力的提高,增长了的生产力是改进作战方法的前提。生产力的逐渐提高,以及随之而来的人口的逐渐增多,同样也为组织更庞大的军队提供可能性。诚如恩格斯所言,没有任何东西比军队的编成、编制、装备、战略和战术更加依赖于经济条件了。装备是基础,而它又直接地取决于生产的阶段。拿破仑战争中对同盟国采取的暴力,由于缺乏物质手段去进行长期和有效的战争而失败。英国通过新型大工业创造出来的补助金打败了拿破仑。

  法国大革命以来的世界近代军事史表明,文化在军事竞争中的地位和作用日益突出,战争中耀眼的桂冠往往属于文化水平较高的一边。情况正如毛泽东指出的那样:"没有文化的军队是愚蠢的军队,而愚蠢的军队是不能战胜敌人的。"[1]尽管好运有时会眷顾这类乌合之众的军队,但从长远看,他们无法取胜。"某种意义上,'胜利'这个词用在他们身上,就丧失了其意义。他们哪怕打了一个胜仗,也很难再打胜仗。而一旦打了败仗,他们往往就会士气低落或土崩瓦解。"[2]可以毫不夸张地说,军事强国的崛起不仅是经济现象,更是文化现象。当今时代,文化的地位和重要性比之马克思恩格斯的时代可谓有过之而无不及,文化越来越成为民族凝聚力和创造力的重要源泉、越来越成为综合国力竞争的

---

[1] 毛泽东:《毛泽东选集》第3卷,北京:人民出版社,1991年,第1011页。
[2] [以]马丁·范克勒韦尔德:《战争的文化》,李阳译,北京:生活·读书·新知三联书店,2010年,第356页。

重要因素。没有文化的积极引领,一个国家、一个民族不可能屹立于世界民族之林。同样,文化因素在历次军事革命中发挥着重要作用,而且愈是随着时代的发展、社会的进步,这种作用也就呈现出愈来愈强的趋势。因此,积极推进中国特色的新军事变革,必须进一步深化对文化重要地位和作用的认识,必须更加重视军事文化安全问题,必须主动占领军事文化的制高点。

第三章 关于中国工程首创性的文化思考

工程技术的首创性是综合国力的重要标志,不仅对人类文明发展产生了重大影响,而且对世界历史演进具有深远意义。中国工程技术在走过封建时代①千余年的辉煌历程后,近代被西方超越,处于全面落后的局面。及至当代,中国工程技术首创性水平虽有起色,但仍不容乐观。中国工程技术首创性的匮乏有着深层的文化根源。

一、中国工程首创性的历史回顾

从历史看,中国工程技术首创性的发展呈驼峰形,在前封建时代落后于西半球,在封建时代又领先于世界,至近代以来则全面落后。经过不懈努力,中国当代工程技术首创性水平虽较以往有了很大提升,但与世界工程强国相比仍然存在明显不足,呈现出"个别领先、首创不足"的特征。

---

① 关于中国封建社会的起止和分期,学术界有诸多分歧。西周至春秋战国是经典意义上的封建社会,秦以后实质上是皇权官僚地主制,但中国的意识形态语境已使"封建社会"泛化,用以泛指秦代前后两千余年的社会。本书为简明起见沿用泛称,特此说明。

(一)前封建时代:落后于西半球

在地中海沿岸地区曾产生过人类历史上最早和最发达的奴隶制。1万年前,整个人类文明中最发达的在西半球,西半球的社会独立创造了领先全球的文明成果。"公元前40—15世纪,现有的材料表明,在农业技术、青铜器、铁器、造船、防腐、建筑以及数学等方面,巴比伦和埃及的科学技术比中国领先了10—20个世纪,并对后来欧洲的文化产生了重大影响。"[1]西半球的社会同样在工程领域创造了让世人惊叹的成就,金字塔、空中花园和古希腊神庙堪称其中的杰出代表。

金字塔是古代埃及的伟大土石建筑,始建于公元前3000年,是当时埃及法老们流行的一种工程浩大的墓葬。留存至今的金字塔数量众多,最大的胡夫金字塔"塔底占地13英亩,塔高481英尺,全塔约用巨石2 300 000块砌成,平均每块重约2.5吨。这一金字塔是用最简单的工具,即坡道、滚筒和杠杆建造的"。[2] 建于公元前605—562年之间的空中花园是世界最伟大的四大古典建筑之一,也是文明古国巴比伦众多的历史古迹中最突出的一处。它总周长500多米,采用立体造园方法,建于高高的平台上。假山用石柱和石板一层层向上堆砌,直达天空。从远望去,花园就像在天空中一样,其供水工程更是令人称奇。矗立在雅典卫城

---

[1] 陈平:《对于中国科学落后的历史根源的探讨》,《科学学与科学技术管理》,1980年第3期。
[2] [美]斯塔夫里阿诺斯:《全球通史:从史前史到21世纪》上册,吴象婴等译,北京:北京大学出版社,2011年,第65页。

最高点的帕特农神庙代表着古希腊建筑艺术的最高水平,也被认为是多立克柱式发展的顶端。神庙分前殿、正殿和后殿,基座占地面积达 2000 平方米,46 根高达 10 米的大理石柱撑起了神庙。从外貌看,它规模宏伟、气宇非凡、光彩照人,细部加工精细无比,装饰和浮雕更是精美绝伦,被美术史家称为"人类文化的最高表征""世界美术的王冠"。诚然,我国的能工巧匠在前封建时代也创造了许多优秀成果,有的至今仍存在着,见证着华夏文明编年史,但与上述令人惊叹的工程科技成果相比,似乎还是稍逊一筹。

(二)封建时代:领先于世界

进入春秋战国时期,中国出现了"百家争鸣、百花齐放"的思想繁荣时期。这一时期,封建经济得到发展,社会生产力进一步提高,这为科学技术的发展奠定了基础和提供了强大动力。从这一时期至 17 世纪前的封建时代,中国在科学和技术方面的发达程度遥遥领先于其他国家。经过李约瑟和中国广大科技史工作者的努力,中国封建时代科学技术的光辉成就已举世公认。与此同时,在这一时期也创造了无数令人惊叹的工程科技成果,其中水利工程、军事工程、都市规划工程和天文测量工程等领域的成就尤为突出。

中华文明与治水密切相关。在以"农耕文明"为基础的中国封建社会,农业是关系国计民生最重要的产业。同时,我国又是一个自然灾害频发的国家,历代统治者不得不以极大的注意力关心农业。学者姚善友从《图书集成》及其他资料计算,中国历史上 2117 年中,曾有水灾 1621 次,旱灾 1392 次,其发生频率之高,引起当时的朝廷注意。①

封建时代大型水利工程既是统治阶级实施重农政策的一个重要措施,也是中国工程技术领先于世界的重要见证。春秋战国时期兴修的水利工程可以分为三类:灌溉工程、运河工程和堤防工程。大型的灌溉工程中,最主要的有芍陂、漳水十二渠、都江堰和郑国渠四大工程,芍陂和都江堰工程至今仍在发挥作用。李冰父子修建的都江堰水利工程被誉为"独奇千古"的"镇川之宝",是世界上唯一留存至今的无坝引水的古代巨型水利工程。都江堰由分水工程、开凿工程和闸坝工程构成,三者相辅相成,形成了一个完整的系统工程,以达到周密合理的灌溉、防洪、分配洪(枯)水流量的目的。从此"成都十六属,全恃都江堰水灌溉,从无荒欠,所谓沃野千里是也"。② 在古代,都江堰灌溉面积最多时为300万亩,而今仍有40余县(区)受惠,灌溉面积超过1000万亩,是"天府之国"成都平原富庶的源泉。

军事工程领域的成就以万里长城为代表。始建于春秋战国时期的长城雄踞于我国北部河山,至秦汉时构成了一个比较完整的防御体系,对于抵御游牧民族的侵袭和保障丝绸之路的畅通起到了重要的历史作用。"在如此辽阔的地域,在崇山峻岭、流沙、溪谷之间,构筑如此庞大、艰巨的工程,表现了中华民族的磅礴气概和聪明才智,也反映了当时测量、规划设计、建筑和工程管理等

---

① Yao Shan-You,"The Chronological and Seasonal Distribution of Floods and Droughts in Chinese History,206 B. C.—A. D. 1911",*Harvard Journal of Asiatic Studies*,Vol. 6,No.3/4 (Feb.,1942),pp. 273—312.
② (清)张集馨:《道咸宦海见闻录》,北京:中华书局,1981年,第119页。

的高超水平。"①

在都市规划方面,唐都长安(今西安)是当时世界最大的城市,"面积达84平方公里,坐正南北和正东西向,街道笔直,交错如棋盘。南北向街道11条,均宽100步;东西向街道14条,宽47步、60步、100步不等"②。值得一提的是,其街道设计也极为宽敞合理,"街面中间高,两侧低,旁边有宽2.5米左右的排水沟,两旁绿树成荫。一般街道宽在30米以上,通各城门者较宽,便于通行车辆。尤其皇城正门朱雀门前面的朱雀街,是贯通京城南北的主轴,北连宫城,南出明德门至郊祀之所,特别宽阔,达150米以上,比闻名世界的巴黎爱丽舍田园大街还宽35米!这种设计很合乎城市交通的需要,比之现代都市毫不逊色"③。

在天文测量工程方面,我国唐代天文学家僧一行(683—727)成功地发动和组织了规模庞大的全国性天文学测量工程,取得了两项重要成果:第一项是确定了表影长度与南北间距及不同季节的关系,从而彻底推翻了古代长期流传的"王畿千里,影差一寸"的说法;第二项是得出了极高差一度,南北相距132.03公里的结论,揭示了北极星高度与地球上南北距离之间的内在联系,它隐含了地球的球体形状和子午线的长度等有意义的科学结论。

---

① 杜石然、范楚玉、陈美东等:《中国科学技术史稿》上册,北京:科学出版社,1982年,第206页。
② 吴光远:《历史与文明》,北京:中国社会出版社,2004年,第217页。
③ 吴光远:《历史与文明》,北京:中国社会出版社,2004年,第217页。

（三）近代：全面落后

16—17世纪，在经历了中世纪的黑暗之后，近代科学在西欧以意想不到的力量一下子重新兴起，并且出现了亘古未有的加速增长。这种科学运用严密的逻辑方法进行推理，运用系统的实验方法检验假说，探索自然现象之间的因果关系，并力图运用数学对自然现象及其规律进行定量的描述。从此以后，中国的科学开始落后于西方。中国领先于世界千余年的工程技术开始衰落。

17—19世纪，与近代科学相结合的近代技术诞生了，并且开展了对工程技术影响至深且巨的工业革命，中国的工程技术不可避免地走向全面落后。以军事工程技术为例，中国军事工程技术自17世纪开始由兴盛转向衰落。在第一次鸦片战争中，清军的火药、船炮等武器装备和军事工程设施的全面落后状况更是暴露无遗，以至于造成被动挨打的局面，使国家和民族蒙受了深重的灾难。军事工程理论落后，沿海的工程设施，仍停留在抵御冷兵器时代的"高筑墙"状态。及至鸦片战争前后，清代的边防、海防、江防、城防等军事工程由于年久失修而罅漏百出。如清末海防设施一直沿袭清中叶的炮台式要塞，甚少改进。在东南沿海的主要港口，虽筑有炮台、要塞，但只重视地表以上的堆砌，或石墙，或土围，而无地下工事，当敌人以火炮攻垒时，易被攻破和失陷。在布势上只有面向海陆的单点或线性阵地，各点线间互不联系，势如孤岛。由于缺乏纵深设防的观点和措施，常被敌人从翼侧突破。道光以后，"清廷虽然也因西方殖民者对我国沿海的挑衅逐渐频繁而加强了海防建设，采取了增筑海岸炮台及增铸海岸炮等措施,建成了像虎门、厦门、镇海、吴淞等颇具规模的海防要塞,但是由于这些措施是在不了解敌情的情况下采取陈旧的方式建筑的,所以炮位的选址不当,布局不合理,构筑不得法,台身都裸露在外而毫无掩护"①。

(四)当代:个别领先,首创不足

新中国成立70多年来,特别是改革开放40多年来,中国经济社会快速发展,科学技术进步明显,建立了完整的学科体系和比较先进的科技基础设施,工程领域也取得了一些领先世界的成就,改变了近代以来全面落后的局面。"两弹一星"、载人航天、探月工程等一批重大工程科技成就,大幅度提升了中国的综合国力和国际地位。杂交水稻发明与推广、汉字激光照排、三峡工程、西气东输、西电东送、南水北调、高铁系统、青藏铁路、超级计算机等一批重大工程建设成功,大幅度提升了中国的基础工业、制造业、新兴产业等领域的创新能力和水平,加快了中国现代化进程。其中杂交水稻、汉字激光照排、三峡工程、高铁系统、青藏铁路、超级计算机等重大工程,创造了诸多世界第一,将作为这一时代人类工程技术的代表载入史册。

我国工程领域的成就有目共睹,然而,由于基础太薄、落差太大、欠账太多,我国工程首创性水平与世界强国相比仍有较大差距。国务院原副总理刘延东于2013年5月28日在国家自然科学

---

① 王兆春:《中国古代军事工程技术史:宋元明清》,太原:山西教育出版社,2007年,第601页。

基金委员会调研座谈时指出:"我们已经具有相对完整的学科体系和比较先进的科技基础设施,培养了大批创新人才,产生了一大批重要科研成果。同时也要清醒地看到,我国原始创新能力还不强,重大原创性成果还不多,特别是缺乏引领世界科学前沿、支撑国家产业变革的标志性成果。"①这一评价符合当代中国科学技术整体上首创性不足的现状,自然也是对其的确认。中国的军事工程技术从 20 世纪 50 年代的"两弹一星"开始就一直走在跟踪、引进、仿制、改进为主的自主创新路线上,尽管近年来的差距已有缩小,但由于历史欠账太多,科技、工业与人才水平差距较大,目前还无法跳出军事工程技术的跟踪模仿模式。美国层出不穷的首创性军事工程技术,从巡航导弹、航母弹射装置、武装直升机、隐形战机、无人机、机器人到军事网络,仍是中国军事工程技术发展难以绕开的阶梯。我们另辟蹊径、独立发展的军事工程技术,如巨型计算机、北斗卫星导航系统,原创理念并不属于我们,而且要在工程技术的实用性、可靠性、精确性上与军事发达国家抗衡,仍有待长期的艰巨努力。

二、中国工程首创性薄弱的深层文化根源

中国工程技术首创性在古代曾领先于世界,近代全面落后,到当代虽有改观但仍显薄弱,其中虽有经济、政治方面的深刻原因,但也有文化方面的根源。

---

① 刘延东:《在国家自然科学基金委员会调研座谈时的讲话》,《中国科学报》,2013 年 7 月 1 日。

(一) 重道轻器的价值文化

事实的确认与对重要性的认识,是任何文化中互补的两个基本要素。对重要性的认识既受现实需求制约,也受深层价值观引导。价值观是文化中关于满足主体或客体需求程度的一个重要因素。价值文化是一个时代相对稳定的价值判断及思想体系。中国古代学术思想素有重道轻器的传统。"就整个理论学术而言,重视人文科学,轻视自然科学;就自然科学而言,重视宏观规律的探求,重视事物总体特质、事物与环境关系的探求,而轻视一事一物具体形质的研究,轻视社会生产领域具体器物、具体技能的研究。"①

孔子虽然承认百工与农夫的社会作用,但是却鄙视这类人与他们的职业。"重道轻器"的观念在孔子那里同样是毫无隐晦的。他认为,君子应该"志于道"而"游于艺",即要以"道"为职志,至于"艺",则于闲暇无事时游于其间即可,所谓"君子谋道不谋食","百工居肆以成其事,君子学以致道"。孔子甚至认为,"知道道德准则的人没有必要去了解自然。事实上,他本人就代表了这种人"②。孔子的学生子夏深谙其师之理,并对此有所发挥。他说:"虽小道,必有可观者焉,致远恐泥,是以君子不为也。"在孔子的门生弟子看来,各种农工商医卜之类的技能虽有一定的可观之

---

① 张岱年、方克立:《中国文化概论(修订版)》,北京:北京师范大学出版社,2004年,第140页。
② 费孝通:《中国绅士》,惠海鸣译,北京:中国社会科学出版社,2006年,第35页。

处，但毕竟是难登大雅之堂的"小道"，不可在这方面走得太远。孟子也视耕织制械、陶冶等各种技艺为"小人之事"，认为应该由"劳力者"去做。他反问弟子彭更："子何尊梓匠轮舆而轻为仁义者哉？"其对技艺的轻视可见一斑。意大利哲学家维柯在谈到以孔子为代表的早期儒家时，就曾经说他们的理论在涉及自然科学时是很粗陋的。[①] 也正因为这样，先秦儒家没有一个在科技领域做出过卓越贡献。

汉武帝"罢黜百家，独尊儒术"后，儒家之道逐渐与法家"法、术、势"的统治之道合流，成为"阳儒阴法"的封建治理结构的一个层面，广大儒生变成为统治阶级服务的士大夫，儒家之道经过改造后也成为统治阶级意识形态的组成部分。与此同时，社会鄙视具体科学知识和生产技艺的趋向更为严重，将千千万万儒门学子阻隔在了探索自然知识的门外。在儒生心目中，"自然世界的知识是生产知识，是属于农民、手工业者和其他赖以为生的人的"[②]。正如柏杨先生所言："从前人说：行行出状元，其实除了读书人里有状元，其他人仍是不值一文的工匠。"[③]因此，中国古代的儒生作为一个阶层来说，对技术是不感兴趣的。特别是明清两朝以制义取士，"虽有奇才异能，必从此出，乃为正途"[④]。清代的绝大部分官员以科举考试为晋身之阶，如"在都察院任过职的3087人中大

[①] ［意］维柯：《新科学》，朱光潜译，北京：人民文学出版社，1986年，第43页。
[②] 费孝通：《中国绅士》，惠海鸣译，北京：中国社会科学出版社，2006年，第37页。
[③] 柏杨：《丑陋的中国人》，长沙：湖南文艺出版社，1986年，第26页。
[④] （清）郑板桥：《板桥家书》，北京：中国对外翻译出版公司，2001年，第3页。

约有2168人是通过'正途'——文字写作考试为官的"①。他们在考取进士之前往往需耗费最具创造潜能的前半生,去准备设计严密、周期漫长且竞争激烈的考试。国家科举取士只考"四书五经",毫无科学技术方面的内容,因此即便晋身进士,其科技素养也并不见得比普通民众更高,同时这样选拔出来的文官阶层也不可能真正赏识科学技术。

古代"重道轻器"后来逐渐泛化为"重政轻技"。诚如鲁迅先生所言:"中国人的官瘾实在深,汉重孝廉而有埋儿刻木,宋重理学而有高帽破靴,清重帖括而有'且夫''然则'。总而言之:那魂灵就在做官,——行官势,摆官腔,打官话。"②以至于那些攀龙附凤的伶俐都举足轻重。对此,身处20世纪初期的鲁迅体会尤深,他写道:"我想,中国最不值钱的是工人的体力了,其次是咱们的所谓文章,只有伶俐最值钱。"③重政轻技使社会分配(包括物质利益和精神资源)都过分倾向于管理阶层,"三年清知府,十万雪花银"就是这种情况的真实写照,当前争议颇多的科技教育领域的行政化之弊也正是来源于此。

在"重道轻器"价值取向的宏观文化环境下,科学、技术与工程本身及从事这些工作的人员的地位相对低下,乃至产生自卑、退隐等消极心理。明代《天工开物》的作者宋应星在该书序言中愤慨地写道:"丐大业文人弃掷案头!此书于功名进取毫不相关

---

① [美]芮玛丽:《同治中兴:中国保守主义的最后抵抗(1862—1874)》,房德邻等译,北京:中国社会科学出版社,2002年,第88页。
② 鲁迅:《鲁迅全集》第3卷,北京:人民文学出版社,2005年,第220页。
③ 鲁迅:《鲁迅全集》第3卷,北京:人民文学出版社,2005年,第160页。

也。"在这样的文化背景下,绝大多数优秀人才被功名科举所吸引,与科考有关的经学、文学备受重视,文学佳作受到推崇,文学精神得到发扬,而从事科学技术与工程的人才中少有文学禀赋异常之人,文学禀赋优异而有志于科学、技术与工程的特殊人才也基本被社会边缘化,或者自动退隐,与世无争。

明代四大科学奇人李时珍、宋应星、徐霞客、徐光启中,只有徐光启是朝廷命官。李时珍虽积数十年功力著成《本草纲目》,却深感底气不足,竟背上书稿步行千里,请江苏太仓的文坛名人王世贞作序。世界一流的医学专家要请中国文坛名人作序,在科技时代的今天是不可想象的。科学、技术与工程的活动及人才长期处于这样的文化背景下,致使科学、技术、工程本身的价值失落,而其工具性和实用性一面则畸形突起。这也就是德国思想家马克斯·韦伯所分析的价值理性与工具理性的严重失衡:"价值理性相信的是一定行为的无条件的价值,强调的是动机的纯正和选择正确的手段去实现自己意欲达到的目的,而不管其结果如何。而工具理性是指行动只由追求功利的动机所驱使,行动借助理性达到自己需要的预期目的,行动者纯粹从效果最大化的角度考虑,而漠视人的情感和精神价值。"[1]

"重道轻器"的总体价值取向使中国文化的价值产生严重分裂。一方面,政治之道、经文之道及皇帝、官员、文人的价值异常拔高;另一方面,科学、技术与工程及科技人员、工匠、农夫的价值被人为压低。相应地导致科学、技术、工程体系内部,科学理性和

---

[1] [德]马克斯·韦伯:《新教伦理与资本主义精神》,陈平译,西安:陕西师范大学出版社,2007年,第6页。

科学精神受到压抑,而工具理性、实用理性十分发达,这一历史的病灶又在今日适宜的社会文化土壤中爆发为短浅的功利主义流行病。

(二)实用理性的传统

中国古代科学技术与古希腊繁荣时期的科学技术相比较,明显地倾向于实用性。法国哲学史家列·卢宾指出:"就我们所知,东方的科学在存在的许多世纪之中,甚至和希腊科学接触后,都从来没有超出实用的目标以达到纯粹的思辨和演绎普遍原理的阶段。"①实际上,实用性不仅体现在中国古代科学技术上,在中国古代工程上体现得更为明显。这突出地表现在工程科技的工具主义价值观和工程管理的急功近利政绩观。

关于工程技术的首创,古代与现代不同。古代无科学理论,工程技术的首创靠经验及对经验的总结提升,这与中国古代的实用理性文化恰好匹配,故中国古代首屈一指的工程科技创新层出不穷,不过这些首创基本上是具有创造性的工匠、农夫所为,上层读书人中对工程技术创新有兴趣、有作为者,仅墨子、张衡、沈括、徐光启等极少数。文化知识与工匠技术相结合的墨家在与儒、道、法三家斗争中的失败与湮灭,标志着中国传统文化的分裂——上层读书人与工匠、农夫的分裂。这一文化分裂的余绪一直延续到现代,致使中国最优秀的读书人,即使是学科学的人,也

---

① 何新:《中西学术差异:一个比较文化史研究的尝试》,《自然辩证法通讯》,1983年第2期。

只擅长用笔与纸,而缺乏动手技能。钱学森在国内从小学到大学成绩一直名列前茅,却在美国麻省理工学院受挫。"无论在性格上还是在科学研究的方法论上,钱学森与麻省理工学院都大相径庭。钱学森想要的是一种理论式的教育,而麻省理工学院的航空工程系则以培养具有实际动手能力、一毕业就能投入生产的工程师为傲。钱学森在中国的图书馆中长大,他的大多数美国同学则在家庭式实验室中成长,在谷仓、地下室和车库里整日摆弄汽车零配件、脚踏车、无线电和飞机模型。……结果令钱学森只有一条路好走:在美国寻找另外一所愿意录取他攻读博士学位的研究生院。"①杨振宁赴美留学初期也曾遇到过类似的尴尬。

(三)重群体轻个人的意识

对于个人与集体的关系,马克思有着深刻的认识。马克思既讲:"人的本质不是单个人所固有的抽象物,在其现实性上,它是一切社会关系的总和。"②但同时又讲:"每个人的自由发展是一切人自由发展的条件。"③可见,在马克思那里,个人与集体的关系是辩证的,不能简单判定为孰重孰轻。个人与团队两者之中何者更重要,在科技、工程创新中的地位同样是不确定的。"对于纯粹基础研究而言,杰出人才的独特创新与学术共同体内自由充分的交流起决定作用;在技术扩散型的应用性大工程中,团队的总体

---

① [美]张纯如:《钱学森传》,鲁伊译,北京:中信出版社,2011年,第47—48页。
② 《马克思恩格斯选集》第1卷,北京:人民出版社,1995年,第56页。
③ 《马克思恩格斯选集》第1卷,北京:人民出版社,1995年,第294页。

素质与组织管理起决定性作用。而在首创性大工程中,则要求团队与杰出个人共同发挥作用。"①

关于科学与工程技术的首创性,控制论创始人维纳曾针对交叉领域的首创性指出:"这些边缘区域也是最最不能用集体攻击和劳动分工这种公认的方法来达到目的。如果一个生理学问题的困难实质上是数学的困难,那么,十个不懂数学的生理学家的研究成绩会和一个不懂数学的生理学家的研究成绩完全一样,不会更多。"②维纳虽是针对交叉创新而言,但其基本精神无疑适用于一般的首创性。

对于工程技术的首创性而言,发现、引进与培养出类拔萃的顶尖人才具有根本性的意义,而这类顶尖人才的生长和选用必须依托相应的文化土壤。当我们在美国旧金山金门大桥边看到高高矗立的首创悬索大桥设计师雕像时,不仅会为设计师的首创性所感动,而且也会为尊重首创性的文化精神所感动。中国传统文化的重群体轻个人意识非常强调团队精神与人际关系,不鼓励独立个性与自由探索,这种文化一般说来利于团队发挥作用,而不利于个体创新。体现在工程领域便是,工程模式和管理方式过分倾向于"集体攻关",而忽视"散兵游勇"。这在改革开放前尤甚,那时很多成果都是以集体名义发表的,不但引发了一系列成果发明权的争议,也给后来国际评奖带来了麻烦。其中,轰动一时的屠呦呦青蒿素发明权的争议便是有名的一例。鲁迅先生在百年

---

① 朱亚宗、黄松平:《中国工程技术的首创性瓶颈与出路:科学思想史家朱亚宗教授访谈录》,《工程研究——跨学科视野中的工程》,2013年第4期。
② [美]N. 维纳:《控制论》,郝季仁译,北京:科学出版社,1985年,第2页。

以前,针对中国重群体轻个人的传统文化,发出了"任个人而排众数"的呐喊。这虽是鲁迅年轻气盛时为矫枉过正而发,却与马克思、恩格斯"每个人的自由发展是一切人的自由发展的条件"的经典理论相一致,值得百年之后关心中国工程技术首创性的人们深思。

重群体轻个人的文化观念,必然导致大而化之的一刀切管理方式流行,而忽视对个体独特性的尊重,这对于首创性人才的培养与发挥将造成致命的伤害。人的天赋具有多样性,每类天赋又有高、中、低的不同层次。对于具有简单性或复杂性的工作而言,这种天赋的差别也许并不重要;对于具有创造性的工作而言,这种天赋的差别却有重大意义,它将决定一个人的创造性水平能达到何种高度。然而充分发挥潜在的天赋,使其转化为创造性,需要给相应的人才以充分的思想自由与时间保证。首届国家最高科学技术奖得主吴文俊院士晚年的一个重大成果——机器证明的完善和扩展,便得益于中国科学院系统科学研究所所长关肇直的灵活管理方式,关先生完全信任吴先生的品格与能力。"当时,吴文俊开展机器证明的研究,几乎是单枪匹马、孤军奋战。面对种种议论的压力,理解和支持就更为宝贵。系统所成立后,所长关肇直当众宣布:进行数学研究,吴文俊想做什么就做什么,完全由他自己决定。这样就为吴文俊排除了烦人的非学术性干扰,创造了宽松的学术环境。"[1]

然而,中国大多数有创新天赋与能力的科技人才,尤其是富

---

[1] 胡作玄、石赫:《吴文俊之路》,上海:上海科学技术出版社,2007年,第117—118页。

有创新潜力的年轻科技工作者,难以得到宽松的学术研究环境,大一统的行政管理体制难以敏感地识别出有创新潜质的年轻人才,而非要等到其获得惊人成果后方受重视,而在适于芸芸众生的大一统管理体制下,脱颖而出是异常艰难的小概率事件。当然这又与大一统行政式管理科教的另一个弊端有关:准入门槛太低,淘汰率太低,使大量缺乏创造力的人滞留于需要高度创造力的科教岗位上。而这种状况也与缺乏对个人、天赋与创造高度尊重的文化传统息息相关。

三、提升中国工程首创性水平的战略性建议

提升中国工程首创性水平固然是一项复杂的系统工程,但是针对工程首创性薄弱的深层文化根源或可以找到直接切入的有效举措。具体来说应在重视基础研究、培育精英文化与管理、加强道器并重的价值文化宣传上下功夫。

(一)重视基础理论研究

现代科技系统是"科学—技术—工程"高度一体化的系统,现代工程技术首创性与近代以前有很大的不同。古代的工程技术首创性多是经验性的首创性,缺乏科学理论指导,是长期经验积累基础上的创造性涌现,而当代的工程技术首创性虽然也离不开实践经验的积累与启示,但重大的首创性必在科学理论与实践经验的复杂互动中产生。中国计算机科学与工程,今天已发展到超级计算机速度领先世界、超算中心和云计算系统遍布各地。但最

早认识和倡导中国开展计算机研究的,是时任中国科学院数学研究所所长的纯粹数学家华罗庚。他在 1952 年提出要在中国研制电子计算机,并从清华大学调入刚回国不久的夏培肃博士等,不久便制造出中国第一台电子计算机——107 机。我国原子弹、氢弹在短时间内研制成功,与理论工作走在前面有很大关系,突破原子弹和氢弹关键技术的周光召和于敏都是从事理论物理的基础科学家。正如钱三强先生指出的,"若没有那时理论物理的储备,我国的原子弹和氢弹的实现可能要推迟几年"[1]。由此可见,基础研究影响着实际应用的过程,使技术专家和工程师们能快速、高效、经济地实现其目标。在进入费用巨大的工程建设阶段之前,要搞清楚必要的基础研究是否都已经完成、工程项目的技术可行性是否已得到证实。

在古代,实用理性的传统文化精神也许有利于实用工程的发展,却绝不会有助于纯粹理论科学的繁荣。实用理性的传统导致"科学—技术—工程"的创新链断裂,中国太注重这一链条的末端——工程,最终导致源头(科学、技术的原创)萎缩,工程长期处于跟踪模仿阶段。当代工程技术首创,比古代复杂得多。重要的首创都在科学理论指导下取得,且必须有"科学—技术—工程"一体化的体系支撑,有科学家、技术专家、工匠技师与管理家的交叉合作。但是文人与工匠分裂的古代文化传统、竺可桢先生曾观察到的学生嫌恶动手的风气,至今未有重大改观。"到如今我们通都大邑,虽已经有无线电、飞机的联络,可谓饱受现代文明之赐,但是人们对于手的训练仍然加以鄙视,……今日学校里边的学生

---

[1] 钱三强:《科坛漫话》,北京:知识出版社,1984 年,第 122 页。

还是和从前士大夫阶级一样,仍是嫌恶动手,嫌恶劳动。……要追上欧美的物质文明,必须要发达实验科学,……必得人人肯用他们的手来做实验,来做工作。"①这使牛顿、爱因斯坦、费米这样集一流理论水平与出色实验能力于一身的复合型人才在中国非常罕见,也使有足够理论水平的工匠技师难以寻觅——"两弹一星"元勋钱三强、王淦昌、于敏等是难得一见的例外。这必然造成从科学理论、技术原理创新到工程实现之间的延滞。更何况中国当代还有一流科学大师的巨大缺口。因此,必须重视基础科学的作用,培育"为科学而科学"的"无用之学"。容忍、培育和鼓励"为科学而科学"的"无用之学",是放大水、养大鱼的做法。这样才可能产生杰出的基础科学创新,作为工程首创的源头,也有可能产生较多兼具科学家、技术家、工程师(或企业家、管理家)素质的复合型大师。

　　基础研究的重要性十分明显,但面对强大的工具理性与实用理性传统,需要耐得住寂寞的基础研究在中国却得不到重视,改变这种状况是一个复杂的系统工程。首先,需要挖掘中国传统文化中类似于价值理性与科学主义的积极思想资源,宣传曾国藩"莫问耕耘,不问收获"和竺可桢"只问是非,不计利害"的超越精神,使人们明白,许多事业的成功,包括基础研究的成就,需要这种精神的支撑。而许多杰出人才的成长,也离不开这种精神的滋养。改革开放后进入大学的数千万国内大学生中,在基础研究领域取得最大成就的是2014年9月16日获得麦克阿瑟天才奖的数学家张益唐。他从1978年进入大学后的34年中,从事远离功利

---

① 竺可桢:《竺可桢全集》第2卷,上海:上海科学技术出版社,2004年,第262页。

的纯粹数学研究,终于为2300年之前的孪生素数猜想开辟出一条证明路径。其次,要使基础研究人才无生存压力,并能有体面的工作和生活待遇。美国2024财年预算中包含2100亿美元的联邦研究和开发经费,这是美国历史上规模最大的联邦研发投资预算,用于增加国家的研发实力。其中,1000多亿美元将用于基础和应用研究。

(二) 着力培育精英文化

自中世纪以来绝大多数改变人类生活和战场面貌的关键发明——火炮、火枪、三桅帆船、蒸汽机、机枪、后装线膛枪、电报、内燃机、汽车、飞机、无线电、微处理器、激光、无线电话——都或多或少是由罗伯特·富尔顿、海勒姆·马克沁、约翰·尼古拉斯·冯·德莱赛、伽利尔摩·马可尼等时代精英独立完成的。工程创新也不例外,它虽需各种条件支撑,最早的突破却只能来自极少数人,甚至是个人。曼哈顿工程与科技帅才奥本海默的工作分不开,京张铁路是铁路专家詹天佑的杰作,钱塘江大桥则是与总设计师茅以升紧密联系在一起的。因此,只有在充分尊重和欣赏个体独创性的文化中,各类首创,包括科学、技术与工程上的首创,才会源源不断地涌现出来。

"科技史已有无数的案例表明,只有具备深厚专业基础的人才,方有机会在一定环境中把握重大社会需求并做出重大创新。"① 所谓机遇只垂青有准备的头脑,对于工程首创而言,起决定性作用的是"有准备的头脑",即有深厚学术功力和学术思想的精英。重大科技工程项目立项与攻克的过程,也就是这些学术精英参与并发挥才华的过程。在现代社会,工程师作为最为典型的工程人才必须拥有专业性很强的工程知识,如设计知识、工艺知识、设备知识、管理知识、安全知识、维修知识、质量控制知识乃至相关的社会知识等。因此,卓越工程师通常需要科班出身和更严格的实践历练。他们至少要接受过系统的大学工程教育乃至研究生阶段的工程教育,在此基础上,再通过若干年的工程实践的历练和"师徒传承"关系的熏陶,才能够真正成长为卓越的工程人才。② 在中国传统文化中,两头易淘汰,平庸者常保留。与此不同,麻省理工学院物理系博士入学是十里挑一,每门考试又淘汰一半,且每门课只准考两次。大学和科研单位不能只淘汰劣者,也要淘汰平庸者,且不能淘汰优秀者,应创造优秀人才平等竞争的环境和条件。同时,对于青年学子而言,立志走工程创新之路,就必须培养追求一流创新的专业品位,要将追求卓越、追求第一作为职业生涯的应有之义。

出类拔萃的精英人才非常难得,必须有特殊的天赋与适宜的环境两个条件。但是,精英人才很少是面面俱到、四平八稳的君子,论资排辈、关系第一、重道轻器、求全责备的文化传统,常常使精英人才难以得到认可,于是权威人士和权势者的垂青赏识和破

---

① 朱亚宗:《研究生"成才教育":一个亟待重视的教育环节》,《学位与研究生教育》,2010年第9期。
② 殷瑞钰、王应洛、李伯聪等:《工程哲学》,北京:高等教育出版社,2013年,第291页。

格录用遂成为不少精英人才获得认可、改变工作生活条件的重要途径,因而"伯乐相马"方式受到赞誉和广泛流行。当年的陈景润因华罗庚的赏识而调入中国科学院数学研究所,但对组合数学做出重要贡献的杰出数学家陆家羲却在国内无人赏识,直到美国数学家关注后方受重视,遗憾的是其未及从中学上调即猝然早逝。发人深省的是,既无学术平台,又无伯乐赏识的陆家羲从一名物理专业本科毕业生自发成长为超一流的数学家。这表明,一方面,中国适于精英人才脱颖而出的土壤尚不丰厚;另一方面,"伯乐相马"式的精英人才选拔方式有很大的局限性。

中国历来津津乐道于"伯乐相马"式的人才选拔方式,这一方面是社会金字塔式结构发达而扁平式横向结构薄弱的反映,另一方面也是杰出人才生长机制缺失而需组织刻意选拔培养之反映。有"伯乐相马"发掘人才固然比没有伯乐相马要好,但是近现代科技人才生长的经验表明,人才辈出的局面只能靠"沃土自生"的方式,而不能靠"伯乐相马"的方式。

20世纪20年代,在前期微观实验设备发展与大量实验发现的基础上,在欧洲大学与研究所自由交流的学术氛围中,竟有四位超级物理大师几乎同时脱颖而出:海森伯、泡利、薛定谔与狄拉克。他们均在年轻时登上世界科学高峰,共同铸成人类科技史的丰碑——量子力学的理论创新。

历史经验表明,杰出人才多在一定条件下自行涌现出来;各类人才计划很难培养出大师级人才,尤其是按照学历、成果等定量化标准评价,并由外在评委选择"人才",多半不会成功。当代中国的科研经费与人才数量都不成问题,如果能培育出尊重个性、平等交流、自由宽松、时间充裕、不为生存所困、不受外界干扰的文化氛围和研究环境,即创造适宜人才生长的深厚沃土,则可以期待,中国的杰出人才将层出不穷地自行涌现出来。

(三)道器并重及相应的体制改革

在"重道轻器"的价值观念主导下,一切真正具有科学价值的知识创造和技术发明,或者只被用作经学和传统巫术的附属品,或者被贬为不务正业的"小术"和"方技"。如明代洪武年间,司天监把元顺帝时代留下来的自动计时器进献给朱元璋,后者却说:"不管政务,专干这个,叫作以无益害有益。"①最后这件极具科技价值的计时器竟被朱元璋下令打碎了事。无独有偶,一代名医李时珍将科学巨著《本草纲目》呈献朝廷时,明神宗仅仅御批寥寥七字"书留览,礼部知道",便将书束之高阁。宋应星关于农业和手工业生产的综合性著作《天工开物》刊出后同样无人问津,后来更由于各种原因几乎在中国绝迹。因此,这种价值文化不利于鼓励众多有才华的人投身科技、工程创新。中国人的智力和刻苦世所公认,但失在价值导向。"钱学森之问"的部分答案即在于此。

道器失衡在当代的突出表现是行政的泛化。科学、技术、工程有其自身的内在规律,恰如行政领域有其自身规律一样。行政管理须遵循行政运行规律,科技与工程以及教育也必须遵循其自身规律。由于历史的原因,在中国当代的科技、工程及教育领域中,行政化倾向相当普遍,由此直接导致人才培养的"伯乐相马"

---

① 吴晗:《朱元璋传》,北京:生活·读书·新知三联书店,1965年,第293页。

方式流行而"沃土自生"模式萎缩。与此同时,大量非专业人士参与评审决策的大一统管理模式必然导致简单可行、易于操作的方法在科教管理中流行,甚至以类似于流水线操作人员的直接实效来评价异常复杂的科技工程创新成果,导致关注数量、忽视质量及重于形式、轻于实质的成果评价方式占上风,短视浅薄的功利主义观念与行为流行泛滥。而治本之策必须使其各得其所,即科技、工程的归科技、工程,行政的归行政,将行政的权力约束在适当的范围。这方面的改革固然需要思想观念先行,但关键的环节还是相应的组织机制改革,这也是"国家治理体系和治理能力现代化"所昭示的明确方向。沉厚的历史积弊和巨大的利益调整,将是对中华民族智慧和勇气的挑战,也是实现中国复兴之梦必须跨出的步伐。

  提升中国工程首创水平既需基础理论,也需技术。技术是手段,基础理论是指南。因此,需要变传统的"重道轻器"价值文化为"道器并重"的价值文化。诚然,文化理念的转变和深入人心需要时日,不可一蹴而就。其理就像恩格斯这样看待辩证法:"历史有它自己的步伐,不管它的进程归根到底是多么辩证的,辩证法往往还是要等待历史很久。"[1]但我们也不能消极等待,要学当年"科学技术是第一生产力""科教兴国""科技强军"的宣传力度,加强道器并重的价值文化宣传。相信在我们国家的大力宣传下,一定会有一大批有才华的人投身科技、工程创新,希望"道器并重"的价值文化不会让历史等待很久!

---

[1] [德]恩格斯:《自然辩证法》,北京:人民出版社,1971年,第92页。

第四章 "魏源—曾国藩—郭嵩焘猜想"与中国军事技术近代化

中国军事技术近代化,是以英法等西方军事强国为参照,亦步亦趋学习他国的过程。对于赶上西方军事强国,实现军事技术现代化所需时间,从魏源、曾国藩到郭嵩焘,逐渐有了一个客观清晰的认识。

一、魏源对中国军事技术近代化的探索

从军事方面来说,魏源"师夷长技以制夷"的思想,实在道出了近代以来在军事文化冲突中处于被动局势的东方民族追赶西方先进军事技术,进而摆脱落后地位的一个重要的军事技术发展战略方针。然而,对于赶上西方军事强国,实现军事技术近代化的时间,魏源的判断显得过于轻率而乐观。魏源指出:广东绅士潘世荣所制造的火轮船,"试造不灵便者,仍由粤商师心仿造,未延夷匠指授之故。倘肯出赀夷匠为师,不旬日而可成矣"。[1]

魏源认为:通过铸造的具体实践,中国工匠"习其技巧,一二

---

[1] (清)魏源:《海国图志》第4册,长沙:岳麓书社,2011年,第2098页。

载后,不必仰赖于外夷"①;"不旋踵间,西洋之长技,尽成中国之长技"。② 魏源在学习外国长技方面甚至有"毕其功于一役"的不切实际想法:"尽收外国之羽翼为中国之羽翼,尽转外国之长技为中国之长技,富国强兵不在一举乎?"③无论从魏源所言的"不旋踵间",还是"不在一举乎?"的论调,可见他将学习西方的军事技术看得过于简单,认为与匠人学艺无异,一两年即可出师,显然魏源还无法认识隐藏在先进军事技术背后的科学体系,更遑论制度和精神文化层次。我们不妨称之为魏源的"一蹴而就论"。可以说,这种观点影响很深,一直延续到洋务运动的初期。

左宗棠在对科学价值内涵的认识与把握上,深深打上了魏源的烙印。其对军事技术近代化的时间判断与魏源也如出一辙,认为积数载之功即可告成:"今船局艺堂既有明效,以中国聪明才力,兼收其长,不越十年,海上气象一新,鸦片之患可除,国耻足以振矣"④;"数年以后,闽局轮船日多,驾驶日熟,器械日精,岛国且将延颈跂踵以附中国,中国得以鞭笞使之矣"⑤;"数年之后,彼之所长皆我之长也。……彼族无所挟以傲我,一切皆自将敛抑"。⑥

频繁出现的"数年",使我们看到左宗棠显然跟魏源一样,把学习西方军事技术看成匠人学艺,认为数年可成。后来左宗棠在创办福州船政局时更是将"数年"具体化为一个"五年计划":"惟

---

① (清)魏源:《魏源集》下册,北京:中华书局,1983年,第870页。
② (清)魏源:《魏源集》上册,北京:中华书局,1983年,第186页。
③ (清)魏源:《魏源集》上册,北京:中华书局,1983年,第206页。
④ (清)左宗棠:《左宗棠全集·书信(二)》,长沙:岳麓书社,1996年,第194页。
⑤ (清)左宗棠:《左宗棠全集·书信(二)》,长沙:岳麓书社,1996年,第214页。
⑥ (清)左宗棠:《左宗棠全集·书信(二)》,长沙:岳麓书社,1996年,第65页。

火轮船之制,……道光初年前后也。萃彼中千数百年之奇秘,并之一船之中,百物之所为备,不但轮机一事巧夺天工,而我欲于五年中尽其能事,归之于我,其不容有所靳也,明矣!"①他乐观地认为,学习、引进西方军事技术的风气一开,"则西人之长皆吾华之长,不但船坚炮利可以制海寇,即分吾华一郡一邑之聪明才智物力,敌彼一国而有余。行之数年,各海口船炮罗列,并可随时分拨协济,人力物力互相通融,处处铜墙铁壁,以守则固,以战则克,尚何外侮之足虑乎!"②1873年,福州船政局成立已届五年,其雇佣的洋员也因合同到期陆续回国。该船政局造船数量虽与左宗棠原计划大体一致,但科学体系、技术知识远未"归之中土"。左宗棠的"五年中尽其能事"的梦想当然也被现实击得粉碎。实际上,器物层面的"师夷长技",只能跟在对手后面亦步亦趋,顶多打一个平手,远远达不到"制夷"的水平,这也为洋务运动等后来的历史发展所证明。

二、曾国藩中国军事技术赶超西方的"二十年论"

在中国近代历史上,知识分子对学习西方军事技术这一问题的认识随着时间的推移而不断深化,曾国藩是继魏源之后认真思考中国军事技术近代化问题的第二个代表人物。曾国藩早期同样受魏源思想的影响,在19世纪60年代初,曾国藩对西方军事技

---

① (清)左宗棠:《左宗棠全集·书信(一)》,长沙:岳麓书社,1996年,第720—721页。
② (清)左宗棠:《左宗棠全集·札件》,长沙:岳麓书社,1996年,第606页。

术的认识仍然没有超越魏源。因此,他在创办安庆内军械所前就自信地认为,只要购买到火轮船,并选募能工巧匠仿造,不出一两年,这一当时的尖端技术便会成为我国寻常之物:"轮船之速,洋炮之远,在英法则夸其所独有,在中国则震于所罕见。若能陆续购买,据为己物,在中华,则见惯而不惊,在英、法,亦渐失其所恃。……购成之后,访募覃思之士,智巧之匠,始而演习,继而试造,不过一二年,火轮船必为中外官民通行之物。"①曾国藩在安庆不假洋人自造轮船未能达到预期的效果,使其意识到赶超之路并非坦途。

同治四年(1865)十二月,曾国藩在写给李鸿章的信中不得不承认安庆的三年仿造历程最终以失败告终:"枪炮固属目前急需之物,而轮船亦不可不赶紧试造。造成此物,则显以定中国之人心,即隐以折彼族之异谋。弊处试造三年,刻楮不成,有同儿戏。"②正是因为有了这次失败的教训,加上自身对科技问题认识的逐步深刻,他在同治九年(1870)的奏稿中将赶超时间延长至二十年:"苟欲捍御外侮,徐图自强,自非内外臣工各有卧薪尝胆之志,持以一二十年之久,未易收效。然因事端艰巨,畏缩不为,俟诸后人,后人又托辞以俟后人,且永无自强之一日。"③这就是曾国藩关于落后国家军事技术赶超的"二十年论"。客观而论,这种认识较魏源、左宗棠显然更为理性,但与后来的实际情况相比还是存在很大出入。

---

① (清)曾国藩:《曾国藩全集·奏稿(三)》,长沙:岳麓书社,2011年,第186页。
② (清)曾国藩:《曾国藩全集·书信(七)》,长沙:岳麓书社,2011年,第835页。
③ (清)曾国藩:《曾国藩全集·奏稿(十二)》,长沙:岳麓书社,2011年,第24页。

在科技价值的理解上,李鸿章见识虽远不逮其师曾国藩,但在我国军事技术赶超西方发达国家的时间判断上,李鸿章则比曾国藩更为符合历史实际。李鸿章率军抵达上海后,与洋人往来频繁,且亲自接触坚船利炮。因此,李鸿章对我国军事技术近代化有着较为清醒的认识。同治二年(1863),李鸿章在写给曾国藩的信中就保守估计,中国需要一百年的时间才能在军事技术近代化方面达到英法等国的水平:"外国兵丁口粮贵而人数少,至多以一万人为率,即当大敌,中国用兵多至数倍,而经年积岁不收功效,实由于枪炮窳滥。若火器能与西洋相埒,平中国有余,敌外国亦无不足。俄罗斯、日本从前不知炮法,国日以弱,自其国之君臣卑礼下人,求得英法秘巧,枪炮、轮船渐能制用,遂与英法相为雄长。中土若于此加意,百年之后长可自立。"①在这里,李鸿章由中西军事技术的差距得出中国需"百年之后长可自立"的观点,我们不妨称之为李鸿章军事技术近代化的"百年论"。

　　随着时间的推移和洋务运动的开展,李鸿章对军事技术近代化的认识更是远在同辈之上。同治四年(1865),奕䜣曾拟派弁兵赴外国学习军事科技,希望数年内掌握西洋军事科技,并且商之于李鸿章。李鸿章的回信显示其对中国学习军事技术的认识明显要高于奕䜣。他指出军事技术的发展首先依赖于数学原理的掌握,寄希望于对毫无数学基础的弁兵于短期内掌握军事技术知识,显然难以实现。因此,李鸿章在19世纪60年代就有设特科录取军事技术人才的远见卓识也就不足为怪了。

---

① (清)李鸿章:《李鸿章全集》第5册,北京:时代文艺出版社,1998年,第3142页。

三、郭嵩焘"三百年论"的理性认知

现在看来,晚清士人在回答赶超西方军事技术或者说中国军事技术近代化到底需要多少时间这一问题上,最为符合历史发展实际情况的当属郭嵩焘。

郭嵩焘在其著名的奏稿《条议海防事宜》中提出了"西洋立国有本有末"的论断,他认为:"欧洲各国日趋于富强,推求其源,皆学问考核之功也。"①郭嵩焘认识到,器物之后有制度文化乃至知识者心灵深处的问题在。所谓富强以"通商为本""政教为本""人心为本",而"学校者人心风俗之本"②;"西洋人品学问蒸蒸日上,非无故也"③;"西洋政教、制造,无一不出于学","此邦术事愈出愈奇,而一以学问思力得之,人心固无不有也"④。因此,推进军事技术近代化,首先必须在建立学校,普及教育上下功夫,而要振兴中华,这一过程需要数百年:"竭三十年之力为之,亦可望有成效。制造之精,竭五十年之力为之,亦庶几什一望见其涯略。若此者,其源皆在学校。学校之起,必百年而后有成。用其百年之力以涤荡旧染;又用其百年之力,尽一世人才而磨礲之;又用其百年之力,培养渐积以使之成。以今日人心风俗言之,必有圣人接踵而起,垂之百年而始有振兴之望。"⑤这就是郭嵩焘的"三百年论"。

---

① (清)郭嵩焘:《郭嵩焘日记》第3卷,长沙:湖南人民出版社,1982年,第356页。
② (清)郭嵩焘:《郭嵩焘全集》第11册,长沙:岳麓书社,2012年,第365页。
③ (清)郭嵩焘:《郭嵩焘全集》第10册,长沙:岳麓书社,2012年,第1855页。
④ (清)郭嵩焘:《郭嵩焘全集》第10册,长沙:岳麓书社,2012年,第201页。
⑤ (清)郭嵩焘:《郭嵩焘日记》第4卷,长沙:湖南人民出版社,1982年,第19页。

郭嵩焘的判断与历史发展最吻合,这与其独特的经历与悟性有关。鸦片战争发生时,郭嵩焘在浙江学政罗文俊的幕府充当幕僚,目睹浙江战事,并开始注意外情,思考中国战败的深层原因。同治元年(1862),郭嵩焘应李鸿章之前请赴沪就任苏松粮道,并襄办军务。"嵩焘重临沪滨,耳闻目睹,才识更有精进。当时上海开埠已二十年,华洋杂处,闻见更广,除了咸丰年间已有的洋楼洋船外,又见到了许许多多的洋枪洋炮。"①如同年十二月十九日,随同李鸿章检阅春字营勇演放开花炮。"炮制之精,所未尝见,而一以机关运用之,左右高下,立表测之,随机转动,真绝技也。"②三天后,郭嵩焘还随李鸿章至新闸观英兵操练洋枪队。"向见洋枪队,赏其步武之匀速,及与英兵较,则洋枪队步伐不如英兵之整齐有力,又不可以道里计矣。"③郭嵩焘奉命使英后,"置身于西欧文明之中,不仅加深了对列国情势的了解,而且积极参与,留心观察"④,努力探求西方富强之原。

由于郭嵩焘对待西方文明的态度积极,且大使身份使其接触面比出洋的一般国人既广且深。曾国藩视野开阔,对洋务问题的认识远高同侪,但在郭嵩焘看来,曾"于洋务素非通晓"。这并非对曾的有意贬低,而是郭嵩焘对于自我的理性认知和思想观念上的骄傲。因此,有学者评论说:"以他与英法两国政府交涉的经验,在西洋所获得的感观与知识,以及对整个世界局势的了解,在

---

① [美]汪荣祖:《走向世界的挫折——郭嵩焘与道咸同光时代》,长沙:岳麓书社,2000年,第80页。
② (清)郭嵩焘:《郭嵩焘日记》第2卷,长沙:湖南人民出版社,1982年,第82页。
③ (清)郭嵩焘:《郭嵩焘日记》第2卷,长沙:湖南人民出版社,1982年,第82—83页。
④ (清)郭嵩焘:《郭嵩焘日记》第2卷,长沙:湖南人民出版社,1982年,第196页。

当时中国官吏与士大夫之中,实罕见其匹。"①

　　值得一提的是,郭嵩焘的判断与百年后中国改革开放的总设计师邓小平的战略目标高度吻合。邓小平在20世纪80年代提出我国在21世纪中叶达到中等发达国家水平的战略目标,并强调:"要用两代人、三代人、甚至四代人来实现这个目标。"②由此可见,从19世纪中叶起,我国达到中等发达国家水平就需200年以上的时间,而要达到发达国家水平,这个时间无疑更长。由此可见,在要不要学习西方先进军事技术、学习什么和怎样学习方面,洋务派遵循"师夷长技以制夷"的思路,分歧并不是很大,但对于学习多久的问题却有着因人而异的判断,其中又以在中国近代史上占有举足轻重地位的三位湖南岳麓书院学子魏源、曾国藩、郭嵩焘为代表,他们在时间判断上呈递增趋势,分别由两年、二十年增至二百年以上。当然,其猜测也越来越逼近后来的历史发展轨迹,我们不妨称之为中国军事技术现代化中的"魏源—曾国藩—郭嵩焘猜想",简称"魏曾郭猜想"。

---

① [美]汪荣祖:《走向世界的挫折——郭嵩焘与道咸同光时代》,长沙:岳麓书社,2000年,第262页。
② 邓小平:《邓小平文选》第3卷,北京:人民出版社,1993年,第256页。

第五章 中国近代军事工程技术衰落的原因解析

历史上,中国在军事工程技术领域内创造了诸多"世界之最",长期处于领先地位。然而,中国以火器为龙头的军事工程技术在明代后期发展至鼎盛时期后,便开始趋向衰落。我国近代军事工程技术由兴盛转向衰亡的教训是极为深刻的,其原因也是值得认真探讨的。

一、中国近代军事工程技术衰落的状况

中国军事工程技术自 17 世纪开始由兴盛转向衰落,在第一次鸦片战争中,清军的火药、船炮等武器装备和军事工程设施的全面落后状况更是暴露无遗,以致造成被动挨打的局面,使国家和民族蒙受了深重的灾难。

(一)火药质量的低劣

在第一次鸦片战争前后,清军的火药与火器制造,仍以明末清初的理论为依据,以手工作坊或工场生产为主,无法提纯硝和硫,亦无其他先进的工艺设备进行粉碎和拌和,只靠石碾等工艺,

第五章　中国近代军事工程技术衰落的原因解析

舂碾不细,"粒子粗糙,大小不一"①。而且,"硝不提炙,磺不拣净,轻率造成,率难致远透坚"②。因此,往往不能充分燃烧,不但影响火药的力量,而且产生浓烈的黑烟。另外,硝、硫、炭比例中含硝量过高(达80%),容易发潮,难以久贮。可见,其杀伤力和穿透力比较低。诚如广东水师提督关天培所言,广东的空气潮湿,且多盐碱成分,使制成的火药更不能久贮,即使保存在干燥之处,超过两个月也会因转潮而不能将枪炮射至远处。如果没有贮存,随用随造,战争一旦来临,广东水师所用的火药,或者由于数量不足,或者因为潮湿而失去效用,对作战都极为不利。③

19世纪初英国的火药制造工业,则已经居于世界各国的领先地位,火药生产如提纯、粉碎、拌和、压制、烘干等工艺已进入近代工厂的机械化生产阶段。其主要特点是:采用物理和化学方法,以先进的工业设备,提炼高纯度的硝和硫;以蒸汽机带动转鼓式装置,进行药料的粉碎和拌和;用水压式机械,将配置的火药放在碾磨上,压成坚固而均匀的颗粒,使火药具有一定的几何形状和密实性;使用机械式造粒缸,将火药制成大小均匀的火药粒;对制成的粒状火药,放在烘干室内,用蒸汽加热器烘干,使之保持良好待发的干燥状态;用石墨制成的磨光机,将药粒的表面磨光,除去气孔,降低吸湿性,以延长火药的贮藏期。这些先进的工艺,保证了英军火药的优良品质。在火药的配比方面,英国化学家歇夫列里在1825年经过多次实验后,提出了黑色火药的最佳化学反应

---

① 广东文史馆编:《鸦片战争史料选译》,北京:中华书局,1983年,第67页。
② (清)陈阶平:《请仿西洋制造火药疏》,《海国图志》卷九十一。
③ 王兆春:《中国古代军事工程技术史·宋元明清》,太原:山西教育出版社,2007年,第600—601页。

方程式：
$$2KNO_3+3C+S \rightarrow K_2S\downarrow +N_2\uparrow +3CO_2\uparrow$$

据此，在理论上，硝、硫、炭的组配比率以 74.84%，11.84%，11.32%为最佳火药配方。英国按照这一方程式，配制了硝、硫、炭的比率为75%，10%，15%的枪用发射火药，以及组配比率为78%，8%，14%的炮用发射火药。① 可见，英军火药有科学理论作支撑，组配得当，杀伤力和摧毁力较之清军更强。

(二)火炮战船的简陋

鸦片战争时，清军水师战船矮小，排水量多在10吨以下，载炮不过数门，再多便会船身摇晃。而且，"板薄钉稀，一遇风涛颠簸，必至破坏，不堪适用"②。此外，清王朝的战船建造处于分散状态，没有战略性的造舰基地，也没有在外海编练一支战略性的海军舰队，不能担负保卫海疆的任务。清军水师装备的都是木质风帆战船，火器与冷兵器并用，大致枪炮等火器占70%，刀矛等冷兵器占30%。其中火器有红衣炮、碗口炮、鸟枪、火箭、喷筒、火罐、火号、箭箱、溜桶等落后的制品。此外，就是装备油脂与薪草的火攻船。清军在鸦片战争中使用的火炮名称虽多，但形制杂乱，式样陈旧，存在着射程近，射速慢，旧炮磨损失灵，锈蚀多，新炮质量差，笨重不灵，机动性差，威力小，膛炸多等弊病。装备虎门炮台

---

① 刘鸿亮:《第一次鸦片战争时期中英双方火炮的技术比较》，《清史研究》，2006年第3期。
② (清)方熊飞:《请造战船疏》，《海国图志》卷八十四。

第五章　中国近代军事工程技术衰落的原因解析

的火炮,则不能击中闯入珠江口的英军舰船。装备外海水师战船的船炮,则在接近敌舰之前已被敌舰的舰炮击中。① 对于登陆中的英军,清军火炮也缺乏有效压制能力。

据恩格斯考证,参加第一次鸦片战争的英军舰队有:"两艘装有 74 门炮的军舰,8 艘巡航舰,许多轻巡航舰和二桅横帆舰,12 艘蒸汽舰和 40 艘运输船;全部兵力,包括海军和陆战队在内,共计 15 000 人。"②这些英军战舰大都排水量上千吨,平均亦达 800 吨,载炮多者 120 门,少亦 10 多门。战舰底面皆有铜片包裹,厚一二分,可防虫防火。整个船底厚约七八尺,表里两层,抗沉性较好,所以谓之"夹板船"。英军此时也已开始装备小型蒸汽动力轮船,"无风无潮,顺水逆水,皆能飞渡"③。林则徐在东西方的军事较量中第一个看到了华夷之间的差距,看到了"内地船炮非外夷之敌",而要克敌制胜,"制炮必求其利,造船必求其坚",做到"器良技熟、胆壮心齐"。

林则徐在遣戍伊犁的途中曾致书友朋,谈到了他在广东禁烟时看到的英国战船的实情:"岸上之城郭廛庐,弁兵营垒,皆有定位者也。水中之船无定位者也。彼以无定攻有定,便无一炮虚发,我以有定攻无定,舟一闪躲,则炮即落水矣。彼之大炮,远及十里内外,若我炮不能及,彼炮先已及我,是器不良也。彼之放炮,若内地之放排枪,连声不断,我放一炮后,须转展移时,再放一

---

① 王兆春:《中国古代军事工程技术史:宋元明清》,太原:山西教育出版社,2007年,第 601 页。
② 《马克思恩格斯军事文集》第 4 卷,北京:战士出版社,1982 年,第 84 页。
③ 皮明勇:《关注与超越——中国近代军事变革论》,石家庄:河北人民出版社,1999 年,第 225 页。

炮,是技不熟也。"①

　　1840年八九月间,直隶总督琦善在天津与北上的英国人交涉之后,也曾非常惊讶地向道光皇帝描述了其目睹的英国船炮:"船身吃水二丈七八尺,其高出水处,亦计二丈有余。船中分设三层,逐层有炮百余位,亦逐层居人。又各开有窗扇,平时藉以远眺,行军即为炮眼。其每层前后,又各设有大炮,约重七八千斤。炮位之下,设有石磨盘,中具机轴,只须移转磨盘,炮即其所向。"其观察和记述的详细,在当时是少见的。② 而后,他比较中西,"溯查向来破夷之法"说:"有攻其船之下层者,今则该船处所,亦经设有炮位,是意在回击也。又有团练水勇,穿其水底者,今白含章(钦差大臣琦善所派窥查夷情者——引者注)亲见操演水兵,能于五六尺处持械投入海中,逾时则又跳跃登舟,直至巅顶,是意在抵御也。又有纵火焚烧者,今则该夷泊船,各自相离数里,不肯衔尾寄碇。其风帆系白布所为,节节断离,约长不过数尺,中则横贯漆杆藉以蝉联,非如篷箨之易于引火,是意在却避延烧也。"于是,"我师从前之长策,而该夷所曾经被创者,兹悉见机筹备。是泥恒言以图之,执成法以御亡,或反中其诡计,未必足以决胜"。③

（三）军事工程的陈旧

　　康乾以后,由于清王朝在政治和经济、军事上的日趋衰败,又

---

① 杨国桢辑:《林则徐书简》,福州:福建人民出版社,1981年,第193页。
② 杨国强:《晚晴的士人与世相》,北京:生活·读书·新知三联书店,2008年,第91页。
③ 《筹办夷务始末·道光朝》卷十五,北京:中华书局,2008年,第24页。

不重视对外敌入侵的防范,因而更谈不上对国防以及军事工程的研究和改进,致使军事工程理论落后,沿海的工程设施,仍停留在抵御冷兵器时代的"高筑墙"状态。及至鸦片战争前后,清代的边防、海防、江防、城防等军事工程由于年久失修而罅漏百出。如清末海防设施一直沿袭清中叶的炮台式要塞,甚少改进。在东南沿海的主要港口,虽筑有炮台、要塞,但只重视地表以上的堆砌,或石墙,或土围,而无地下工事,当敌人以火炮攻垒时,易被攻破和失陷。在布势上只有一线海正面或陆正面,各点间互不联系,势如孤岛。由于缺乏纵深设防的观点和措施,常被敌人从翼侧突破。道光以后,"清廷虽然也因西方殖民者对我国沿海的挑衅逐渐频繁而加强了海防建设,采取了增筑海岸炮台及增铸海岸炮等措施,建成了像虎门、厦门、镇海、吴淞等颇具规模的海防要塞,但是由于这些措施是在不了解敌情的情况下,采取陈旧的方式建筑的,所以炮位的选址不当,布局不合理,构筑不得法,台身都裸露在外而毫无掩护"[1]。更为严重的是,清廷对专业兵种毫无重视,"清末江防,安徽省境内,竟无专任防守炮台的专业兵,而以步兵担任,不会用炮"[2]。

二、中国近代军事工程技术衰落的内在原因分析

鸦片战争是中西方军事文明在近代的首次正面撞击和全面

---

[1] 王兆春:《中国古代军事工程技术史·宋元明清》,太原:山西教育出版社,2007年,第601页。

[2] 中国军事史编写组:《中国历代军事工程》,北京:解放军出版社,2005年,第419页。

交锋。在交战中首先凸现出来的便是中西方在军事工程技术方面存在的悬殊差距。对清军军事工程技术落后现象的形成原因进行分析,我们可以看到,其内在原因是当时中国科技水平的限制。因此,为什么近代中西方军事工程技术拉开了较大差距呢？对该问题的回答实质上也就是对"中国近代科技为什么落后"的回答,或者说是后一个问题的一部分。

(一)唯象理论的粗陋

众所公认,中国古代有辉煌的科技成就,这辉煌成就的具体内容,除了在技术上做出一系列发明创造外,在科学上更是积累了无数丰富的天文、数学、力学、化学、农学和医学知识。然而,这些知识绝大多数仅仅是经验事实层次的知识而已,严密理论形态的知识并不多见。即使是对经验事实知识作初步整理概括的唯象理论也很不发达,许多唯象理论其实只是对经验事实的粗陋的定性概括,除个别情形外,中国古代传统科学中的唯象理论鲜有能与西方相匹敌者。

中国火药发明于中唐以前的伏火法,与西方相比,早了近5个世纪。然而,在长达千年的时间里,火器技术未能在中国取得实质性发展,与中国唯象理论的粗陋密切相关。从火药的配方上看,虽然中国火药在明代就接近现代黑火药的标准配方,但因中国火药生产始终停留在经验观察实验阶段,而无法使火药真正达到标准配方。"直到17世纪初叶出版的《兵录》《武备志》,还只能用'君臣佐使'的类比方法,阐述硝、硫、炭在火药组成中的地位;用直击与横击的现象来叙述硝与硫的射远与爆炸作用;以观察火药色彩的不同,区别火药配料的差异。因此,在这种朴素的、直观的理论与实践经验指导下配置的火药,其纯度不高,威力受到限制。"[1]14 世纪初,火药经阿拉伯传到西方后,火药实验先后经历了三个不同发展阶段:观察实验、机械实验、电实验阶段。1627 年,弗特拜雷发明了火药机械实验仪,标志着火药实验成为一门真正的科学。由于火药实验方法和仪器的不断改进,以及化学学科的诞生发展,火药成分的比例也日趋精确化,最终找到了火药三种主要成分的最佳配方,这种科学配方使火药的爆炸威力大大增强,有力地推动了以热兵器的广泛使用为标志的军事技术革命。

杠杆平衡理论是中国春秋时代墨家的重要创造,西方做出同一创造的是古希腊的阿基米德。两相比较,墨家的杠杆平衡理论虽早于阿基米德 200 年左右,却远不如阿基米德的理论严密和精细。更令人遗憾的是,杠杆平衡理论在墨家以后的中国毫无进展,以至这一粗陋的唯象理论在 2000 年间一直代表着中国传统科学中杠杆平衡理论的水平,后人只能无休止地对其做出注释。这种情况在中国科技史上不胜枚举。

中国古代有世界上最先进的气象仪器与观测网站,但在气象理论上却始终未能产生近代式的突破。我国是世界上最早记载太阳黑子活动情况的国家,《汉书·五行志》中就有明确记载。我国从汉代至明代的 1600 余年中,有关黑子的记录多达 100 余次,却始终没有找出黑子活动的周期,而德国药剂师出身的天文学家

---

[1] 王兆春:《中国古代军事工程技术史:宋元明清》,太原:山西教育出版社,2007年,第 601 页。

亨利·史瓦布在个人观察18年之后,就得出了太阳黑子活动准11年周期规律,其中确有思维方式不同的问题。中国传统科学结构的一个严重弊端,就是缺乏定量的唯象理论。像明代朱载堉提出的"十二平均律"那样领先于世界的唯象理论,实在太少了,不足以形成思维方法的突破。

(二)深层理论的贫乏

在对自然现象做出定量的形式概括——唯象理论的基础上,还必须进行更深入的因果性探索,人们只有在深入掌握自然现象的内在因果联系后,才算达到对自然现象的本质的规律性认识。当然,因果性联系要在科学实践过程逐步揭示,自然科学研究中确立的每一个深层理论未必都能称之为因果联系。但是,不管怎样,深层理论是科学理论结构中处于深层地位的重要层次,是科学理论由浅入深的发展过程中不可或缺的重要环节。中国古代科学中的深层理论也显得相对贫乏,这不仅是与中国古代丰富的科学经验与技术发明相比而言,也是与西方的深层科学理论相比而言。

与深层理论相应的理论结构是演绎型数理逻辑结构,也就是说深层理论往往以演绎型结构来表达。如果以这一理论结构来比较古代中西方科学理论,也可看出东西方的明显区别。具有深层结构的演绎理论在西方近代科学产生时期被继承和发展起来。事实上,它也可作为近代科学理论的一个内在特征,近代科学之所以如此成就卓著而征服人心,在相当程度上取决于理论的深层结构与逻辑力量。这方面最成功的例子便是以开普勒行星运动定律与伽利略自由落体定律为基础的深层理论——牛顿万有引力理论的创立。当然,这里并不否认中国古代科学具有发现自然现象内在机制的洞察力。中国古代科学家关于自然现象内在原因的考察,大多停留在一得之功、一孔之见式的零星分散的水平上,而从未形成过像阿基米德力学、托勒密天文学这样系统严密的演绎型深层理论。造成中国古代科学中演绎型深层理论不发达的直接原因,是中国古代思想宝库中从来缺乏示范性的演绎型深层理论模式。而在西方,这种示范性的深层演绎理论早在古希腊已臻于完善,这便是欧几里得几何学与亚里士多德逻辑学。

　　大炮的发展和广泛采用,提出了很多有待科学解决的深层理论问题。"内部弹道学涉及有关火药通过燃烧转化成的气体的形成、温度和体积的研究,有关这些气体的膨胀对大炮、炮架和射弹所做的功的研究。必须运用关于一定重量的火药的气体给予射弹的速度的公式、关于气体与射弹对大炮和炮架的反作用的公式来计算,以决定火药重量与射弹重量和炮膛的长度、反冲速度等等的正确关系。另一个基本问题是决定具有重大稳定性的大炮的最小重量。"[1]十七世纪西方科学家在很大程度上都全神贯注于这个内部弹道学的基本问题。英国皇家学会一些最活跃的成员如莫雷、胡克、波义耳、帕平等参加了内部弹道学的实验就是例证。同时,有更多的科学家将注意力集中在与大炮外部弹道学紧密联系的科学问题上。卡斯特利、托里拆利、默森、马略特、哈雷和牛顿,都明显地把流体动力学中的实验与外部弹道学相联系。

---

[1] [美]罗伯特·金·默顿:《十七世纪英格兰的科学、技术与社会》,范岱年等译,北京:商务印书馆,2000年,第239—240页。

"在炮火中力图达到数学的精确性是工业技艺的一个模型,也是与当时科学联结的一环。"而在同期的中国,由于火器研制者对火药在燃烧后的化学反应过程缺乏理论研究,没有发现气体的压力与体积的关系,对炮膛压的分布状况缺乏精确的数量概念,所以在设计火炮尺寸时带有一定的盲目性,难以造出既安全而又具有较大杀伤力的火炮。

(三)自然哲学的薄弱

自然哲学是构成完整科学理论体系的有机组成部分,它作为科学理论结构的最高层次,对经验事实、唯象理论和深层理论等层次的发展具有重要的制约与导向作用,而一种文化传统中的早期自然哲学的发展会在很大程度上影响这种文化传统中科学发展的状况。海森伯曾多次谈到古希腊自然哲学思想对于西方近现代自然科学发展的深刻影响,他指出希腊自然哲学的两个基本观念——德谟克利特的原子论与毕达哥拉斯的万物皆数,影响着直到今天的自然科学进程。海森伯还发现,近代微观物理学从道尔顿的原子论到普朗克量子论的进展,恰好在科学思想上重演了古希腊从德谟克利特原子论到柏拉图几何对称性的发展过程。但是,恰恰在自然哲学思想方面,古代中国与西方有着极为不同的发展状况与水平。

在代表古代西方文明高峰的古希腊,曾有一个自然哲学独立而完善发展的时期,这就是前苏格拉底时期。就在前苏格拉底这个自然哲学探讨的黄金时期,古希腊产生了古代世界最深刻、最完善的自然哲学思想,从泰勒斯的水本原说到德谟克利特的原子论,以及从毕达哥拉斯的数到柏拉图的几何对称性,便是其中两条最重要的思想发展线索。这两条互补的自然哲学发展路线,深刻地影响了以后整个欧洲思想发展的进程。

古希腊的哲学家普遍通晓自然科学,即使是热衷于人的问题的苏格拉底,在年轻的时候也曾很热情地追求过被人们称作自然科学的知识。直至中世纪,高等经院教育仍然沿用毕达哥拉斯学派的四门主课:算术、几何、天文学、音乐理论,其中有三门属于自然科学。大学则有艺术学系、法学系、医学系、神学系,然后还增加了物理学系。而孔子在四个方面对学生进行教育:文、行、忠、信。在这里看不到自然科学的踪影。中国封建时代学子所习的"六艺"——礼、乐、射、御、书、数,仅有"数"涉及自然科学。但是生员学习的重点在于经史和文理,而不在数学。他们对于四书五经背得滚瓜烂熟,而对于算法则"略不晓习",以致明代有人议论说,"改入国监,历事诸司,字画粗拙,算数不通,何以居官莅政?"①孔子的确也是将"道""德""仁"与"艺"并列的:"志于道,据于德,依于仁,游于艺。"②只是六艺之一的"数"在孔子心目中并不占多少地位。③ 孔子的学生樊迟向孔子请教农艺,孔子十分反感,对别人说:"小人哉,樊须也! 上好礼,则民莫敢不敬;上好义,则民莫敢不服;上好信,则民莫敢不用情。夫如是,则四方之民襁负其子至矣,焉用稼?"④因此,孔子虽有理想主义超越精神,

---

① 《明宣德实录》卷五八。
② 《论语·述而》。
③ 朱亚宗、王新荣:《中国古代科学与文化》,长沙:国防科学技术大学出版社,1992年,第55页。
④ 《论语·子路》。

但这种超越精神由于指向"仁义"而不指向"科学",因而无助于纯粹科学的发展。《孙子兵法》将道、天、地、将、法列为战争五事,却独不言器。皇皇一部二十四史,写满帝王将相、文人学士、贞女烈妇的事迹,却偏偏没有科技发明者的专门章节,这绝非偶然。

与古代西方先自然后自我的哲学发展过程不同,在中国古代哲学的发展过程中,从未有过自然哲学至上的时期,在先秦诸家中真正关心自然科学的只有墨家与阴阳家,其他各家关心的都是社会、人生、伦理、为政等问题。即令是关心自然问题较多的墨家与阴阳家,其自然哲学的发展程度也是大大逊于古希腊哲学家。阴阳家的学说虽然力求对自然现象做出合理的解释,但是事实上,它的解释混淆了主客观的界限,贬低了客观自然规律的作用。这种牵强附会的解释将中国古代自然哲学思想引进了一个难以自拔的陷阱——天人感应的陷阱。

《洪范》提出了中国古代最重要的自然哲学思想——五行学说。但是,它却牵强地将君主的五种德行与五种良好的天气现象相联系,而将君主的五种恶行与五种不祥的天气现象相对应,又转向了政治哲学。中国传统科学在2000多年的漫长发展过程中,始终未能冲破天人合一宇宙观的束缚,并始终没有形成独立的自然哲学理论。中国哲学早期形成的混沌笼统而又无所不包的天人合一的宇宙图式,具有强大的应变能力与超稳定结构,致使中国的传统哲学始终未能将主观的自我与客观的自然做明确的划分,这不仅是中国传统科学在近代被西方自然科学全面超越的重要原因,也是中国近代军事技术落后西方的重要原因。[①]

---

① 朱亚宗:《论中国近代科技落后的内在原因》,《求索》,1987年第4期。

三、中国近代军事工程技术衰落的社会原因考察

中国近代军事工程技术从 17 世纪起逐步落后于西方,除了中国科技水平的限制这一内在原因,还存在政治、经济、文化等社会原因。

(一)封建制度的钳制

14 世纪初,火药经阿拉伯人从中国传入西方后,欧洲一些国家新兴的市民阶级摆脱了封建贵族的束缚,大兴火器研制之风,很快经过仿制阶段而进入创新时期。到 15 世纪末已经抛弃了初始的手持枪,创制了构造比较合理,装填和发射比较方便,威力比较大的火绳枪与佛郎机等新式枪炮。反观我国,明清时期,专制主义中央集权发展到顶峰,其主要标志是皇帝个人专权,相权被废止。

由于阶级和民族的原因,清王朝的统治者对火器的控制极为严密。康熙朝把最好的枪炮制造局,设于宫廷内,置于皇室的直接控制之下,所制火器仅供皇室卫队与满洲八旗之用。绿营只能使用质量极差的局制火器。至于外地,则根本不能制造和使用比较精良的火器。康熙五十四年(1715),山西总兵曾奏请自造子母炮,康熙帝闻奏后即予驳回,声称子母炮系八旗火器,各省不能自

造。① 此后各届朝廷都沿袭康熙之例,对火器制造进行专横控制,甚至把前代包含兵器研制在内的兵书《武备志》等都列为禁书。"到第一次鸦片战争时期,火器在军队装备中所占比重,仍然为60%左右。这个比例从17世纪中叶确立以来,历经200年的发展,竟然基本上没有变化。"②这种严密控制的结果,束缚了中国古代火器的研制,也是此后中国火器衰落至谷底的重要原因。

(二)自然经济的阻碍

17世纪以来,西方文明以突飞猛进之势,跨入了近代社会,而中国建立在农耕经济之上的资本主义生产方式的萌芽却备受挫折,步履蹒跚,出现了迟滞状态。"从根本上,中国农耕社会的多元化结果造成了中国社会经济的既早熟又不成熟的特征,制约了资本主义生产方式的顺利产生。"③中国古代社会的上层建筑是建立在自给自足的自然经济基础之上的,因此,一直采取重农抑商的政策。在这种观念的指导下,明朝时"百里之内,辖者三官,一货之来,榷者数税"④。清代更有"处处皆关,则关关有税"的剥削。工商业经济发达的地区所受到的剥削则尤为严重,如19世纪初期,根据漕粮税制,苏松太道被规定要提供年征大米总数的

---

① 王兆春:《中国古代军事工程技术史:宋元明清》,太原:山西教育出版社,2007年,第604页。
② 刘戟锋:《兵器进化之路》,北京:北京理工大学出版社,2004年,第50页。
③ 张岱年、方克立:《中国文化概论(修订版)》,北京:北京师范大学出版社,2004年,第35页。
④ (明)张萱:《西园闻见录·关税》。

32.7%,即全国法定总数五百二十万担中的一百七十万担。① 负担漕米份额分外沉重的第二个地区是浙江富饶的杭嘉湖道。这里有着与苏松太一样的历史背景(原来的租率都已经改为税率),它负担的漕粮份额在 19 世纪初也高达一百一十万担。②

自然经济的要害是不要市场,不要对外贸易。民间私商对外贸易多遭限制,而官方少量对外贸易主要是为满足皇室及上层官僚对奢侈品的需要。因此,中国商人不能开拓国外市场以推进各项新技术。许多创造发明或因小生产和传授方式不当而失传,或因无国内外市场的推进而始终停滞在胚胎状态。③ 如在大型火炮铸造中,虽然从明末天启(1621—1627)到清代康熙年间(1661—1722)引进了新的铸炮方法,铸造了各种火炮,但也是在欧洲造炮匠师主导下,采用引进的设备铸造的。当时的军工部门并未借此机会采取措施,仿造先进设备,建设新型的火炮铸造工场,推动火炮铸造向工场手工业的方向发展。所以,在清廷主导造炮的南怀仁病死后,铸炮事业也就随之滑坡并日趋衰萎。

(三)重道轻器观念的束缚

中国古代学术思想具有重道轻器的传统。"就整个理论学术

---

① [美]费正清编:《剑桥中国晚清史》上卷,中国社会科学院历史研究所编译室译,北京:中国社会科学出版社,1985 年,第 487 页。
② [美]费正清编:《剑桥中国晚清史》上卷,中国社会科学院历史研究所编译室译,北京:中国社会科学出版社,1985 年,第 492 页。
③ 朱亚宗、王新荣:《中国古代科学与文化》,长沙:国防科学技术大学出版社,1992 年,第 288 页。

而言,重视人文科学轻视自然科学;就自然科学而言,重视宏观规律的探求,重视事物总体特质、事物与环境关系的探求,而轻视一事一物具体形质的研究,轻视社会生产领域具体器物、具体技能的研究。"①在漫长的封建时代中,推崇道义,鄙薄技艺,成为国家的时尚。特别是汉武帝"罢黜百家,独尊儒术"后,儒家崇尚政治人伦之"道",崇尚天地万物通"理"而轻贱具体科学知识和生产技艺的趋向,将千千万万儒门学者永远隔在了自然科学的门外。科学技术在中国传统文化体系中,始终不过是"末由小道""奇技淫巧"。科技人员社会地位低下,在政府机构中所占比例极小,而且待遇十分低微,在士大夫眼里,只能是"方技者流"。封建统治者一直把那些勤于劳动,积极发明创造的能工巧匠讥为"玩人丧德,玩物丧志"。因此,很多重要的军事技术发明往往无人问津,以至绝迹。

康熙年间,火器奇才戴梓曾发明一种类似近代机枪的"连珠铳",性能居当时世界最先进火器之列。遗憾的是,清王朝却不予采用,以至"器藏于家"。"国家科举取士只考《四书五经》,不考科学技术,这种全民性的教育内容和国家性的政策导向,使古人重道轻器的观念根深蒂固。中国古代'兵技巧'类兵书之所以大都被历史淘汰,与国人的这种价值取向有极大关系。西方多将仿生学用于自然科学技术创新,而中国古人则多将观察和研究自然现象得出的哲理用于军事谋略、政治权术、社会管理和处世之道,

---

① 张岱年、方克立:《中国文化概论(修订版)》,北京:北京师范大学出版社,2004年,第140页。

从而形成了中西价值追求的重要分野。"①于是,中国古代的权谋理论相当发达,而包括军事工程技术在内的科学技术却逐步走了下坡路。

---

① 于汝波:《是什么导致了中国近代军事创新的衰落?》,《解放军报》,2006年2月14日。

第六章　军事技术自觉与军事技术创新

军事技术自觉是军事技术主体对军事技术的本质与内在动力、特点与规律、结构与功能,以及其在人类文明进化之链上的地位和作用的理性认知,是军事技术主体对军事技术的一种理解能力。其中"军事技术主体,是指与军事技术发展有关人员的总称"①。军事技术自觉意识强,就能敏锐地懂得和感悟军事技术发展中所显现和蕴含的全部意义。反之,便会对新出现的军事技术视而不见或漠然处之。对军事技术的不同认知所产生的不同效用,必然导致完全不同的发展方向和效应。

一、古代军事技术自觉意识的迷失与军事技术创新的举步维艰

文艺复兴之前,也恰恰是军事技术发展史上的第一次革命之前,由于科学技术发展缓慢,作为科学技术产物的兵器发展也相当迟缓。就进攻性军事技术而言,"在以往的整个历史时期里,兵器的杀伤力只有过很少的几次重大提高,并且主要是在大约1850

---

① 郭世贞:《军事技术论纲要》,北京:解放军出版社,1990年,第245页。

年之后"①。防御技术方面,"从亚述和巴比伦时代以来,筑城法只有很小的发展"②。实际上,直到18世纪末,土耳其人的民族形式的防御工事仍是防栅。机动技术方面,在蒸汽机发明之前,陆军的机动和运输主要靠马匹。相对于其他技术,通信技术的发展更为缓慢。直到近代,战场上传递信息只能靠人力、畜力或借助烽火、旗语来完成。在这样的技术条件下,军队的机动性受到了很大限制。

根据《中国兵书知见录》提供的资料,先秦以来,"中国共有存世兵书2308部,其中有关军事技术方面的论著只有《火龙神器阵法》《火攻挈要》《火龙经》《武经总要》等为数不多的几部,尚不到存世兵书总数的百分之一"③。这种忽视军事技术重要性的现象,我们不妨称其为军事技术自觉意识的缺失。在这一阶段,由于科学技术发展缓慢,社会上尚未出现专门从事研究和发明创造的科学家及有关职业。虽然已经有了专门用于战争的武器装备,但它们制造简单,不需要也没有产生职业性的军事技术专家。因此,许多国家并不重视武器装备的设计制造。

例如,在中国漫长的封建社会里,皇帝和官僚最关心的大事一直是如何维持自己的统治,其建立军队的目的主要不是增强国防力量以对付外国侵略,而是对内镇压人民。对于这一目的而言,军队所掌握的传统的"十八般兵器"之类的军事技术就足够

---

① [美]T. N. 杜普伊:《武器和战争的演变》,严瑞池、李志兴等译,北京:军事科学出版社,1985年,第350页。
② 《马克思恩格斯军事文集》第1卷,北京:战士出版社,1981年,第422页。
③ 温熙森、匡兴华:《国防科学技术论》,长沙:国防科学技术大学出版社,1995年,第467页。

了。因此,封建统治者不但认为没有必要去研制新的武器装备,而且民间要是有人胆敢从事这种工作,也将遭到残酷惩罚。科学技术在中国传统文化体系中,始终不过是"末由小道""奇技淫巧",科技人员在士大夫眼里,只能算是"方技者流"。封建统治者一直把那些勤于劳动,积极发明创造的能工巧匠讥为"玩人丧德,玩物丧志"。汉儒董仲舒的一段话堪称代表,他说:"能说鸟兽之类者,非圣人所欲说也;圣人所欲说,在于说仁义而理之。"①这就是说,有志于探究物质世界奥秘的人,理当被摒弃于圣人之外。在这种视科技为"形而下"的观念的支配下,《汉书·艺文志》把方技十六家列于卷末,《新唐书·方技列传》则称从事科技者为"小人",认为"凡推涉、卜相、医巧,皆技也","小人能之","故前圣不以为教,盖吝之也"。且从事技术、工匠的人,因其所做与道德之事无关,而沦为贱业,落得"不与士齿"的下场。

二、近代军事技术自觉意识的觉醒与军事技术创新的长足发展

从文艺复兴到 19 世纪末,是近代自然科学兴起和发展并相继发生两次技术革命的时期。在这一时期,伴随着火器的改进及其广泛用于军事,武器的发展进入火器时代,军事技术创新长期裹足不前的局面终于有所改观。特别是工业革命以来,军事技术呈加速发展趋势,军事发明以及新兵器的研制改进的步伐明显加快。"从形成新兵器或改进型兵器的思路,到实践中采用新兵器

---

① (汉)董仲舒:《春秋繁露·重政第十三》。

的原型,其中的间隔变得越来越短。"①伴随着武器性能的大幅提升,人们在惊讶之余,开始意识到军事技术的极端重要性。值得一提的是,军事技术自觉意识的觉醒与火药的西传密切相关。火药经阿拉伯从中国传入欧洲后,"被装入枪筒推动弹丸射杀对方,热兵器由此诞生并开始大规模取代冷兵器,世界第一轮军事革命也由此发生"②。无论怎样评价这一世界性事件的意义都是不为过的。"火药用于军事,导致了先是军事技术,继而便涉及军队结构、作战方式的一系列革命。"③科学学奠基人贝尔纳在考察火药技术的发明应用过程时指出:"火药的采用对军事技术产生了显著的影响,促成了封建制度的解体。"④军事理论家富勒的认识与此不约而同,他写道:"给予文艺复兴以生命者,火药的功效要比十字军时代中与回教的接触还更大,因为无论在物质或精神的哪一方面,火药都把中世纪的秩序炸毁了。"⑤

正是从这个时候开始,人们开始用理性的眼光审视军事技术的重要性,军事技术的进步与创新问题真正进入军事实践主体的视野。对军事技术的孜孜探索和理性反思造就了一大批新式武器如雨后春笋般不断涌现,军事技术创新获得蓬勃发展。更为重要的是,军事技术的发展开始获得源源不断的智力支撑。"伴随

---

① [美]T. N. 杜普伊:《武器和战争的演变》,严瑞池、李志兴等译,北京:军事科学出版社,1985年,第412页。
② 金一南:《军事创新思维断想》,《解放军报》,2006年7月13日。
③ 刘戟锋:《军事技术论》,北京:兵器工业出版社,1991年,第146页。
④ [英]J. D. 贝尔纳:《科学的社会功能》,陈体芳译,北京:商务印书馆,1982年,第241—242页。
⑤ [英]J. F. C. 富勒:《西洋世界军事史》第1卷,钮先钟译,北京:战士出版社,1981年,第433页。

着波澜壮阔的文艺复兴运动,达·芬奇、塔塔格里亚和伽利略等一大批科学家、工程师跻身军事技术研究行列,使原本只是偶发事件的火药变成了互为因果的火器改进的链式过程。"①随后,科学家在军事技术中所起的作用愈来愈大,像牛顿、拉瓦锡、勒让德尔、马赫等一大批科学泰斗,他们关于炮弹飞行、空气阻力和偏差原因的研究,对炮兵改革、射击学的发展都做出过重大贡献。这一时期,军事技术的打击力、防护力、机动力和信息力均取得了突破性的进展。以杀伤力为例,1850年以后,"每次杀伤力的大提高均可看成是足以改变战争特性的新飞跃。这种飞跃属于一种革命性的变化,随之能引起一系列的革新"②。用后坐力来带动的带式送弹马克沁机枪的发明就是明证。

三、现代军事技术自觉意识的成熟与军事技术创新的狂飙突进

19世纪末20世纪初,科学技术进入了高速发展时期,在军事方面,科学界代表国家全面投入军事技术发展已成为这个时代的鲜明特征。从第一次世界大战开始,政府对科学家的战时动员变成了一种持久现象。科学与战争的联姻,促成了军事技术的日新月异,军事技术创新也因此获得了向前发展的不竭动力,其结果

---

① 刘戟锋、赵阳辉、曾华锋:《自然科学与军事技术史》,长沙:湖南科学技术出版社,2003年,第69页。
② [美]T. N. 杜普伊:《武器和战争的演变》,严瑞池、李志兴等译,北京:军事科学出版社,1985年,第350页。

是导致"大科学"的兴起与现代军事技术创新体系的形成。大炮巨舰、飞机、坦克的发明并用于战争,特别是导弹和原子弹的制造成功,使人类进入了军事技术狂飙突进的阶段。

两次世界大战中新武器所显示的巨大作用,使各国普遍深刻认识到科学技术对于增强军事实力的重大影响,开始以务实的态度关注军事技术问题,对军事技术的研究开始引起各国的重视,军事技术政策成为国家政策的重要组成部分。情况诚如 J·阿尔伏德所指出的:"谁都希望持有技术上的优势……在这种背景下,军事技术自觉意识逐步走向成熟。这突出地表现在'大科学'的兴起与在技术上被战败而沦为第二流的国家。这种担心是很现实的,因为政治挑战往往以军事为后盾,而军事技术水平似乎起着相当重要的作用。"[1]在这种强烈的忧患意识下,各国纷纷采取措施,集中人力、物力和财力,大力推进军事技术创新。一些军事强国建立起庞大的国防科研和国防工业体系,军事技术的发展逐渐形成了门类齐全、结构完整的学科专业体系。

现在,军事技术不但已成为一个国家军事上是否强大的重要标志,而且也是一个国家综合国力是否强大的重要尺度,发展军事技术已成为国家根本战略利益之所在。因此,各国在综合国力的竞争中都高度重视军事技术的发展,无不将其置于重要的战略地位。正是由于各国对军事技术的重视,从而促使军事技术发展取得了令人瞩目的成就。就武器装备的发展而言,世界各国所制造出的新武器数量之多,技术之先进,无不令人惊叹。随着现代

---

[1] [英]J·阿尔伏德:《新军事技术的影响》,金学宽、叶信安译,北京:宇航出版社,1987年,第4页。

军事技术的不断发展,一个越来越引人注目的事实是,一个国家要想维护或谋求其国家利益,必须以先进的军事技术为后盾,二战后的历史尤其如此。军事技术水平比较高的国家在军事上所具备的优越条件因此也越来越无可争议。军事技术水平低的国家不但难以研制出高性能的新式武器装备,而且难以正确使用从别国购进的高技术装备。在历次中东战争中,以色列总是比阿拉伯国家略胜一筹,其根源也正在于此。

今天,军事技术和战争已成为各国社会各界普遍关心的话题,军事著作和军事文学作品以及战争影片所拥有的观众一直居高不下,军事技术的发展成为各国大众传播媒介中不可或缺的内容。"这一切充分说明,军事技术已作为一种文化存在,深入到人们日常生活的各个方面,使人的精神生活变得更加充实。人们的思想、价值观念、道德情操和修养也因此而受到影响或熏陶。各国人民无不因自己国家拥有先进的武装器备而感到自豪,爱国主义精神无不因此而受到激励,各民族尚文习武、崇尚武德的文化传统也无不因此而得到发扬。"[1]人们已普遍意识到,保卫国家的钢铁长城不是建立在地面的砖石土木结构和火枪火炮的基础上,而是建立在海上、空中和太空,建立在高技术武器等新的物质文明的基础上。

---

[1] 温熙森、匡兴华:《国防科学技术论》,长沙:国防科学技术大学出版社,1995年,第463页。

四、保持军事技术自觉意识是军事技术创新的不竭动力

20世纪70年代末以来,高新技术的加速发展和在军事领域的广泛应用使武器装备的作战效能发生了质的飞跃,在战争舞台上展示出新的面貌,以信息技术为龙头的新军事变革浪潮汹涌而至。进入21世纪,新军事变革呈现加速发展的趋势,它正在而且必将进一步对当代军事和国际战略格局带来深远的影响。在推进新军事变革的进程中,虽然各国的情况不大一样,但是依靠技术创新推进新军事变革却是共同的做法。因为军事领域作为竞争和对抗最为激烈的领域,既是最具创新活力,也是最需要创新精神的领域。军事技术的发展历程一再证明,军事技术创新与军事技术自觉息息相关。军事技术自觉意识强,军事技术就发展、就创新、就领先,在军事实践中的作用就突出;反之,军事技术自觉意识弱,军事技术就缓慢、就守旧、就落后,在军事实践中的作用就弱化。显而易见,两者成正相关关系,保持军事技术自觉是军事技术创新的先导和不竭动力。而保持军事技术自觉,就是在推进军事技术发展中,认识其本质、理解其内涵、把握其脉搏,积极倡导科学精神、探索精神、挑战精神、创新精神,在做到"自知之明"的基础上进而知己知彼。

中 编

第七章　军事技术主体结构变迁与晚清军事技术进步

人才是事业发展的根本保障,当然也是晚清军事技术进步的主体力量。援引"主体"概念,在军事技术领域从事工作的人才可以视为军事技术主体。它主要包括:"武器装备的思想、理论以及战略战术的创新人员;武器装备的研制、设计、生产、试验人员和武器装备的使用、操作、维修人员。"[1]军事技术主体可分为三种形式,即个体主体、集团主体和社会主体。根据主导角色的不同,按历史发展可以将军事技术主体的演变过程大致分为三个阶段:个体主体阶段、集团主体阶段和社会主体阶段。晚清军事环境文化朝着更有利于集聚军事人才的方向变迁,从事军事技术的人员已经由过去的散兵游勇,发展至共同体攻关乃至社会群体共同参与,由此导致军事技术主体结构的演进,进而助推中国近代军事技术向前发展。

一、军事技术个体主体与晚清军事技术近代化的发轫

鸦片战争时,个别开明官吏和技术专家在西方先进军事技术

---

[1] 谢魁、黄松平:《主体结构变迁与军事技术创新》,《科学技术哲学研究》,2013年第4期。

的刺激下,开始积极购买西式武器与仿制西方先进军事技术。在广东和江浙、福建等地区涌现出龚振麟父子与潘仕成、丁拱辰等一批杰出的军事技术创新个体,以及支持军事技术发展的开明官吏,如林则徐、邓廷桢、颜伯焘、刘韵珂、易长华等。然而,其时"重文轻武"的军事环境文化依然浓厚,基本上都是以个体方式从事军事技术活动,我们不妨称之为个体主体阶段。一开始清朝统治者基于"天朝上国"虚妄心态,对以个体方式进行的军事技术创新不予支持,但"这种违背清朝统治者的意志而建立起来的小工场,可以说是中国近代军事技术部门的萌芽"[1]。随着战争的持续进行和清军的一败再败,道光皇帝在残酷的事实面前也逐步看到了先进军事技术的重要性,他在1842年七八月间连续三次谕令沿海各省制造大型战船并设法从国外购买。因此,战争期间朝廷谕令各地制造船炮加强海防,沿海督抚亦不同程度地执行,战后有的地方亦继续进行。据魏源撰写《海国图志》时估计,"自军兴以来,各省铸大炮不下二千门"[2]。客观上讲,这些制造规模虽然都不是很大,属于零星的"师夷长技"活动,但其影响不可小觑,"师夷长技以制夷"思想的朴素形式开始萌发,中国军事技术近代化已然发轫。

在仿造战舰方面,浙江嘉兴县丞龚振麟在中国与西洋技术结合方面做出了开创之举。在参加浙东抗英战争中,龚振麟目睹了英军火轮船"以筒贮水,以轮击水,测沙线,探形势"[3]。遂萌生了

---

[1] 许锡挥:《日新月异的矛和盾——近现代军事技术发展简史》,广州:花城出版社,1981年,第17页。
[2] (清)魏源:《海国图志》第1册,长沙:岳麓书社,2011年,第20页。
[3] (清)魏源:《海国图志》第4册,长沙:岳麓书社,2011年,第2028页。

仿制火轮船的想法,并做了一些前期的准备工作,浙江巡抚刘韵珂知晓后对此也大力支持。翌年,林则徐被贬职派到浙江会办军务,"论及战船,检箧中绘存图式以授,计凡八种"①。或许从林则徐所带的轮船图式中受到启发,龚振麟借鉴我国古代踏轮行船的方法,经过数月努力,造成了类似英国火轮船形式的战舰,并安装了枪炮。后来,"有四艘装备江南水师,参加了道光二十二年五月的吴淞保卫战"②。

龚振麟所造的踏轮战舰属于只适宜内河之用的小船,广东在籍刑部郎中潘仕成则建造了适宜外洋使用的二桅战舰,此类战舰长十三丈三尺六寸,面宽二丈九尺四寸,高深二丈一尺五寸。该舰仿造西式,桅篷仍是中式,"木料板片极其坚实,船底全用铜片包裹,用炮架架炮轰击"③。该船中层两旁安放大炮二十位,是我国最早出现的能够安置舷侧炮的新式战舰。同时,船尾安炮二位,柜顶棚面,两旁安炮十八位,可载三百余人,造价达一万九千两,造成后随即调拨水师营弁兵驾驶,逐日演放大炮。靖逆将军奕山等曾亲往督令操练,并奏称"炮手已臻娴熟,轰击甚为得力"④。

在铸造火炮方面,龚振麟发明了铁模铸炮的新工艺。这种新工艺首先是用泥型翻铸铁模,再用铁模铸造火炮,大大缩短了铸炮的生产周期,降低了火炮的生产成本,提高了火炮的质量。同

---

① (清)魏源:《海国图志》第 4 册,长沙:岳麓书社,2011 年,第 2008 页。
② 王兆春:《中国火器史》,北京:军事科学出版社,1991 年,第 306 页。
③ 韩文琦:《19 世纪 40 年代"师夷长技"军事实践及其反思》,《吉林省教育学院学报》,2008 年第 5 期。
④ (清)魏源:《海国图志》第 4 册,长沙:岳麓书社,2011 年,第 2003 页。

时,龚振麟对火炮各部的构造数据也做了深入的研究,除以口径为基数,按一定的比例倍数设计火炮各部件外,他还对以炮耳轴为中线,分火炮前后的"四六比例之法"进行了修正。此外,龚振麟在吸收西方先进炮架技术的基础上制成了磨盘炮架,大大提高了火炮本身强度和火炮的机动性。军事技术史专家刘旭先生评论说:"这不但是中国火炮史上的一个伟大创造,也是世界兵器发展史上一个十分了不起的事件。"[1]与此同时,广州战败之后奕山、怡良等人也在仿造西方火炮技术的道路上迈出了步伐。他们在佛山先后设立了三个铸炮厂。此后一两年,这些铸炮厂先后仿铸了500余尊铜铁大炮,另外又通过地方绅士报效等方式先后购置900余尊大小不等的洋炮。佛山铸炮厂在火器专家丁拱辰的指导下采用了诸多西方造炮技术。尤其难能可贵的是,丁拱辰还将洋炮和炮弹的制造方法写成《铸造洋炮图说》《西洋用炮测量说》和《铸炮弹法》,以供后人参考使用。

事实上,外国记者和军事人员对当时中国一般军事技术的进步都给予肯定评价。1841年8月26日厦门之战,已足使英军司令官卜尔纳德大为惊叹。[2] 第二次鸦片战争时,占领广州的英国海军少将桑摩对于大为强化的广州军备颇为惊叹。1860年8月,"占领大沽炮台的英军对于模仿英国武器的才能亦为置叹"[3]。

---

[1] 刘旭:《中国古代火炮史》,上海:上海人民出版社,1989年,第103页。
[2] Gideon Chen, *Lin Tse-Hsü*, *Pioneer Promoter of the Adoption of Western Means of Maritime Defense in China*, Yenching University,1934,p.32.
[3] 贾植芳:《近代中国经济社会》,长沙:岳麓书社,2013年,第260页。

二、军事技术集团主体与近代军事工业的肇始

军事技术的集团主体是近代以来伴随着科技的进步产生的军事技术共同体。值得一提的是,军事技术共同体有广义和狭义之分。"狭义的军事技术共同体……是从事以武器为核心的军事技术知识研究和武器装备设计、研制、生产等的工程师、技术专家和各类技术人员通过紧密协作、充分交流而维系的集合体。广义上的军事技术共同体还包括各类决策人员、管理人员和操作人员。"[①]本书所言的军事技术共同体为广义军事技术共同体。

湘军、淮军兴起后,军人以及从事军事技术活动的人员的地位有所上升。以湘军、淮军首领为主要干将的洋务派认识道:要应对西方的挑战,必须积极地加强国防。同时,镇压太平军也迫切需要增强军事实力。而要做到这一点,就必须学习制造洋枪、洋炮、洋船。因此,中国必须独立自主发展军事技术。在19世纪60年代中,"他们逐步认识到现代武器必须由中国人在国内自行制造"[②]。以研究中国问题著称的英国专栏作家德利对中国军事近代化从军工发轫做过精辟的分析,他指出:中国认为其在中西军事冲突中的战败是由于对方的武器装备更为先进,"因为它对西洋的武器的价值作这样的估价,所以它便建设造船厂和兵工

---

① 谢魁、黄松平:《主体结构变迁与军事技术创新》,《科学技术哲学研究》,2013年第4期。
② 邰耿豪:《晚清军事后勤近代化的酝酿与初步发展》,《军事历史研究》,2008年第1期。

厂"①。由此可见,中国的近代化"最先从军队开始,从军事装备开始,从军工开始,既是外国侵略者逼出来,又是社会经济发展规律性的表现"②。

中国近代军事技术共同体的诞生是与兵工业的兴起相辅相成的。洋务派在"求强"活动中,先后在全国十余个省创立了三十余座军工厂,由此产生了一批参与军事技术活动的集团主体,江南制造局、金陵机器局、天津机器局等军事技术集团主体都达到了相当规模。较之以往军事技术个体主体的孤军奋斗,这些为对付越来越严重的外侮和镇压此起彼伏的起义的需要而发展起来的军工厂,显然在更广的层面和更大的程度上推动晚清军事技术进步。安庆内军械所规模虽小,却在中国军工史和科技史上居开山之功。同时,安庆内军械所也是中国军事技术集团的肇始。经过曾国藩的极力罗致,在内军械所集中了徐寿、徐建寅父子与华蘅芳等一批国内优秀国防科技人才。他们在曾国藩的领导下,组成了一个阵容强大的军事技术共同体。通过考察安庆内军械所的创办过程,可以窥见中国近代军事技术集团主体产生和成长的大致情况。

咸丰十年十月十一日,奕䜣等在一封奏折内谈到俄国愿意帮助清政府发展军事技术。清廷将此奏折经廷寄转发给地方督抚征求意见。时任两江总督的曾国藩在复奏中写道:"将来师夷智以造炮制船,尤可期永远之利。"③可见,曾国藩将"师夷智"制造

---

① 中国史学会:《洋务运动》第 8 册,上海:上海人民出版社,1961 年,第 438 页。
② 徐泰来:《洋务运动新论》,长沙:湖南人民出版社,1986 年,第 23 页。
③ (清)曾国藩:《曾国藩全集·奏稿(二)》,长沙:岳麓书社,2011 年,第 618 页。

西方枪炮和轮船视为长远之策。咸丰十一年八月初一日,湘军攻陷安庆,三个月之后曾国藩即在百废待兴的环境中设立内军械所,迫不及待地实践他自己提出的"师夷智以造枪炮"的主张。黎庶昌主编的《曾国藩年谱》对此有详细记载:"公札司道,设立善后局……分设谷米局及制造火药、子弹各局,委员司之。又设内军械所,制造洋枪洋炮,广储军实。"[1]在湘军攻下安庆,威震远近之时,曾国藩却清醒地看到了湘军与西方军事技术的巨大差距。曾国藩深知:只有开办军工厂自己制造,自己掌握,才能摆脱西方军事强国的束缚和牵制而独立发展。曾国藩创办安庆内军械所即有打破西方垄断先进军事技术,不使其专擅其利的用意。正如其在日记中所记载的那样:"欲求自强之道,总以修政事求贤才为急务,以学做炸炮学造轮船等具为下手工夫。"[2]

安庆内军械所于同治元年三月开始试造以蒸汽为动力的近代轮船。历经数月不懈摸索,终于制成了一台船用蒸汽机模型。曾国藩在同治元年七月初四日看了蒸汽机的实验运转后颇为高兴,他对中国赶上西方先进军事技术信心满怀——这与其先前的乐观估计一脉相承:"不过一二年,火轮船必为中外官民通行之物。可以剿发逆,可以勤远略。"[3]然而,因为没有雇请洋匠,加之全凭手工制造,安庆内军械所历经十五个月才制成了一艘暗轮蒸汽机船,该船在试航时更是遭遇无情失败。这次失败犹如一剂清醒剂,使曾国藩意识到我国军事技术要在短期内赶上西方发达国

---

[1] (清)黎庶昌:《曾国藩年谱》,长沙:岳麓书社,1986年,第142页。
[2] (清)曾国藩:《曾国藩全集·日记(二)》,长沙:岳麓书社,2011年,第289页。
[3] (清)曾国藩:《曾国藩全集·奏稿(三)》,长沙:岳麓书社,2011年,第186页。

家绝非易事。他在写给李鸿章的信中,道出了走自主研制之路的不易:"敝处试造三年,刻楮不成,有同儿戏。亦当效愚公移山,勉卒此功。"①此后,安庆内军械所在仿制之路上继续蹒跚前行,终于造成了一艘长约三丈的木壳小轮船。曾国藩决定以此为契机继续造船,"试造此船,将以次放大,续造多只"②。曾国藩此时似乎对仿造还抱有信心。在其心目中,大船与小船的差别仅在于大小的不同。负责具体设计的科技专家心中则比曾国藩有数得多,在试航后不是按曾氏所设想的"以次放大",而是重新设计。"由于前两次造暗轮(螺旋桨)船均告失败,退而设计旧式的明轮船。"③经过全体技术员工的共同努力,终于在1865年制成了一艘长五丈多的"黄鹄号"轮船。对于中国独立制造的第一艘蒸汽机船,曾国藩给出了"行驶迟钝,不甚得法"的客观评价。实际上,安庆内军械所的规模很小,生产工具也很简陋,"除了锤子和锉刀之外,什么机器、熔铁炉或其他的工具一概都没有"④。

从安庆内军械所,到江南制造局,再到天津机器局,这是中国近代军事工业发展的线索,也是军事技术集团主体发展壮大的一个缩影,"而安庆内军械所则居于这条线索的源头,是开天辟地的第一次"⑤。它不但在中国军工史上占有极其重要的地位,而且在

---

① (清)曾国藩:《曾国藩全集·书信(七)》,长沙:岳麓书社,2011年,第835页。
② (清)曾国藩:《曾国藩全集·日记(二)》,长沙:岳麓书社,2011年,第495页。
③ 赵德馨:《洋务派关于中国近代工业起步的决策》,《近代史研究》,1991年第1期。
④ Demetrius Charles Boulger, *The Life of Sir Halliday Macartney*, K. C. M. G. , London: J. Lane, The Bodley Head, 1908. p. 79.
⑤ 秦政可:《安庆内军械所——中国近代兵器工业的开端》,《安徽史学》,1992年第4期。

中国科技史上也开创了多个第一,可视其为"中国近代第一个科技研究所"①。它"是曾国藩内在的科技价值观与清廷自上而下的饬令有机结合的产物,是曾国藩借助时势的东风而为中国近代科技事业所在筚路蓝缕之功"②。

三、军事技术社会主体与晚清军事技术的深入发展

晚清军事技术社会主体出现在甲午战争之后。甲午战败后,朝野上下对军事失利进行了深刻反思,出现了人人言武的局面,他们都深切认识到腐朽的湘淮勇营制度和军事技术训练方式不足取。康有为曾多次上书建议裁汰旧军,训练新军"皆令仿德日兵制,分马步工炮辎重之队"③。张之洞也指出:"日本用兵,皆效西法,简练有素,饷厚械精,攻取皆有成算,弁兵皆有地图,以及登山涉水之具,糇粮御寒之物,无不周备。"④为此,张之洞于甲午战后的奏稿中,针对勇营的积习阐述了其新的建军原则:"额必足,人必壮,饷必裕,军火必多,技艺必娴熟,勇丁必不当杂差,将领必不能滥充,此七者,军之体也。"⑤顺天府尹胡燏棻、浙江温处道袁世凯等也有与张之洞相类似的观点。于是,全面变革军制,编练

---

① 辛松:《曾国藩科技思想探究》,长沙:国防科学技术大学硕士论文,2007年,第32页。
② 黄松平、朱亚宗:《曾国藩与中国军事技术近代化》,《长沙理工大学学报》,2011年第6期。
③ 康有为:《康有为政论集》上册,北京:中华书局,1978年,第320页。
④ (清)张之洞:《张之洞全集》第2册,石家庄:河北人民出版社,1998年,第990—991页。
⑤ (清)张之洞:《张之洞全集》第2册,石家庄:河北人民出版社,1998年,第1053页。

新军被提到首要地位上来,发展新式陆军遂成为甲午战争以后中国军事改革的重点。

与此同时,军人和军事技术人员的地位进一步提升,甚至出现了矫枉过正的现象。风气移人,人才也随风气而转移,虽贤者不能自拔于风尚之外,源源不断的优秀人才加入与军队或与军事相关的行业,为军事技术进步提供了强大的智力支撑。特别是清廷下令废除科举制度后,"社会流动渠道豁然敞开,各阶层都获得从军入伍的机会"①。

练兵处和随后的陆军部对于军事学堂的兴办都甚为积极,各省普建陆军学堂。这些新式军事学堂深受适龄青年欢迎。如湖北武备学堂于1896年创办时,"学生名额定为一百二十名,而报名投考者竟达四千人"②。适龄青年踊跃参军的现象在外国学者看来也是令人惊异的。"因为自唐代的封建末期以来,士大夫子弟以参军为荣耀这是第一次。"③晚清掀起的知识分子从军热潮,"改善了军队的社会成分,提高了兵员素质,从而使新军出现别于旧军的气象振作的新局面"④。与此同时,主导军事技术发展的督抚们意识到,发展军事技术单凭集团主体的力量是远远不够的,必须要有广泛的社会合作与支持,特别是与军事技术发展密切相

---

① 杨刚、盛波、田顺静:《从民变到兵变看清末民初的社会转型》,《青春岁月》,2013年第7期。
② 罗尔纲:《晚清兵志》第5—6卷,北京:中华书局,1999年,第14页。
③ [美]石约翰:《中国革命的历史透视》,王国良译,上海:东方出版中心,1998年,第163页。
④ 王莹莹、薛学共:《清末知识分子从军热现象述论》,《湖南社会科学》,2010年第1期。

关的工业,如冶炼、材料、通讯、交通的支持。因此,这些工业也得到了一定程度的发展。如张之洞以武汉为中心,建立起一个以枪炮生产为主体的近代军事工业体系。张之洞不无自豪地宣称:"湖北制造厂所造快枪、快炮为新式最精之械。"①

陈夔龙继张之洞之后担任湖广总督,他曾上奏清廷说:"臣到鄂后,目睹其制度宏阔,成效昭然,窃以为各行省所未有。"②枪炮厂建成后便能仿造当时最新式的德国毛瑟枪、格鲁森式山炮,生产著名的"汉阳造"步枪,这些都是当时最现代化的武器。③ 外国军事观察家也一致认为:"汉阳兵工厂是最有成效的。"④1906年,英国驻汉口总领事梅杰访问汉阳兵工厂,他评论说道,该厂生产的来福枪和装5发子弹弹夹的毛瑟1888式卡宾枪,看起来"制作得很完美"。而在子弹生产车间,"黄铜皮、镍和铅在顷刻之间转化成子弹"。⑤ 至此,"军事技术的发展有了更强劲的社会推动力,更有力的社会资源依托,更广泛的技术储备和工业基础"⑥。总而言之,与军事环境文化变迁相对应,军事技术的主体结构也

---

① 赵尔巽等:《清史稿》第13册,北京:中华书局,1976年,第4154页。
② 陈真:《中国近代工业史资料(三)》,北京:生活·读书·新知三联书店,1961年,第430页。
③ 谭晓曙:《张之洞兴办湖北洋务企业历史作用探析》,《江汉论坛》,1997年第10期。
④ [澳]冯兆基:《军事近代化与中国革命》,郭太风译,上海:上海人民出版社,1994年,第34页。
⑤ [澳]冯兆基:《军事近代化与中国革命》,郭太风译,上海:上海人民出版社,1994年,第147页。
⑥ 谢魁:《军事技术革命的结构》,长沙:国防科学技术大学硕士论文,2006年,第22页。

发生了显著变迁:由鸦片战争时期岭南、江浙地区的个体主体阶段,到洋务运动时期的集团主体阶段,直至甲午战争后的社会主体阶段。

第八章　徐光启与曾国藩比较新论

徐光启和曾国藩虽生活在不同的朝代,前后相差两百余年,但两者仍有很多共同点:他们同为中国历史上功名显赫的权臣,都是有着强烈经世致用倾向的士大夫,更重要的是他们都生活在近代科学文化大规模传入中国的时代。面对近代科学文化的冲击,由于个人兴趣、后天修养和历史机遇的不同,徐光启和曾国藩在科学建树和文化自觉方面又恰成鲜明的对比。比较徐光启和曾国藩对于中西文化的态度,可以得到诸多有益的启示。

一、徐光启：科学的创造者和文化的迷失者

徐光启墓前的石坊上,镶刻着一副对联:"治历明农百世师,经天纬地;出将入相一个臣,奋武撰文。"人们历来认为,对联恰如其分地概括了徐光启不平凡的一生。就徐光启一生的科学活动与仕宦生涯而言,这副对联确实不失为一个精练的概括。但是,这只是对其事业的表层描述,若是探索徐光启一生事业的深层文化意义,便会有另一种颇为不同的评价:这位伟人的形象正如其历史贡献一样丰富而又多面,有矛盾却又统一于其一身。徐光启既是科学上的创造者,同时从某种程度上说,又是文化上的迷失者。

徐光启是第一个系统反思中国古代科学的学者。他生当西方文化开始大规模传入中国的明末。少年时代的徐光启,因经受过灾荒的困扰而产生浓厚的农学兴趣,又因感染过父辈对倭寇的仇恨而萌发强烈的军事意识;成年以后的徐光启,因与西方传教士的密切交往而深谙西方近代科学技术;入仕之后的徐光启,终于成为一个有强烈经世致用倾向的士大夫和一个最早系统接受西方近代科学技术的著名科学家。作为我国古代一名杰出的科学家,徐光启在科学领域有很多重要贡献。这些贡献既包括他在数学、天文、历法、农学、水利等领域所做西学引进、介绍、会通和独立研究,也包括他在明末救亡运动中在军事领域里所做的技术引进和组织工作。与科学技术上的创造性贡献形成强烈反差的是,处于近代中西文化交流第一次高潮中的徐光启,在西方文化洪流的强势冲击下,几近迷失方向,失去了文化评判与选择的正确立场及价值标准。徐光启在赞美西方科学技术的同时,在文化价值观上几乎完全皈依于西方,并于42岁那年,正式洗礼入天主教,从而放弃了以中国传统文化为本位而吸收西方先进文化的正确立场。

徐光启对西方文化的赞美与对中国传统文化的贬低,与20世纪的"全盘西化"论者十分相像,在某种意义上可以说,徐光启是300年前第一次中西文化交流高潮中最早的全盘西化论者。在《泰西水法序》一文中,可以看到徐光启对西方文化及其传布者五体投地的钦佩:"泰西诸君子,以茂德上才,利宾于国。其始至也,人人共叹之,及骤之与言,久与之处,无不意消而中悦者,其实心、实行、实孚,诚信于士大夫也。其谈道也,以践形尽性,钦若上帝为宗。所教戒者,人人可共由,一轨于至公至正。"①万历四十四年(1616),当南京礼部侍郎沈㴶指责传教士庞迪我"其说浸淫,即士大夫亦有信之者",要求排洋教、驱洋人时,徐光启立即上疏(见《辨学疏稿》)尽力为其辩护:"诸陪臣(指西方传教士——引者注)所传事天之学,真可以补益王化,左右儒求,救正佛法者也。盖彼西洋邻近三十余国奉行此教,千数百年以至于今,大小相恤,上下相安,路不拾遗,夜不闭关,其久安长治如此。然犹举国之人,兢兢业业,惟恐失坠,获罪于上主。"②徐光启为西方传教士辩护的坚定立场与鲜明态度,与其在明末党争中力图置身局外、保持中立的回避态度形成强烈的对比。

　　作为中国科学史上的杰出科学家,徐光启在中西文化价值观上的迷失是令人惋惜的,同时也是发人深省的。徐光启所以在文化观上陷入西化论,既有其深刻的时代文化背景,亦源于其个人思想认识的局限性。从宏观历史文化背景来说,中国封建社会经历了强汉盛唐,这种制度的内在生命力已逐渐消耗殆尽。宋元以降,这种制度的痼疾开始逐渐暴露。到了明季,一方面是封建统治阶级极度腐化,陷入内外交困、重重危机之中,另一方面是社会经济却开始了新的转机。到徐光启生活其中的万历年间,纲纪松弛,思潮蜂起,加之传教士来华输入大量西方文化,使明末成为一个失去中国传统文化价值中心的多元化时代。在这样的"时尚"氛围中,从皇帝、大臣、士绅到商贾的思想行为往往严重偏离儒家正统轨道。《烈皇小识》记载,崇祯帝早年曾崇奉天主教,并下令

---

① (明)徐光启:《徐光启集》,上海:上海古籍出版社,1984年,第66页。
② (明)徐光启:《徐光启集》,上海:上海古籍出版社,1984年,第432—433页。

撤出宫中佛像。《汤若望传》说,"若望自然乘机会利用其他中间人,向皇帝施以宗教之影响。在他向皇帝所上的意见书与请愿书中,也曾随时随地注入与教会有利言词。皇帝多次令人由殿中把偶象去掉"①。皇帝的传统信仰与价值观已如此摇动,更遑论仕宦阶层了。

从学术思想方面来说,晚明盛行王学(阳明学),而王学的泛滥更进一步助长了信仰的混乱与思想的多元。情况正如美籍华裔学者黄仁宇所言:"其后果,则可以由于各人的个性和背景而趋向于泛神主义、浪漫主义、个人主义、自由主义、实用主义,甚至无政府主义。这也就是王学的危机之所在。它存在着鼓励各人以自己的良心指导行动而不顾习惯的道德标准这一趋向。"②在这样的学术文化环境下,与西方传教士交往密切的徐光启,在信仰上皈依西方宗教,便不是难以理解的事情。

从徐光启本人来说,对中国传统科学的优长与特点缺乏真切的见解,则是其皈依西方文化观的重要认识论根源。毋庸讳言,徐光启在历法、农学与军事技术方面,也曾继承了不少中国传统科学的优秀成果,从原则上说,也不能笼统地说徐光启不懂得中西融合、取长补短的道理。事实上,他在改历的奏疏中也曾提出"参用西法。果得会通归一,即本朝之历,可以远迈前代矣"③。"《大统》既不能自异于前,西法又未能必为我用。……臣等愚心,以为欲求超胜,必须会通,会通之前,必须翻译。……翻译既有端

---

① 牟润孙:《注史斋丛稿》,北京:中华书局,1987年,第119—120页。
② 黄仁宇:《万历十五年》,北京:中华书局,1982年,第22页。
③ (明)徐光启:《徐光启集》,上海:上海古籍出版社,1984年,第328页。

绪,然后令甄明《大统》,深知法愈者,参详考定,铭彼方之材质,入《大统》之型模。"① 问题在于,徐光启在这方面识见不足,对于中国传统科学的优长与特点,尤其是对于中国传统数学的独特思路、体系方法与伟大成就,缺乏深刻的理解与客观的判断。如徐光启宣称:"吾辈既不及睹唐之《十经》,观利公与同志诸先生所言历法诸事,即其数学精妙,比于汉唐之世十百倍之。……振之(李之藻——引者)两度居燕,译得其算术若干卷,既脱稿,余始问清共读之、共讲之。大率与旧术同者,旧所弗及也,与旧术异者,则旧所未之有也。施取旧术而共读之、共讲之,大率与西术合者,靡弗与理合也,与西术谬者,靡弗与理谬也。"② 同时徐光启还在《几何原本杂议》中神化欧几里得几何学:"能精此书者,无一事不可精,好学此书者,无一事不可学。"③ 由此可见,徐光启为欧几里得几何学新颖的理论体系与逻辑结构所完全征服,以至过分推崇欧几里得几何学,盲目贬低中国古代的传统数学,将是否与西方科学相符视为真理之标准,陷入数典忘祖的西方中心主义泥淖。

事实上,中国传统数学与西方欧几里得几何学,是古代数学王国里造极的两座奇峰,风格殊异,各有千秋。正如数学家吴文俊所公允指出的那样:"我国的数学经典著作,则更是另有一种独特的表达方式,与欧几里得的方式尽管大相径庭,却同样能起到一定的演绎推理与证明的作用。……像刘徽《九章注》中所表现的推理论证之严密细致,当代数学家如瓦格那(Wagner)等也已为

---

① (明)徐光启:《徐光启集》,上海:上海古籍出版社,1984年,第374—375页。
② (明)徐光启:《徐光启集》,上海:上海古籍出版社,1984年,第80—81页。
③ (明)徐光启:《徐光启集》,上海:上海古籍出版社,1984年,第76页。

之心折。不能否认欧几里得的演绎体系与表达形式有某种优越之处,但不能与推理的严密性视为等同。而我国古算的表达形式有其另外优越的一面,非欧几里得体例所能及。"①"大抵以表测量是古代许多民族所共同有过的实践活动,但只有我国才发展到重差术这样的理论高度。这正显示出我国在数学上独特的创造力,为世界其他任何民族所不能企及。"②中国自明代以降虽有清代中叶考据学派对传统数发掘与研究,但终究未能在古代辉煌成就的基础上,吸收西方数学成果而会通超胜,却反被欧几里得几何学主导中国数学舞台,而形成与宋元以前中国数学领先于世界的格局相反的态势。这一局面的形成,固然有其复杂的社会历史原因,但徐光启盲目贬低中国传统数学、片面推崇欧几里得几何学的偏激之举,也无疑起了推波助澜的消极作用。③

纵观徐光启的一生,既是成功的科学创造者的一生,同时也是悲剧的文化迷失者的一生。晚年入阁协助崇祯指挥抵御后金的侵略时,徐光启怀抱"可以克敌制胜者,独有神威大炮一器而已"的科学主义信念,将取胜的希望完全寄托于西洋大炮,寄托于精通西洋炮法的孙元化率领的部队。然而,历史是无情的,政治文化的衰败决不能仅仅依靠科学技术而挽救。崇祯四年(1631)发生的"吴桥兵变",使孙元化和另一位杰出的火炮技术专家王征被俘,徐光启在登莱苦心经营多年的火器尽为孔有德占有。不久,孔率军投降后金,为后金提供了求之不得的精锐武器装备,使

---

① 吴文俊:《秦九韶与〈数书九章〉》,北京:北京师范大学出版社,1987年,第74页。
② 吴文俊:《吴文俊文集》,济南:山东教育出版社,1986年,第46页。
③ 朱亚宗、王新荣:《中国古代科学与文化》,长沙:国防科学技术大学出版社,1992年,第247—248页。

双方的军事力量发生了逆转,也使徐光启的军事"雄伟计划"彻底破产,而潜藏在这一历史事件背后的徐光启的文化观念也随之化为乌有。

二、曾国藩:科学的门外汉与和文化的坚守者

曾国藩是功名显赫的权臣,生前封侯拜相官至极品,同时也是有真才实学的大家,是传统文化的"最后一位大儒",这是几乎所有学者普遍认同的观点。《清史稿》称:"曾国藩事功本于学问,善以礼运。公诚之心,尤足格众。其治军行政,务求蹈实。凡规画天下事,久无不验,世皆称之,至谓汉之诸葛亮、唐之裴度、明之王守仁,殆无以过,何其盛欤!"[1]作为学问家,曾国藩的一个显著特点是综罗百代、兼容并包而又能在博采众长的基础上形成自己独特的思想体系。由于生当中国封建社会晚期,有空前丰富的思想文化可以继承,又由于面临数千年未有的西方列强的武装与文化入侵,对西方文化有空前未有的了解机会,使得曾国藩思想的广博性与学问的兼容性,在中国封建社会里鲜有其匹。[2] 然而,与科学巨人徐光启在科学技术领域的耀眼光环相比,曾国藩个人在科技领域堪称门外汉。

限于成长环境和自身知识结构,曾国藩对众多科学原理知之甚少,更不用奢谈做出科学创造了。曾国藩对自己科学知识的匮乏也深感羞耻,他生前甚至将不懂天文算学等抽象科学理论作为

---

[1] 赵尔巽等:《清史稿》第39册,北京:中华书局,1977年,第11 918页。
[2] 朱亚宗:《中国科技批评史》,长沙:国防科学技术大学出版社,1995年,第202页。

平时三耻之首:"余平生有三耻:学问各途,皆略涉其涯涘,独天文算学,毫无所知,虽恒星五维亦不认识,一耻也。"①但这并不妨碍曾国藩对西方科技的正确认识。这正好说明了一个道理:人的创造力和鉴别力应该区别开来。当时大多数封建士大夫孤陋寡闻、顽固保守,对西方文化一概拒斥。曾国藩却通过湘军使用洋炮洋枪的军事实践及自身的刻苦学习,认识到西方文化尤其是西方先进科学技术的重大价值,并形成类似"中体西用"的中西结合思想。

曾国藩一方面主张学习西方科学技术,是继林则徐、魏源之后再鸣"师夷长技"的第一人。因此,他力主购买外洋船炮,并称其为"今日救时之第一要务"。他说:"轮船之速,洋炮之远,在英、法夸其所独有,在中华则震于所罕见。若能陆续购买,据为己物,在中华则见惯而不惊,在英、法亦渐失其所恃。"②他清醒地看到,"外国技术之精,为中国所未逮。……精通其法,仿效其意,使西人擅长之事,中国皆能究知,然后可以徐图自强。"③文化上的清醒,使曾国藩勇于承认中国文化在器物层面有不如西方文化之处,认为要想抵御外侮,就得发奋图强,敢于向西方学习,只有善于学习西方的先进技术,才不会受到洋人的牵制。因此,1861年9月,湘军攻陷安庆后,百废待兴,曾国藩即着手在安庆"设内军械所,制造洋轮洋炮,广储军实"④。他派人寻觅到了徐寿、华蘅芳等

---

① (清)曾国藩:《曾国藩全集·家书(一)》,长沙:岳麓书社,2011年,第373页。
② (清)曾国藩:《曾国藩全集·奏稿(三)》,长沙:岳麓书社,2011年,第186页。
③ (清)曾国藩:《曾国藩全集·奏稿(十二)》,长沙:岳麓书社,2011年,第117—118页。
④ (清)黎庶昌:《曾国藩年谱》,长沙:岳麓书社,1986年,第142页。

科技人员,并通过江苏巡抚薛焕的访求,于咸丰十一年十一月由薛焕将徐、华送赴曾国藩军营效力。徐、华到后,即奉命筹建机器局。

安庆内军械所实为中国近代第一个科技研究所,同时也是中国近代第一个军事技术研究所,第一个科技实验工场。这一标志洋务运动实际肇始的重要事件,这一开创中国近代军事科技事业先河的举措,便是曾国藩内在的科技价值观与清廷自上而下的饬令有机结合的产物,是曾国藩借助时势的东风而为中国近代科技事业所做的筚路蓝缕之功。将当时中国最高级的科技研制机构设于与太平军相峙的前线军营内,足以表明曾国藩对西方科学技术工具价值的极端重视。此后,他大力创办近代军工业,设立翻译馆,支持幼童留学,开办新式学校,推进了"西学东渐"与中西文化交流,在中国文化的近代化中发挥着重要作用。

曾国藩本人虽非自然科学家,但他在发挥科学技术经世致用价值的同时,也十分理解并重视纯粹科学理论的价值。正因为有对纯粹科学理性的内在崇敬与对科学基础理论的价值肯定,曾国藩才有如此深刻的自责,也才有后来主张翻译西方科技著作以掌握近代技术深层原理的真知灼见:"盖翻译一事,系制造之根本。洋人制器出于算学,其中奥妙皆有图可寻。特以彼此文义系制造之根本。洋人制器出于算学,其中奥妙皆有图可寻。特以彼此文义扞格不通,故虽日习其器,究不明夫用器与制器之所以然。"[①]另一方面,曾国藩又强调培植中国固有文化传统,认为未来的出国留学生应该"兼习西学,仍兼讲中学,课以孝经、五经及国朝律例

---

① (清)曾国藩:《曾国藩全集·奏稿(十)》,长沙:岳麓书社,2011年,第215页。

等书,随资高下,循序渐进;每遇房、虚、昴、星等日,正副委员传集各童,宣讲圣谕广训,师以尊君亲上之义,庶不至囿于异学"①。这在当时的历史条件下,不失为关于中西文化的精辟见解。正是在类似"中体西用"思想的指导下,以"坚船利炮"为表征的西方军事技术被看作富国强兵、御外靖内的利器,而不再是"奇技淫巧"了。这就为中国军事近代化和科技近代化准备了理论和思想条件。仅从这点来讲,曾国藩在中国文化史上就应该成为大书特书的人物。

三、在培植固有文化传统中学习西方先进科技

面对西方文化的冲击,徐光启全盘接受西方文化,通过与利玛窦等西方传教士的接触和交流,汲取了丰富的近代科学知识,培育了某种程度的近代科学精神与气质,掌握了先进的近代科学方法,并通过自己的努力做出世界第一流的重大科学贡献,他对科技领域的个人建树远非曾国藩所能企及:"历法、算法、火攻、水法之类,皆探两仪之奥,资农兵之用,为永世利。"②以至有人评价说:"自利玛窦东来,得其天文数学之传者,光启为最深;近今言甄明西学者,必称光启。"然而,徐光启以理想主义看待西方文化,在对西方文化顶礼膜拜的同时,也失去了文化评判与选择的正确立场及价值标准,他对传统文化的毫无眷恋的批判和对西方文明的毫无保留的赞赏,造成了一种倾斜,最终使自己成为文化的迷

---

① 中国史学会:《洋务运动》第2册,上海:上海人民出版社,1961年,第158页。
② 王重民:《徐光启》,上海:上海人民出版社,1981年,第142页。

失者。

  与此相反,曾国藩个人在科学领域可以说几无建树可言,远不逮徐光启。然而,对于中西文化的尺短寸长却有着远甚徐光启的理性认知。曾国藩既认识到西方先进科学技术的重大价值,主张学习西方科学技术特别是先进军事技术,同时又强调培植中国固有文化传统。诚如陈寅恪先生所言:"一方面吸收输入外来之学说,一方面不忘本来民族之地位。"①在信息时代和经济全球化步伐加快的国际环境下,各个民族、国家和地区的文化将会不断地接触交流,互相碰撞、融合。因此,我们尤其要提倡文化自觉、树立文化自信。首先要清楚地认识自己的文化,主动自觉地维护中华文化的历史和传统,根据其对新环境的适应能力决定取舍,并按照现代社会的发展要求对传统文化进行创新;其次要理解所接触的文化,在对外来文化加以分析、比较、鉴别的基础上,找出其中真正能有益于中国的实践,能满足中国文化发展需要的文化要素加以吸收与整合。这其实就是取其精华,去其糟粕的过程。任何全盘接受和简单拒绝都是有害的。

  当前,中华民族伟大复兴已进入一个新的历史阶段。我们在吸收其他民族的优秀思想文化的同时,必须强调自己的根基;必须尊重自己的历史,决不能割断历史。因此,如何在当代条件下发掘自己传统思想文化的资源?如何比较完整、准确地把握外来文化的精神?这些都是今后较长一段时期内我们所面临的重大课题。

---

① 费孝通:《文化与文化自觉》,北京:群言出版社,2010年,第402页。

第九章 陶澍与中国近代化的探索和揭橥

鸦片战争以前,中国已孕育着近代化的因子,这可以从陶澍(1779—1839)推动经世致用风气发展和革除积弊的改革探索中得到反映。陶澍,字子霖,号云汀,湖南安化人,晚清名臣。陶澍不但是湖湘文化和湖湘人才群体崛起的标志,也是中国由古代社会走向近代社会转折时期的杰出政治家、近代改革先驱的"晚清第一人才"。陶澍在中国近代史上具有承前启后的历史地位,是中国古代的最后一位杰出的政治家、改革家、理财家,同时又是中国近代的最初一位政治家、改革家、理财家。对于这一重要人物在中国近代化历程中应有的地位和所做的贡献,学术界迄今还未引起足够的重视。嘉道时期(1796—1850),中国封建社会积弊重重,国势衰微,已经跌入了一个深谷。如何走出低谷,作为两朝皇帝倚重的封疆大吏,陶澍从历史的纵向回望中找到了一把根治社会弊端的经世致用"金钥匙",使积贫积弱的晚清社会止跌回升,同时为随后魏源、林则徐、曾国藩、左宗棠、胡林翼、郭嵩焘等在更广阔视角的横向回望和借鉴开启了智慧之门、树立了光辉路标。

一、陶澍对中国近代化思潮的引领

经世致用是由明清之际的思想家王船山、黄宗羲、顾炎武等人提出的,指的是学问必须以治事、救世为急务。具体而言王夫之、黄宗羲、顾炎武等人提出的经世致用思想主要包括五个方面:重视当世之急务、勇于任事、致力创新、注重调查研究、强调实践。清初大兴"文字狱",康乾年间士林遂崇尚考据之学。清朝中后期国势衰微,士风不纯,吏治腐败,社会矛盾激化,局中人自有一种处于乱世变局之慨,龚自珍称为"将萎之华,惨于枯木","日之将夕,悲风骤至"。一批关心国家和命运的知识分子,以振作天下为己任,关心国家大政,关心实务,"经世致用"思潮再度兴起。"这一思潮演进发展,成为中国社会由封闭守旧的传统社会向开放变革的近代社会转化。"①

陶澍从小生活在湖南安化农村,家境贫寒,出身低微,早年与父亲辗转多地求学,与劳动人民有较多的接触,对底层百姓的生活疾苦有较多的了解。他回忆说:"陶子少贱,牧于斯,樵于斯,渔于斯,且耕且读。"②同时湘中梅山地区的艰苦环境也造就了陶澍勤劳朴实、勇敢坚毅的精神品德;加以湖湘文化对陶澍的影响,因而形成了陶澍自己独特的经世致用思想。陶澍作为一个学识渊博、业有专长的学问家和晚清重臣,身兼仕林学界,身体力行提倡改革,并在周围聚集了一大群有志士人、官员,如魏源、林则徐、贺长龄、包世臣、姚莹、龚自珍、黄爵滋、汤鹏等,互相切磋,互相砥砺,推动了"经世致用"风气的发展,使士林经世意识迅速兴起,成为清代学术的一个重要转变契机,亦成为清末思想学术巨变的重要基础。从经世致用的思潮重启和实践层面来说,陶澍可谓清朝

---

① 薛其林:《陶澍经世思想的影响与地位》,《船山学刊》,2013年第4期。
② (清)陶澍:《陶澍集》(下册),长沙:岳麓书社,1998年,第39页。

经世致用第一人,以及经世致用复兴思潮的中坚人物。其影响所及囊括了整个晚清时代,为中国社会由旧传统走向近代化、由封闭走向世界前进了一大步,为近代中国引进西学创造了一定的条件。著名学者刘广京评价说:"陶澍任江南封疆大吏的十几年中,是中国近代史上极关键的时代……陶澍的一个重要贡献就在于证实道光初年经世思想与经世事功的并行发展……陶澍的示范,使《皇朝经世文编》所揭橥的精神和原则,成为一时的风气。"①具体说来,陶澍的经世致用思想有以下几个特点:

一是强烈的变革意识。陶澍的经世致用思想充分反映了中国传统儒家知识分子在身逢衰世,面对日益没落的社会现实时所表现出来的强烈的变革意识和忧患意识。陶澍批判当时吏治、盐务、漕务、水利积弊深重的现象,提出要革除积弊,厉行改革,并克服重重困难将它的改革主张付诸施行,这都表现出他以天下为己任,对政治之兴衰、民生之疾苦的关怀而形成的一种责任感。②

二是鲜明的兼容气量。长期以来,汉学和宋学各立门户,相互攻伐,互不兼容。陶澍对门户之间的危害有深刻的认识,主张为学应吸纳各家之长。他反对汉学的繁琐,同时又肯定其求实、求真的实证精神;他批评宋学的空疏,同时又赞扬其经世济民的义理。③ 陶澍认为,"汉人言象数,宋人言义理,不可偏废。无义理,则象数为诞;离象数,则义理为虚"④。由此可见,陶澍的经世致用思想是一种兼容并蓄的思想,他一方面认为理学为做学问的

---

① 魏秀梅:《陶澍在江南·序》,台北:台湾"中央研究院"近代史研究所,1985年。
② 廖佳:《陶澍经世思想研究》,长沙:湖南大学硕士学位论文,2006年,第39页。
③ 陈非文:《陶澍经世思想研究》,湘潭:湘潭大学硕士学位论文,2003年,第20页。
④ (清)陶澍:《陶澍集》下册,长沙:岳麓书社,1998年,第57页。

根本;另一方面又反对空谈,主张把经世之学引入理学,强调经世实践。陶澍兼容并蓄的学术见解在乾嘉时期尚不多见,它使复兴的实学能够广泛吸纳有益养料,不断发展壮大。

三是突出的实行风格。这也是中国主流工具主义价值观的体现和发扬。陶澍认为读书是为了学以致用,而不是单纯为了考取科举功名。当读书人汲汲于考取功名钻研八股文章时陶澍却鼓励大家多多学习历史、地理、军事、经济、水利等各种实用知识。他对专注形式的八股文和繁琐的宋学、迂阔的汉学都提出了批评。他主张"有实学,斯有实行,斯有实用"。他特别重视具有直接实用价值的史地学科的研究。以史学为例,"陶澍对各朝正史均有研究,对《史记》《资治通鉴》及各代典章制度探讨尤深,他对司马迁、司马光、杜佑称颂有加,并试图'仿司马氏网罗放失之义',广泛搜罗古今材料,以求致治之理"①。

陶澍所处的时代恰好是第一次工业革命爆发并促进生产力极大发展的时代,人类开始进入蒸汽时代,科技在西方进入一个狂飙猛进的阶段,牛顿的《自然哲学的数学原理》(1687年)、瓦特改进的蒸汽机(1765年)、亚当·斯密的《国富论》(1776年)等人类重大科技成果,都在陶澍出生之前业已完成,近代科学体系在19世纪初叶也已经建立起来,囿于时代局限和自身知识结构,陶澍对西方世界"山海的另一边"的情况茫然无知,他所倡导的"实用"之学也没有包括数学、物理、化学、生物学等现代科学,这些基础学科恰好是社会和生产力发展的深层动力,这不能不说是一种遗憾。

---

① 薛其林:《陶澍经世思想的影响与地位》,《船山学刊》,2013年第4期。

二、陶澍与中国近代化经济改革

陶澍为官数十年,最为人津津乐道的就是在江南进行的经济改革。纵观陶澍仕途,他一贯重视经济问题,在各地为官,都把发展生产、繁荣经济放在重要地位,"平生衣被志万家",决心要人民过丰衣足食的生活。特别是在两江为官近20年,陶澍以经世致用思想为指导,进行了大刀阔斧的经济改革,在赈灾、水利、吏治、漕运、盐政等几大方面做出了突出政绩,对两江地区经济文化的进一步开发,起了重大的奠基作用。陈蒲清教授为《陶澍全集》撰写的前言中,用刘广京先生为《陶澍在江南》一书所撰的序言说:"陶澍的重要性则在于主持财政、经济方面的改革,对于江南漕、盐、河三大政尤有其切实的贡献。"[1]陶澍的经济改革取得了很大成效,晚清学者陈文述将陶澍和历史上著名的理财家桓宽、刘晏并题:"淮南盐策任郎官,国帑空虚事已难。唐代经纶赖刘晏,汉廷议论酹桓宽。扫除积弊良田荞,力挽颓波大海澜。闻道北盐筹更好,年年修竹报平安。"[2]这些改革的许多做法在客观上具有近代意义,为中国社会的近代化积累的可贵的经验和资源。陶澍近代化的经济改革,符合社会发展规律,呈现出"用商利商恤商"和遵循市场法则的特点,具有资本主义的性质,对传统的自然经济具有冲击作用,客观上促进了商品经济的发展,"这就使得他的改

---

[1] (清)陶澍:《陶澍全集》第1册,长沙:岳麓书社,2009年,第6页。
[2] 陶用舒:《陶澍评传》,长沙:湖南师范大学出版社,1995年,第140页。

革具有时代先进性,开了中国近代经济改革的先河"①。陶澍进行的经济改革有以下几个特点:

一是用商利商恤商。在封建社会中,商人在社会中的地位很低,居于"四民"之尾,受到社会和政府的歧视。陶澍虽然无法从根本改变这一根深蒂固的传统价值观念,但他不泥古法,一反"重本轻末"的传统做法,因时、因势重视商业,充分利用商人力量推进改革,提高商人地位。陶澍祖父陶孝信曾从事商业活动,将安化茶叶运到湖北武汉出售,因此,"陶澍从小多少受到些商业的熏陶,对商人有比较正确的认识,能体会到商人的重要作用"②。正是因为家族的经商经历,陶澍"敢于从感情上去亲近他们,询问他们的意见,政治上提携他们"③,这有力地推动了生产的复苏和经济的发展,开近代史上先声。在用商方面,他积极借助商人和商业资本来完成漕务、盐政、河工改革。在漕运改革中,陶澍意识到仅靠官方的力量是远远不够的。他将原来由官方组织的兵弁军船运输改为商人沙船运输,就是充分利用了商人的力量来解决运力不足的问题。"在河工、水利中,陶澍也十分注意利用商人资本进行治水、治河。"④在利商方面,他就海运漕粮,制定了"商船奖叙"条款,明文规定"运米一万石",即赏给匾额;一万石至五万石,分别给予职衔。这就给商人打开了获取"国之名器"的通道,这在之前是不可想象的。

---

① 陈蒲清:《陶澍论》,《湖南城市学院学报》,2009 年第 2 期。
② 陶用舒、易永卿:《论陶澍改革》,《湘潭大学学报》,2005 年第 1 期。
③ 高桥:《论陶澍在江南的经济改革》,《益阳师专学报》,1988 年第 1 期。
④ 陈非文:《论陶澍改革的重商思想和政策》,《湖南工程学院学报》,2003 年第 2 期。

二是遵循商品规律和市场法则。陶澍的经济改革遵循商品规律、市场法则、价值规律,在加速盐业销售方面,陶澍多管齐下,通过实施票盐法,采取酌核带销、缓纳积欠、疏浚运道、添置岸店、亟散轮规等措施,加速食盐的销售。同时,通过删减浮费、简化盐运手续等,去弊兴利,使盐务改革取得了令人瞩目的成就。票盐法施行后,魏源评价说,"始而化洪湖以东之场私,继而化正关以西之芦私"①。同时百姓也得到了价格低廉的食盐。

三是推崇以银为本。清代实行银钱并行的货币制度,银块称量计值,银一两值制钱千文。随着清王朝的衰落和外国资本主义的侵入,嘉道年间出现白银外流和"银贵钱贱"现象,开始发生货币危机。陶澍采取了禁止鸦片进口、严禁纹银出洋、对洋钱进行限制和统一钱法等措施,应对货币危机。为了从根本上解决这一问题,道光十三年,陶澍与林则徐在《会奏查议银昂钱贱、除弊便民事宜折子》中,提出自铸银币,用计量银币代替称量银块,适应了商业发展与保护本国经济的要求,启发了近代币制改革。② 这一改革建议虽然未能实施,但有着十分重大的意义和深远的影响。这是中国历史上第一次提出的带有商业资本思想色彩的改良币制的主张。说明陶澍和林则徐已从实际和理论上,开始认识到计量货币取代衡量货币的必然趋势,在思想上已具有为商业资本发展提供方便的要求。③

---

① (清)魏源:《魏源集》,北京:中华书局,1983年,第439页。
② 陈蒲清:《陶澍论》,《湖南城市学院学报》,2009年第2期。
③ 陶用舒、石彦陶:《陶澍与林则徐》,《益阳师专学报》,1985年第1期。

三、陶澍与中国近代化人才准备

陶澍是道光皇帝赞许的"干国良臣",依托新型幕府在他周围形成了一大批无愧于当世、刚正廉洁、勤于思考、勇于任事的人才群体。这个人才群体又可以细分为两个派系,其一是"中国近代改革派",其二是"湖湘经世派",当然这两个人才派系也有一定的重叠,如贺长龄、李星沅、魏源等两派兼而有之。这两个人才派系都与陶澍有密切关系。陶澍是这个改革派集团的先行者和前期的重要领袖和核心。他同时也是湖湘经世派当之无愧的领袖,堪称近代湖南人才兴起的源头。正如学者陶用舒所言:"近代湖南人才群体的出现,和陶澍有直接的关系,陶澍是近代湖南人才群体的领袖和核心。"[1]著名史家萧一山说:"不有陶澍之提倡,则湖南之人才不能蔚起;是国藩之成就,亦赖陶澍之喤引尔。"[2]实际上,陶澍不仅是近代湖南人才群体的核心,也是中国近代化人才群体的第一座高峰,他发现、培养和影响了一大批人才,为中国近代化的推进提供了人才和智力支撑。陶澍与近代化人才准备主要体现在以下几个方面:

一是高度重视人才。陶澍多次强调"当今之要,首在得人。"《清史稿》称陶澍"胸怀洞无城府",当时中国杰出人才也团聚在其周围。陶澍在担任两江总督时期,其幕府聚集了一大批有真才实学的杰出人才,而且他都能礼贤下士,视为知己,扬长避短,给

---

[1] 陶用舒:《陶澍是近代湖南人才群体的核心》,《益阳师专学报》,1994年第1期。
[2] 萧一山:《清代通史》下卷,北京:中华书局,1986年,第734—738页。

予高度信任,因而充分发挥这些人才的作用。比如他创办漕粮海运、改革盐政广修水利等所取得的重大成就,就是与他充分发挥了王凤生、俞德渊、姚莹、黄冕等人的作用分不开的。① 当这些干才遇到困难或者出事遭遇不测,陶澍也总是第一时间进行帮助和慰问,对下属关怀备至。1836年初,陶澍在由京返湘的途中得知两淮盐运使俞德渊病逝的消息,当即中止回籍,从河南折回江苏进行吊唁。

二是善于识别人才。千里马常有,而伯乐不常有。陶澍对左宗棠、胡林翼都是一见"目为奇才",在历史上留下善于识人的佳话。陶澍发现胡林翼幼年聪慧,即以女许之,并带在身边读书教导。陶澍见左宗棠志存高远,晚年以总督之尊结交布衣左宗棠,并结儿女亲家,可谓惊世骇俗。百年之后,无不让人佩服其识人之高明。林则徐的重用也与陶澍密不可分。陶澍病逝前,向道光皇帝举荐林则徐继任两江总督,称他"才长心细,识力十倍于臣"。正因为陶澍能不拘一格发现人才,他对于先贤诸葛亮善于发现和使用人才敬仰万分。他称赞诸葛亮"能从乱世收名士,毕竟英雄只识君",主张处处留心发现人才。

三是积极培养人才。陶澍注重在身边发现和培养人才,但这有很大的偶然性,因此人才培养的规模和速度也不大。陶澍自幼在岳麓书院学习,受益于此,必光大于此。他积极探索书院的人才培养之路。陶澍曾亲自捐款兴建书院,督导属员修建书院,改革书院教育,树立良好的士风。他个人捐款创建的惜阴书院,就在培养良好的士习学风方面起了积极作用,培养了不少人才。陶

---

① 何鹄志:《试论陶澍的人才思想》,《长沙水电师范学报》,1990年第2期。

澍自己对于人才培养方面的建树也颇为得意:曾自称:"余自翰林出官蜀、晋,宦辙所至,虽未敢遽能化民成俗,而于劝学造士之道,每兢兢藉为先务。"①诚如其言,陶澍对于劝学造士,"每兢兢藉为先务",即把创办书院,发展教育,培育人才放在首位。

清末名士张佩纶在其《涧于日记》中说:"道光以来人才,当以陶文毅为第一。其源约分三派:讲求吏事,考订掌故,得之在上者则贺耦耕,在下则魏默深诸子,而曾文正总其成;综核名实,坚卓不回,得之者林文忠、蒋砺堂相国,而琦善窃其绪以自矜;以天下为己任,包罗万象,则胡(林翼)、曾(国藩)、左(宗棠)直凑单微。而陶(澍)黄河之昆仑、大江之岷也。"②后人把陶澍比作晚清时期全国人才发生、发展的"源头",就像黄河发源于昆仑山、长江发源于岷山一样。这种评价是极为中肯的。

四、陶澍与中国军事近代化

陶澍在政治、经济、教育领域的建树已逐渐引起世人的重视,但他在中国军事近代化方面所作贡献的研究在学术界还是一个空白。不可否认,陶澍的对中国近代化的探索主要集中在文化思想、政治、经济、人才等领域,但作为一个长期担任总督(统辖一省或数省行政、经济及军事的长官称为总督),并具有创新精神和近代化眼光的地方大员,在军事领域做出探索和贡献也是其应有之义。陶澍在军事方面没有系统的专门著作,他的军事近代化思想

---

① (清)陶澍:《陶澍集》下册,长沙:岳麓书社,1998年,第22页。
② (清)张佩纶:《涧于日记》,涧于草堂石印本,己卯下,第32—33页。

和事功只能从一些奏折、书信和时人的记载中反映出来,是分散的、片面的就事论事,没有理论上的开创和分析提高。陶澍对中国军事近代化的贡献主要表现在以下几个方面:

一是对军事训练和日常战备的重视。嘉庆二十四年(1819),陶澍受任川东兵备道,这也是陶澍首次出任地方官。兵备道主要为稳定地方治安而设,同时又要协助巡抚处理军务,其军事职权主要包括分理军务,操练卫所军队和地方民快,缉捕盗贼镇压民乱,管理卫所兵马、钱粮和屯田,巡视江湖防御等。川东统辖夔、重、绥三府及忠、西二州,地域辽阔,物产丰富,人口众多,民族关系复杂。既是一个十分重要的地区,又是一个十分难治的地区。陶澍上任后,"日座堂皇视事,有诉立讯,剖决如流,数月滞讼一空"①。道光帝登基后四川总督蒋攸铦向道光帝奏报:陶澍在四川任川东兵备道期间治理有方,政绩昭著,治行为四川第一,堪胜大任。陶澍在两江"百政俱修","伟绩卓卓",显然也包括军事方面的成绩。任职总督期间,陶澍深入各地,了解地方形势与风土民情,一方面重视和加强治安力量;一方面根据各地形势,对原有治安力量进行适当调整。同时,建立驻防、巡查、训练、检查等制度,有奖有罚,明确职责,保持兵弁和治安力量良好的训练水平,有力地促进了地方经济和社会秩序的好转。② 值得一提的是,漕粮是清朝宫廷及王公百官、京师八旗兵丁的主要食粮来源。陶澍的漕务改革,在客观效果上加速了军事物流,从某种程度上解决了军事后勤问题,提高了战备水平。

---

① (清)魏源:《魏源集》下册,北京:中华书局,1983年,第901页。
② 陶新:《试论陶澍对吏治的整顿》,《益阳师专学报》,1992年第2期。

二是对军事地理和攻守战备的考察。陶澍"少负经世志,尤邃史志舆地之学,所至山川必登览形势,察访利病"。出仕后,陶澍曾在各地为官,自称"足迹几遍天下",所到之处,勤加考察,对地理沿革、地形地貌、攻守战备,有不少真知灼见,他认为"为国者不可不知地利",这种考察的目的是多面的,但也包含着做好战争准备的意图。他考察"古今战守"的目的是使"守土者,易知所绸缪"。因而他一方面潜心研究《水经注》《水道提纲》《读史方舆纪要》《天下郡国利病书》等历代地理学著作,一方面实地考察各地山川形胜,相继完成《鸿雪因缘图记》《与百菊溪制府书》《蜀輶日记》等著述,或"考析山川源流,纠正成说谬误",或"指陈地理形胜,讨论战守得失",或"结合江河形势,讨论漕运水利",或"分析人文风情,言明治理之要"。① 陶澍对舆地之学的重视,在某种程度上影响了幕僚魏源,为其编撰《海国图志》提供了契机。魏源《海国图志》反映的军事思想,则是中国近代军事变革思想的萌芽,为中国军事近代化起了导引作用。

三是为中国军事近代化做了人才准备。前面已经谈到陶澍作为"晚清人才第一人",识别、使用和培养了一大批人才。这些人才中,有很大一部分为中国的军事近代化做出了重要贡献,陶澍实际上为中国军事近代化做了人才准备。他不但直接培养了一批政治和军事兼备的复合型人才,如林则徐、左宗棠、胡林翼,这些督抚大员在军事领域颇有建树。陶澍还直接扶植了能够正确看待西方军事技术的思想和学术精英魏源,后者提出的"师夷

---

① 段超:《陶澍与嘉道年间的经世思想研究》,北京:中国社会科学出版社,2001年,第44页。

长技以制夷",道出了军事后发国家赶超军事发达国家的有效途径,影响极其深远。同时,陶澍影响和熏陶了对推动军事近代化做出重要贡献的曾国藩。可以说,"曾、左、胡'湘军三杰'的成长均得力于陶澍。"①陶澍的改革思想启迪和影响了曾国藩在军事领域大刀阔斧的改革,在军事制度、军事训练、军事人才等领域有力地促进了军事近代化。

《诗经》曰:"高山仰止,景行行止。"陶澍无疑是嘉庆道光之际湖南人才群体中威望最隆、地位最高、影响最大的那颗"明珠",犹如磅礴群山的巅峰。在此,我们用一首《咏陶澍》表达对这位湖湘先贤的敬仰之情:

咏陶澍
梅山代有俊杰出,文毅经世润吴楚。
借得陶公印心石,泽被潇湘皆春图。

---

① 易永卿、陶用舒:《陶澍和"湘军三杰"》,《安徽史学》,2005 年第 2 期。

第十章　魏源科学探索者形象与中国科技价值观的转向

魏源作为东方封建末世的启蒙思想家与卓越改革家,已世所公认。而魏源在中国传统学术领域的崇高地位也愈来愈为国内外学术界所注目。历史学家齐思和先生曾指出:"有清三百年间,学术风气凡三变",顾炎武先生、戴东原先生、魏默深先生"皆集前修之大成,开一时之风气,继往而开来,守先而待后,系乎百余年学术之升沉者"。① 美国著名历史学家费正清主编的《剑桥中国晚清史》进一步指出:"可以在魏源身上看到他是集十九世纪初一切主要思潮于一身的人。他这个人不仅是一位经世致用论作者和今文学的拥护者,而且也是他当时社会所面临的变化的一面镜子。"② 作为近代中国"睁眼看世界的第一人",魏源在积极倡导学习西方先进科学技术的同时,自己也孜孜不倦地学习科技知识,反思科技价值,使自己成为一个具有广博自然科学知识与深厚科学思想素养的学者,同时形成了独具特色的"经世致用"科技价值观。魏源的"经世致用"科技价值观,既继承了中国儒家传统的科技价值观,又凭借"数千年未有之变局"的空前历史舞台,在传统

---

① 齐思和:《魏源与晚清学风》,《燕京学报》,1950 年第 2 期。
② [美]费正清:《剑桥中国晚清史》上册,北京:中国社会科学出版社,1985 年,第 158 页。

内容的基础上做出了新的拓展。

一、中国传统文化中重道轻器的科技价值观

事实的确认与重要性的认识,是任何文化中互补的两个基本要素。重要性的认识既受现实需求制约,也受深层价值观的引导。价值观是文化中关于满足主体或客体需求程度的一个重要因素。价值文化是一个时代相对稳定的价值判断及思想体系。科技价值观则是关于科技文化内部各因素重要性的价值判断及其思想体系。中国传统科技价值观的核心和显著特征是重道轻器。在这种科技价值观的影响下,鸦片战争前我国的武器装备极其陈旧简陋。随着科技价值观的核心观念由重道轻器向道器并重的转变,晚清军事技术发展水平有了很大程度的提升。

魏源对"道""器"关系的论述源自中国传统文化。《周易·系辞》曰:"形而上者谓之道,形而下者谓之器。"中国古代学术思想素有重道轻器的传统,"就整个理论学术而言,重视人文科学轻视自然科学"[1]。具体到军事领域,所谓重"道"其实就是"注重规律、智慧、运筹、谋势、重权谋的一种战争思维方法,从文化传统和战争实践来考察,东方的军事思维传统更多的来源于这种重'道'的传统"[2]。值得一提的是,"道"和"器"的内涵不是一成不变的,

---

[1] 张岱年、方克立:《中国文化概论(修订版)》,北京:北京师范大学出版社,2004年,第140页。
[2] 陈挺:《道器关系论——关于军事战略与军事技术的哲学思考》,长沙:国防科学技术大学硕士论文,2006年,第33页。

特别是"器",随着时代的发展其内涵也由冷兵器发展到现在的信息技术。

"重道轻器"的传统,决定了作为兵家经典的《孙子兵法》舍器而言理的基本风格。《孙子兵法》开篇即谈到,决定战争胜负的因素是多方面的,其中最基本、最主要的是"五事"和"七计"。所谓"五事",即"道""天""地""将""法";所谓"七计",即"主孰有道?将孰有能?天地孰得?法令孰行?兵众孰强?士卒孰练?赏罚孰明?"①孙武将"道"列为"五事"之首,将"主孰有道"作为"七计"中的首计,由此可见其对"道"的重视。虽然在孙武那里,"道"主要属于政治、道德的范畴,与后来人们对"道"所理解的运筹、计谋方面有一定的出入,但孙武对战争规律、权谋以及人的智慧等的重视是不容置喙的。

道家创始人老子深通自然奥秘,懂得科学技术,却并不看重科学技术。他说:"盖闻善摄生者,陆行不遇兕虎,入军不被甲兵。兕无所投其角,虎无所用其爪,兵无所容其刃。"②可见,老子对"器"也持一种否定态度。

孔子虽然承认百工与农夫的社会作用,但是却鄙视这类人与他们的职业,"重道轻器"的观念在孔子那里同样是毫无隐晦的。他认为,君子应该"志于道"而"游于艺",即要以"道"为职志,至于"艺",则于闲暇无事时游于其间即可,所谓"君子谋道不谋食","百工居肆以成其事,君子学以致道"。③ 孔子甚至认为:"知

---

① 《孙子兵法·计篇》。
② 陈鼓应:《老子注译及评介》,北京:中华书局,1984年,第257页。
③ 《论语·卫灵公》。

道道德准则的人没有必要去了解自然。事实上,他本人就代表了这种人。"①孔子的学生子夏深谙其师之理,并对此有所发挥。他说:"虽小道,必有可观者焉,致远恐泥,是以君子不为也。"②在孔子的门生弟子看来,各种农工商医卜之类的技能虽有一定的可观之处,但毕竟是难登大雅之堂的"小道",不可在这方面走得太远。孟子也视耕织制械、陶冶等各种技艺是"小人之事",应该由"劳力者"去做。他反问弟子彭更,"子何尊梓匠轮舆而轻为仁义者哉?"③其对技艺的轻视可见一斑。意大利哲学家维柯在谈到以孔子为代表的早期儒家时,就曾经说它在涉及自然科学时是很粗陋的。④ 也正因为这样,先秦儒家没有一个在科技领域做出卓越贡献的。

汉武帝"罢黜百家,独尊儒术"后,儒家崇尚伦理道德之"道",而鄙视具体科学知识和生产技艺的趋向,将千千万万儒门学子阻隔在了探索自然知识的门外。在儒生心中,"自然世界的知识是生产知识,是属于农民、手工业者和其他赖以为生的人的"⑤。因此,中国古代的儒生作为一个阶层来说对技术是不感兴趣的。特别是明清两朝以制义取士,"虽有奇才异能,必从此出,乃为正途。"⑥清代的绝大部分官员以科举考试为晋身之阶,如"在都察院任过职的3087人中大约有2168人是通过'正途'——

---

① 费孝通:《中国绅士》,北京:中国社会科学出版社,2006年,第35页。
② 《论语·子张》。
③ 《孟子·滕文公下》。
④ [意]维柯:《新科学》,朱光潜译,北京:人民文学出版社,1986年,第43页。
⑤ 费孝通:《中国绅士》,北京:中国社会科学出版社,2006年,第37页。
⑥ (清)郑板桥:《板桥家书》,北京:中国对外翻译出版公司,2001年,第3页。

文字写作考试为官的"①。他们在考取进士之前往往需耗费最具创造潜能的前半生去准备设计严密、周期漫长且竞争激烈的考试。

国家科举取士只考《四书五经》，毫无科学技术方面的内容，因此即便晋身进士，其科技素养并不见得比普通民众更高，同时这样选拔出来的文官阶层也不可能真正赏识科学技术包括军事技术进步。第一次鸦片战争期间，两江总督伊里布的心腹仆役张喜曾数次被差遣至英军营地，交涉以英方俘虏换取定海撤军事宜，并得以参观英军火轮船。他与英军翻译马礼逊的对话可以窥见"天朝之人"智慧的着力点。马礼逊见张喜深感火轮船制造之灵巧，便问道："贵国之人，亦能此否？"喜云："此技虽巧，天朝之人，用心不在于此。""彼之用心何事？"喜云："我国用心在文章。"②

在"重道轻器"价值观念的主导下，一切真正具有科学价值的知识创造和技术发明，或者只被用作经学和传统巫术的附属品，或者被贬为不务正业的"小术"和"方技"。如明代洪武年间，司天监把元顺帝时代留下来的自动计时器进献给朱元璋，朱却说："不管政务，专干这个，叫作以无益害有益。"③最后这件极具科技价值的计时器竟被朱元璋下令打碎了事。无独有偶，一代名医李时珍将科学巨著《本草纲目》呈献朝廷时，明神宗仅仅御批寥寥七

---

① [美]芮玛丽：《同治中兴：中国保守主义的最后抵抗(1862—1874)》，房德邻等译，北京：中国社会科学出版社，2002年，第88页。
② 中国史学会：《鸦片战争》第5册，上海：上海人民出版社，2000年，第337页。
③ 吴晗：《朱元璋传》，北京：生活·读书·新知三联书店，1965年，第293页。

字"书留览,礼部知道",便将书束之高阁。宋应星关于农业和手工业生产的综合性著作《天工开物》刊出后同样无人问津,后来更由于各种原因几乎在中国绝迹。重道轻器的观念使中国古代军事技术类书籍遭遇了与《本草纲目》《天工开物》大致相同的命运。

　　火器技术出现以后,"重道轻器"一词中"器"的内涵也由冷兵器演化为更为先进的火器,"重道轻器"的具体表现是火器的发明与改进得不到统治阶层的鼓励和支持,即便是中国封建帝王中通晓科学技术的佼佼者和"中体西用"的最早实践者康熙皇帝,对发明连珠火铳、蟠肠鸟枪和铸造威远火炮的军事技术奇才戴梓,也并不予以应有的厚待,仅授予其翰林院侍讲的闲职,而不用人所长使其掌管或参与火器改进与铸造之事。康熙皇帝后来又听信流言蜚语,更是将戴梓褫职充军关外,晚年戴更是在贫困交加中死去。

　　康熙以后的清朝皇帝,在军事技术理解力方面更是乏善可陈。乾隆五十七年(1792),英国以给乾隆皇帝祝寿为名派出了以马戛尔尼勋爵率领的庞大使团访问清朝,使团中包括外交官、学者、医师、乐师、技师和工匠,加上水手近700人,分乘五艘船只,其主舰"狮子号"拥有64门火炮。马戛尔尼为了吸引和打动乾隆皇帝和清朝高级官员,精心准备了充分显示英国工业革命以来最新科学技术和军事技术水平的许多礼物,包括科学仪器、车辆、图册、乐器、呢绒,军事技术方面主要有当时欧洲最先进的步枪、连发手枪、榴弹炮、迫击炮等。其中一种用于野战的小型铜炮,据记载每分钟能发射 7 发炮弹,射击速度很高。① 另外,英国国王赠送给乾隆皇帝的该国排水量最大的,并且装备有 110 门最大口径火炮的"君主号"战舰的模型,用法国学者型政治家阿兰·佩雷菲特的话讲,"这是想暗示装备有 64 门火炮的'狮子号'及其 4 艘护航舰只是英国强大海军舰队的微不足道的一部分"②。这本来是一次了解西方最新军事技术的最好机会,但遗憾的是,清廷上下对这些送上门的先进军事技术竟无动于衷,也不屑去学习。由于对送上门的欧洲新式火器不屑一顾,半个世纪之后发生的鸦片战争,清军的火器装备没有任何改观。

二、魏源的自然科学知识与科学思想修养

19 世纪是西方近代科技知识广泛传入中国的时代。作为 19 世纪的启蒙思想家,魏源同时也肩负了向中国介绍西方近代科技知识的历史使命。学术界对魏源在这一领域中的贡献,只有梁启超在《中国近三百年学术史》中稍涉其地理学家面貌,"言世界地理者,始于晚明利马窦之《坤舆图说》,艾儒略之《职方外纪》。清初有南怀仁、蒋友仁等之《地球全图》。……鸦片战役后,则有魏默深《海国图志》百卷,……更广博的自然科学知识与相当深厚的科学思想修养中国士大夫之稍有世界地理知识,实自此始"③。

---

① 李斌:《清代传统兵学的衰落与"师夷制夷"战略思想的形成》,《故宫博物院院刊》,2002 年第 3 期。
② [法]阿兰·佩雷菲特:《停滞的帝国——两个世界的撞击》,王国卿等译,北京:生活·读书·新知三联书店,1998 年,第 86 页。
③ 朱维铮校注:《梁启超论清学史二种》,上海:复旦大学出版社,1985 年,第 467 页。

魏源确实可称为名副其实的地理学家或历史地理学家,跻身于中国著名地理学家之列毫不逊色。事实上,魏源还有更广博的自然科学知识与相当深厚的科学思想修养,其科技意识决不限于地理一门,中国儒学"一物不知,儒家之耻"的优良传统在魏源身上尚未歇息。甚至古代最抽象深奥的元代数学家朱世杰的《四元玉鉴》,魏源也曾涉猎,并加以手批。①

魏源不仅是文、史、哲通贯的大师,而且是文理兼备的学者。自然科学与人文社会科学,在魏源的理论著作中融为一体,未形成绝然的分野。魏源自然科学知识之丰富,其恣意潇洒运用科学知识之灵性,不乏引人深省且大有可供借鉴之处:

  竹萌能破坚土,不旬日而等身;荷叶生水中,一昼夜可长数寸:皆以中虚也。故虚空之力,能持天载地。②
  铢量寸度,石丈必差……石量寻度,径而寡失。③
  瓶笙之水,愈沸则响愈微;彼唯恐人不闻者,中不足也。钟磬之器愈厚者,则声愈从容;薄者反是。故德薄者无卑辞,德厚者无盈色。④
  三代之上,天皆不同今日之天,地皆不同今日之地,人皆不同今日之人,物皆不同今日之物。天官之书,古而有今无者若干星,古无而今有者若干星;天差而西,岁差而东:是天不同后世之天也。浊河徙决,淤阏千里,荥泽、巨野塞为平

---

① (清)魏源:《魏源集》,北京:中华书局,1983年,第917页。
② (清)魏源:《魏源集》,北京:中华书局,1983年,第9页。
③ (清)魏源:《魏源集》,北京:中华书局,1983年,第22页。
④ (清)魏源:《魏源集》,北京:中华书局,1983年,第24页。

第十章 魏源科学探索者形象与中国科技价值观的转向 129

原;济、汲莫辨源流,碣石沦于渤澥;井田废而沟洫为墟,云梦竭而洞庭始大;十薮湮其九,三江阙其二,九河、九江不存其一;雍州田上上,今但平芜;扬州田下下,今称陆海;"高原为谷,深谷为陵",是地不同于后世之地也。①

明月之夜可远视而不可近书,犹清谈玄虚之士不可以治民;雾霜之朝,可近书而不可远视,犹小察综练之才不可以远虑。②

更色而不更叶者松柏也,更叶而不更条者众木也,更条而不更根者百草也,更根而不更种者五谷也。谷种曰仁……仁者天地之心也……故一粒之仁,可蕃衍化育,成千百万亿之仁于无穷,横六合,亘古今,无有乎不同,无有乎或变者也。③

无星之秤不可以程物,故轻重生权衡,非权衡生轻重。善言心者,必有验于事矣。法必本于人。转五寸之毂,引重致千里;莫御之,跬步不前。然恃目巧,师意匠,般、尔不能闲造而出命。善言人者,必有资于法矣。④

魏源对科技知识的引申与类比启人心智,却也难免有牵强附会之处,更何况科技知识的进步一日千里,时至今日,魏源作为科学家的形象,已只有近代的科学史意义,而无当代的现实性价值。然而,潜藏于科技知识背后及科技专家思想深层的科学思想和科技价

---

① (清)魏源:《魏源集》,北京:中华书局,1983年,第47页。
② (清)魏源:《魏源集》,北京:中华书局,1983年,第49页。
③ (清)魏源:《魏源集》,北京:中华书局,1983年,第30页。
④ (清)魏源:《魏源集》,北京:中华书局,1983年,第156页。

值观念,有时却具有经久不衰的强烈辉光与启迪后人的永恒魅力。

三、魏源的工具主义科技价值观及其历史地位

以下讨论的是学术界迄今未曾涉及的超越于清代著名地理学家形象之上的"形上"之论——魏源的工具主义科技价值观念及其历史地位。

科技的价值评判,是科学思想与科学社会学交叉领域的重要问题。不同的时代或不同的社会,有不同的科技价值思潮。不同的科技专家或不同的思想家,亦有不同的科技价值取向。但是迄今为止,人类主要有四种基本的科技价值观:工具主义,虚无主义,科学主义,系统价值观(工具主义+科学主义)[①]。视科技为"经世致用"之具,是工具主义价值观的主体,也是中国儒家科技价值观之主流。魏源的科技价值观就是典型的工具主义价值观。

魏源所处的时代,是清廷内政外交危机此起彼伏的时代,中国封建社会遇到"数千年未有之强敌",正面临"数千年未有之变局"。这一严峻局势,加上中国学术思想内在逻辑地发展,使儒家学术思潮的主流从繁琐考据转向经世致用:"雍正、乾隆两个专制的统治者,凶残地兴了几次文字狱',镇压了知识分子在思想上的反抗。在镇压的威胁和利禄的引诱之下,知识分子有的逢迎,有的被迫采取了逃避主义,对于经学,只做些训诂考据的工作,脱离政治、脱离实际。到嘉庆、道光时代,外有西方资本主义国家的侵略,内有多次农民起义,清朝统治者的凶焰被打下去了,社会上的

[①] 朱亚宗:《中国科技批评史》,长沙:国防科学技术大学出版社,1994年,第1页。

许多新问题出来了。知识分子在新的历史条件下,走向同政治联系的道路上。在经学史上表现为今文经学运动的兴起。魏源在今文经学的'经世致用'的口号下,一方面反对当时官方科举的'楷书帖括'和官僚的'胥吏例案'……一方面又反对当时私人学者的琐碎考据……要以经学解决实际的政治社会问题。"①

魏源虽非清末经世致用思潮的首倡者,但其独特的经历与悟性使其经世致用的见识与成就超乎前辈之上:京城文化政治中心的史书与交往使其娴于历朝掌故,洞观本朝之得失;江浙经济中心的漕运、水患、盐务以及"晚侨江、淮,海警飚忽,军问沓至"②,又使其深悉当朝政制积弊、边境危机及自然灾害;加上博学好问而积累的丰富科学技术知识,使魏源无论在科技为经世致用之具的价值观上,还是使科技发挥经世致用的实际效应上,都远远高出于同辈。

魏源坚决反对不加分析地压抑科技进步的"道上器下"与"奇技淫巧"之说,并明确指出,有用的科学技术创造,"即奇技而非淫巧":"古之圣人,刳舟剡楫以济不通,弦弧剡矢以威天下,亦岂非形器之末?而睽、涣取诸易象,射御登诸六艺,岂火轮、火器不等于射御乎?指南制自周公,挈壶创自周礼,有用之物,即奇技而非淫巧。今西洋器械,借风力、水力、火力,夺造化通神明,无非竭耳目心思之力,以前民用,因其所长而用之,即因其所长而制之。"③

在这样的科技价值观指导下,只要有益于国计民生与军事国

---

① 冯友兰:《魏源——十九世纪中期的中国先进思想家》,《人民日报》,1957 年 3 月 26 日。
② (清)魏源:《魏源集》,北京:中华书局,1983 年,第 166 页。
③ (清)魏源:《魏源集》,北京:中华书局,1966 年,第 873—874 页。

防的科学技术,魏源都主张加以利用,"战舰用攻炮,城垒用守炮,……鸟铳、火箭、火药,皆可于此造之。此外,量天尺、千里镜、龙尾车、风锯、水锯、火轮机、火轮车、自来火、自转碓、千斤秤之属,凡有益民用者,皆可于此造之"①。魏源究舆地以图国防,考江河以治水患的努力,也同样出于经世致用的科技价值观。这里特别值得探讨的是魏源在《海国图志》中创造性地提出的"师夷之长技以制夷"的海防战略思想。在一个多世纪以后的今天,人们已很难体味魏源当时提出这一思想所需的勇气与胆识。在封建迂腐气息及夜郎自大思想充斥朝野的 19 世纪中叶,若无天下为己任的胸襟与突破传统的创造性,提出这一真知灼见是难以想象的。事实上,魏源是与各种陈腐议论的据理力争中提出这一主张的。

魏源通过援引前朝史例,驳斥如"今日之事,苟有议征用西洋兵舶者,则必日借助外夷恐示弱;……使有议置造船械师夷长技者,则日靡费"②。这些陈腐之见:"请陈国朝前事:康熙初曾调荷兰夹板船以剿台湾矣,曾命西洋南怀仁制火炮以剿三藩矣,曾行取西洋人入钦天监以司历官矣。……广东互市二百年,始则奇技淫巧受之,继则邪教毒烟受之;独于行军利器则不一师其长技,是但肯受害不肯受益也。请于广东虎门外之沙角、大角二处,置造船厂一,火器局一。行取佛兰西、弥利坚二国各来夷目一二人,分携西洋工匠至粤,司造船城,并延西洋柁师司教行船演炮之法,如钦天监夷官之例。而选闽粤巧匠精兵以习之,工匠习其铸造,精

---

① (清)魏源:《魏源集》,北京:中华书局,1966 年,第 873 页。
② (清)魏源:《魏源集》,北京:中华书局,1966 年,第 868 页。

兵习其驾驶、攻击。……而尽得西洋之长技为中国之长技。……必使中国水师可以驶楼船于海外,可以战洋夷于海中。"①

对于魏源"师夷之长技以制夷"这一主张的深刻历史意义,以梁启超的博学与才智,仍然未能确估:"魏氏又好言经世之术,为《海国图志》,奖励国民对外之观念,其书在今日,不过束阁覆瓿之价值。"②梁启超的评价显然失之于浅:拘泥于知识的细节而忽视宏观的意义。钱基博的见识,似胜一筹:魏源"成《海国图志》一百卷,厥为国人谈瀛海故实者之开山,其要归于'以守为攻'、'以守为款'、'以夷制夷'、'师夷长技以制夷',语重心长。时异势迁,生百年以后之今日,而籀源之所以为言,则有建诸天地而不悖,百世以俟天挺伟人而不惑者"③。见解虽在梁启超之上,然而仍失之于空疏。至于当代学者也仅止于承认魏源思想对中国洋务运动、戊戌变法及日本明治维新的启蒙作用,亦未能从更深广的历史意义及东西方文化冲突的大势着眼。

"师夷之长技以制夷"这一魏源思想的精华,撇开其隐含的天朝大国夜郎自大的思想印痕,实在是道出了在东西文化冲突中处于被动局势的东方民族摆脱落后地位追赶世界潮流的一个重要战略方针。科学技术在近现代社会发展中的重要作用,及其在当代综合国力较量中举足轻重的地位,从根本上决定了魏源这一先进思想的历史意义和现实生命力。日本现代化的成功已显示出这一思想的历史意义,而当代中国通过改革开放向现代化目标的

---

① (清)魏源:《魏源集》,北京:中华书局,1966年,第869—870页。
② 梁启超:《饮冰室合集》第1册,北京:中华书局,1989年,第97页。
③ 钱基博:《近百年湖南学风·湘学略》,长沙:岳麓书社,1985年,第13页。

前进,正表现出这一思想的现实生命力。魏源将经世致用的传统科技价值观,引入到中西文化冲突的历史格局中,所创造的"师夷之长技以制夷",应视为中国乃至东方世界近现代史上最伟大的思想创造之一。

四、魏源工具主义科技价值观的局限

在肯定魏源经世致用的科技价值观产生巨大历史影响的同时,也不能不指出,魏源科技价值观的负面——排斥纯粹科学理论价值的片面性与狭隘性。近现代国家成熟的科技政策,必须以全面系统的科技价值观为思想指导。

近现代科学技术体系是一个包含基础科学、应用科学及工程技术等多种层次的巨大系统,各个层次互相促进又互相制约。一个独立自主的大国,必须在国际基础科学研究领域占有一席之地,并非完全出于伸张国威和提高民族自信的外在需要,它同时也是科学技术体系健全合理、高速、高效发展的内在需要。因此,一个健全的近现代国家,在组织广大科技人员投身经济建设与国防建设战线的同时,必须容留并鼓励极少数出类拔萃的科学家从事基础科学研究。

作为中国近代启蒙思想家的魏源,其科技价值观过分偏向了经世致用一方,甚至可以说是排斥纯粹科学理论的合理价值,从而偏离了"经世致用+科学主义"的近现代科技价值观主潮流。魏源所处的时代,学风主流正从空疏无用转向经世致用,魏源是最早深刻领会这一思想转折并身体力行的思想家之一。魏源严厉地抨击了那些脱离实际的无用之才:"士之穷而在下者,自科举则以声音、训诂相高,达而在上者,翰林则以书艺工敏、部曹则以胥吏案例为才,举天下人才尽出于无用之一途。"①然而由于民生的凋敝、官场的腐败和内乱外患的压力,被推上历史舞台的思想家不可能从容不迫、心平气和地分析整理前人的思想成果,具体说来,魏源来不及吸取乾嘉考据学派科学思想的科技价值观的合理内核——纯粹科学理论的价值,以及"为学术而学术"的价值观。

与中国 19 世纪的其他思想家相比较,在对科学价值内涵的认识与把握上,魏源的认识略近于后来的左宗棠和张之洞,而远不逮曾国藩。思想理论准备的不足,终于导致魏源在反对空疏无用一端的同时,又走向排斥高深精微的另一端,魏源在《皇朝经世文编》凡例中,明确表明以切合当前实用为文章入选之标准。"书各有旨归,道存乎实用。志在措正施行……既经世以表全编,则学术乃其纲领。凡高之过深微,卑之溺糟粕者,皆所勿取矣。……凡古而不宜,或泛而罕切者,皆所勿取矣。……凡于胜国为药石,而今日为筌蹄者,亦所勿取矣。星历掌之专官,律吕只成聚讼,务非当急,人难尽通,则天文乐律之属,可略焉勿详也。"②

读者也许会怀疑,是否《皇朝经世文编》主持者贺长龄"经世致用"的编写宗旨,使魏源不得不如此偏向于实用方面? 如果上述引文还不足以说明魏源排斥纯粹科学理性的科技价值观,那么,魏源在其最重要的私人理论著作《默觚》中的观点,当可更有力地证明其排斥纯粹科学理性的科技价值观:"披五岳之图,以为

---

① (清)魏源:《魏源集》,北京:中华书局,1983 年,第 163 页。
② (清)魏源:《魏源集》,北京:中华书局,1983 年,第 158 页。

知山,不如樵夫之一足;谈沧溟之广,以为知海,不如估客之一瞥;疏八珍之谱,以为知味,不如庖丁之一啜。"①魏源科技价值判断的片面与肤浅是显而易见的,其科技价值观的实用和工具主义倾向也是非常清晰的。从某种意义上说,按揭示深层本质的科学理论来衡量,"不识庐山真面目,只缘身在此山中"的经验局限性,又何尝不是科学认识中最常见的失误。

五、晚清后魏源时代军事技术的进步

两次鸦片战争的惨败使清政府尝遍了军事技术落后的苦头。而19世纪60年代"发捻交乘"的国内农民起义,则使清政府面临的内忧外患日益严重。在这种时局下,清朝统治阶层中的开明势力明确提出了"治国之道,在乎自强,而审时度势,则自强以练兵为要,练兵又以制器为先"②的强国之路,科技价值观也实现了由重道轻器向道器并重的转变。

在道器并重科技价值观的主导下,清政府与助推中国军事技术近代化的督抚大员前所未有地重视军事技术及其相关工业的发展。一批近代军事工业先后创立并源源不断地生产武器装备,可以说到20世纪初,"中国军队已经基本实现了武器装备的新式火器化,在某些方面与当时世界先进水平的差距也明显缩

---

① (清)魏源:《魏源集》,北京:中华书局,1983年,第7页。
② 中国史学会:《洋务运动》第1册,上海:上海人民出版社,1961年,第466页。

短。"①与此同时,交通、通讯等军事协同技术也获得长足发展。同样,军事技术学堂相对普通学堂也明显先行发展起来。军事技术的训练水平更是有了质的提升。军事技术的进步与西方相比,虽然还存在着较大的差距,但纵向比较,的确取得了令人瞩目的成就。这一成就的取得,固然离不开曾国藩、左宗棠、李鸿章、张之洞等"洋务派"督抚的功劳,但从思想启蒙和价值观念萌发的角度来说,不能不追溯到魏源。后人把陶澍比作晚清时期全国人才发生、发展的"源头",与此类似,我们可以把魏源比作晚清时期道器并重科技价值观萌发的"源头"。这一科技价值观如同其"师夷长技以制夷"的思想一样,深刻地影响了中国的近代化进程。当前,魏源科学探索者形象和科技价值观是魏源研究中的薄弱点,亟待人们去深入发掘与光昌。

---

① 王逸峰:《从农耕文明向工业文明时代的军事后勤转轨——晚清军事后勤近代化研究(1840—1911)》,合肥:合肥工业大学出版社,2011年,第67页。

第十一章 "曾国藩之谜"的深层解析

曾国藩是中国近代史上践行中国传统文化价值的代表人物。曾国藩既认识到西方先进科学技术的重大价值,主张学习西方科学技术特别是先进军事技术,但他同时又强调培植中国固有文化传统。对于战争中"道"与"器"孰轻孰重,曾国藩也有着看似矛盾的观点。探索曾国藩这一谜团背后的深层原因,对于理解中西文化的尺短寸长有着重要的借鉴作用。

一、军事价值文化中的"道器"之争

事实的确认与重要性的认识,是任何文化中互补的两个基本要素。重要性的认识既受现实需求制约,也受深层价值观的引导。价值观是文化中关于满足主体或客体需求程度的一个重要因素。价值文化是一个时代相对稳定的价值判断及思想体系。军事价值文化则是关于军事文化内部各因素重要性的价值判断及其思想体系。军事价值文化在原则上制约战争胜负的各种因素重要性的价值判断。当然,具体的研究只能选择主要的价值文化因素。我们认为,中国传统军事价值文化的核心和显著特征是重道轻器。自有战争以来,人与武器在战争中孰重孰轻的问题一直以来就是人们争论的焦点。这一问题后来演化为"道器"之争问题,也即军心、谋略、运筹和武器孰重孰轻的问题。

军事价值文化中的"道器"之争来源于中国传统文化"道器"关系的论述。《周易·系辞》曰:"形而上者谓之道,形而下者谓之器"。中国古代学术思想素有"重道轻器"的传统。具体到军事领域,所谓重"道"其实就是"注重规律、智慧、运筹、谋势、重权谋的一种战争思维方法,从文化传统和战争实践来考察,东方的军事思维传统更多的来源于这种重'道'的传统"[①]。重道轻器的传统,决定了《孙子兵法》舍器而言道的基本风格。《孙子兵法》开篇即指出,决定战争胜负的因素是多方面的,其中最基本、最主要的是"五事"和"七计"。孙子将"道"列为"五事"之首,将"主孰有道"作为"七计"中的首计,由此可见其对"道"的重视。虽然在孙子那里,"道"主要属于政治、道德的范畴,与后来人们对"道"所理解的运筹、计谋方面有一定的出入,但孙子对战争规律、权谋以及人的智慧等的重视是不容置疑的。

需要指出的是,"道"和"器"的内涵不是一成不变的,特别是"器",随着时代的发展其内涵必然发生相应变化。如火器技术出现以后,"重道轻器"一词中"器"的内涵也由冷兵器演化为火器。"重道轻器"也便具体表现为火器的发明与改进得不到统治阶层的鼓励和支持。

---

① 陈挺:《道器关系论——关于军事战略与军事技术的哲学思考》,长沙:国防科学技术大学硕士论文,2006年,第33页。

二、曾国藩道器游移的表现和"曾国藩之谜"

曾国藩在创建湘军之前并未实际涉猎军事,有的是凭借饱读经典以进士入翰林,十年七迁的辉煌文官履历。他自己也认为:"受恩深重,官至二品,不为不尊。"①受惠于此,必感恩于此。作为传统文化的坚守者,其前期军事价值文化不可避免地打上"重道轻器"的烙印,认为决定战争胜负的主要因素在"道",对于火器在近代战争中的地位没有清醒而客观的认识。因此,他在咸丰三年正月十四日写给左宗棠的信中,甚至提出鸟枪应该退出湘军装备之列:"练兵束伍,鸟枪终不宜在伍内。"②其时,曾国藩主要在湘办理团练,尚未亲自领教西洋火器的厉害。其主要任务是扩军训练兼弹压湖南省内的农民起义,以打造湘军东征后巩固的后方。在镇压这些小股农民起义时,湘军可谓所向披靡,在曾国藩"重道轻器"思想的指导下,组建初期的湘军装备是简陋的,可以说与同时期的绿营没有什么区别,刀、矛等传统冷兵器仍然占有很大比重。

与太平军初次交战时,曾国藩一度对出身农民军的太平军产生轻敌心理。咸丰三年(1853)夏,太平军围逼南昌超过两个月时,曾国藩就误判太平军"五技既穷,自将弃而他窜"③。在其影响下,其部下亦多有轻敌思想。增援南昌的江忠淑在江西瑞州

---

① (清)曾国藩:《曾国藩全集:家书(一)》,长沙:岳麓书社,2011年,第189页。
② (清)曾国藩:《曾国藩全集:书信(一)》,长沙:岳麓书社,2011年,第98页。
③ (清)曾国藩:《曾国藩全集:书信》(一),长沙:岳麓书社,2011年,第173页。

(今高安)换船时,"竟不放哨,又不少停留,与湘勇一军通讯,遂致溃败"①。由夏廷樾、朱孙诒、郭嵩焘、罗泽南分批率领的援赣湘军在南昌城下遭到太平军的伏击。结果,湘军伤亡近百人。② 这是曾国藩所隶各军与太平军的初次交锋,也是所部湘军增援邻省的开始,曾国藩原以为可以旗开得胜,谁知初募之勇尚不善战,湘军缔造者之一的罗泽南的得力骨干谢邦翰、易良干、罗信南、罗镇南等七人也于此役战死。此时太平军强大而湘军弱小,这次溃败给了曾国藩一剂清醒药。吃一堑,长一智,他意识到太平军与其镇压的小规模的农民起义不可同日而语。处于战争一线的曾国藩明显感到"要取得胜利,就要扩充军队,加强训练,增添武器,特别是要配备洋炮;在准备不足、力量未充时,不能轻易言战"。③

曾国藩移驻衡阳后,在此地赶制船炮,对先进武器装备的重视在实践中展现无遗。曾国藩"每事必躬自考察,材木之坚脆,纵广之矩度,帆樯楼橹之位,火器之用,营阵之式,下至米盐细事,皆经于目而成于心"④。此时在安徽与太平军激战的江忠源也写信给曾国藩,"嘱广置炮船,肃清江面,以弭巨祸。其后,国藩专力水军,幸而有成,从公谋也"⑤。一线将领的建议给曾国藩留下了深刻印象,以至于影响其以后的军事行动。

曾国藩对火器和战船的倚重在其屡次拒绝咸丰皇帝令其统兵东征时体现得最为淋漓尽致。其时因湖北和安徽告急,清廷曾

---

① (清)曾国藩:《曾国藩全集·书信》(一),长沙:岳麓书社,2011年,第175页。
② (清)曾国藩:《曾国藩全集·书信》(一),长沙:岳麓书社,2011年,第214页。
③ 卞哲:《曾国藩》,上海:上海人民出版社,1984年,第36页。
④ (清)黎庶昌:《曾国藩年谱》,长沙:岳麓书社,1986年,第37页。
⑤ (清)曾国藩:《曾国藩全集·诗文》,长沙:岳麓书社,2011年,第329—330页。

数次令曾国藩驰援鄂皖,曾却以船炮未备齐为由,始终没有派出一兵一勇。虽然援助的对象为其座师吴文镕和挚友江忠源,但他反复强调目前船炮皆无可恃,"俟右江道张敬修解炮到楚,乃可成行"①。"惟船炮一件,实有不宜草率从事者。"②"此时以极小之船,易炸之炮,不练之勇,轻于进剿"至援剿皖省,不特为谕旨所指示,即与岷樵性情至交,亦自有救焚拯溺之切。"③

然而,令人觉得匪夷所思的是,虽然曾国藩"重器"到了船炮未齐不成行、皇帝严催也不为所动的程度,但他在同期给友人的信中却依然唱着"战争的胜负依赖于人而不是武器"的老调。如咸丰三年十一月初六日,曾国藩在写给仓景愉(字少平,道光进士——引者注)的信中对后者"战船不必讲求"的观点也深表赞同:"战船不必讲求,与时卿兄在人不在船,在兵不在排之说,诚为至谕。"④或许正是因为曾国藩有诸多"轻器"的言论,军事历史学家施渡桥在一篇论文中写道:"曾国藩强调人的作用而轻视武器的作用,其认识是片面的。"⑤美国著名历史学家芮玛丽也评价道:曾国藩认为战争的胜负依赖于人而不是武器。⑥

在战争后期,特别是在1861年9月湘军攻克安庆后,湘军和太平军的强弱发生了逆转,其时湘军强大而太平军弱小,湘军的

---

① (清)曾国藩:《曾国藩全集·奏稿(一)》,长沙:岳麓书社,2011年,第110页。
② (清)曾国藩:《曾国藩全集·奏稿(一)》,长沙:岳麓书社,2011年,第111页。
③ (清)曾国藩:《曾国藩全集·书信(一)》,长沙:岳麓书社,2011年,第398页。
④ (清)曾国藩:《曾国藩全集·书信(一)》,长沙:岳麓书社,2011年,第323页。
⑤ 施渡桥:《论曾国藩的"自强"思想及其实践》,《军事历史研究》,1997年第1期。
⑥ [美]芮玛丽:《同治中兴:中国保守主义的最后抵抗(1862—1874)》,房德邻等译,北京:中国社会科学出版社,2002年,第259页。

武器装备也有了很大改善,此时曾国藩更愿意强调战争的胜负依赖于人而不是武器。同治元年九月十一日,曾国藩在致其弟曾国荃的信中明确无误地强调:"制胜之道,实在人而不在器。"[1]在同一封信中,他还对孜孜不倦追求新式武器的曾国荃提出告诫,认为采用火器会使湘军弄机取巧,丧失反己守拙之道:"弟若专从此等处用心,则风气所趋,恐部下将士,人人有务外取巧之习,无反己守拙之道,或流于和、张之门径而不自觉,不可不深思,不可不猛省。"[2]曾国藩在家书中对其寄予厚望的九弟传授的制胜之道,当为肺腑之言。他进一步告诫乃弟:"洋枪洋药,总以少用为是。"[3]"我军仍当以抬鸟刀矛及劈山炮为根本。"[4]实际上,曾国藩不仅仅在家书中论述这一观点,他同期在给友人的信中也反复兜售这一论调。如同治元年十二月十一日,曾国藩在回复左宗棠的信中写道:"炸弹轮船虽利,然军中制胜,究在人不在器。"[5]

由此可见,对于"道"与"器"在战争中孰重孰轻的问题,曾国藩在不同的时间,甚至在同一时期和不同的场合所表达的观点往往不相一致,甚至自相矛盾,其在"道器"关系上表层的思想行为表达恰如多变的迷雾。为什么对于同一个"道器"关系,曾国藩常常出现截然相反的两种观点,对于这一问题,我们不妨称之"曾国藩之谜"。正是这团"迷雾"使得一般的历史学界、军事学界和普通人们中间,长期以来流传着关于曾国藩"道器"观的许多误解。

---

[1] (清)曾国藩:《曾国藩全集:家书(二)》,长沙:岳麓书社,2011年,第57页。
[2] (清)曾国藩:《曾国藩全集:家书(二)》,长沙:岳麓书社,2011年,第57页。
[3] (清)曾国藩:《曾国藩全集:家书(二)》,长沙:岳麓书社,2011年,第63页。
[4] (清)曾国藩:《曾国藩全集:家书(二)》,长沙:岳麓书社,2011年,第68页。
[5] (清)曾国藩:《曾国藩全集:书信(五)》,长沙:岳麓书社,2011年,第282页。

实际上,正如上文所提到的,即使是那些具有深邃眼光的学者也难免不在这一问题上误解曾国藩。

三、深层文化潜意识与"曾国藩之谜"的破解

为什么对于同一个"道器"关系,曾国藩可以出现截然相反的两种观点?如何理解曾国藩在道器关系上的矛盾呢?究竟是"重道轻器"还是"重器轻道"才准确表达了曾国藩道器观的实质呢?抑或曾国藩的道器观本来杂乱无序,没有一个主导倾向呢?像许多历史人物一样,曾国藩在不同的时间和不同的场合所讲的话往往不相一致,甚至自相矛盾。但是,评判一个人的思想和观念并不能仅仅从其公开发表的一两句言论或一两个举措出发,更重要的是要根据其深层的心理文化来判断。因为表层的思想行为常常因时因地变化,但深层的心理文化意识有长期的稳定性,特别是在其世界观、人生观、价值观形成以后,一般情况下不容易改变。对于曾国藩这样一位处在历史转折时期的洋务巨擘,其道器思想并不一定体现在其公开的声明和短暂的举措上,而常常隐含在深层的心理文化中。要解开"曾国藩之谜",必须根据影响战争胜负的深层因素、火器与封建社会的关系以及曾国藩深层的心理文化意识去分析。

(一)战争的精华在于文化命运的展现

德国著名哲学家斯宾格勒(1880—1936)有句名言:"战争的

精华,却不是在胜利,而是在于文化命运的展现。"①这句话深刻地道出了战争与文化命运的实质,蕴含着军队在文化拓展中的先导作用,并为历史上诸多战争所反复检验。

历史和现实告诉我们,军队通过革命的正义战争,不仅在摧毁旧文明中建立新文明,而且成为"转到新时代的桥梁"。② 英国著名军事史学家富勒在深入研究西方军事史后指出:"马拉松一战使希腊人对于他们自己的命运发生了信心。整个命运支持了三个世纪,在整个时期中,西方文化才出生了。"③随后的罗马与迦太基的死战则是地中海文化区域将要统一时的大战,罗马赢得战争后,很快走上了"统治世界的阳关大道",加之随后的东征胜利,使罗马"成为一个可以把古代人类的一切进步之物投进去搅拌的大熔炉,炼成一种独特的新产品,即西方文明"。④ 作为失败一方的迦太基文化则销声匿迹了。公元7世纪,希腊化的埃及为伊斯兰教徒的阿拉伯人所征服,就很快伊斯兰化,直到今天埃及仍是伊斯兰文化的一部分。

及至近代,战争的文化内涵越来越深,战争在文化优劣的评判中扮演的角色也愈益重要。十六世纪以来,西方列强正是凭借先进军事技术狂飙猛进,主宰了战败者的命运,当然包括这些战

---

① [德]斯宾格勒:《西方的没落》,陈晓林译,哈尔滨:黑龙江教育出版社,1988年,第110页。
② 刘戟锋:《刍议军队在国家文化软实力建设中的作用》,《中国军事科学》,2008年第3期。
③ [英]J. F. C. 富勒:《西洋世界军事史》第1卷,钮先钟译,北京:战士出版社,1981年,第32页。
④ [美]小戴维·佐克、罗宾·海厄姆:《简明战争史》,军事科学院外国军事研究部译,北京:商务印书馆,1982年,第23页。

败者的文化命运。鸦片战争中,英国凭借坚船利炮打开天朝大国的大门,西方文化开始大规模进入中国。然而其目的并非发展中国固有文化,而是要实现对中国文化的渗透和展现。鸦片战争期间担任英海军司令向导的传教士郭士立的狂妄宣称就是佐证:"龙要被废止,在这个辽阔的帝国里,基督教将成为唯一的王和崇拜对象。"①今天欧美的生活准则之得以广泛传播,也正如李约瑟所指出的那样:"实际上,是在原子弹蘑菇云阴影的威胁下,在勃伦式轻机关枪的枪口上实现的。"②

(二) 火器技术与封建制度的解体

近代火器技术与封建制度天然不相容。火器技术的广泛采用必然动摇封建制度的经济和思想根基。首先,火器技术的发展为突破封建制度的桎梏奠定了物质基础。正如恩格斯所指出的:"火药和火器的采用,绝不是一种暴力行为,而是一种工业的,也就是经济的进步。"③军事技术的引进必然带来军事工业及相应工业的建立,从而进一步促成资本主义生产方式的产生与发展。

其次,近代火器技术的发展为封建社会的解体准备了思想前提。西方先进军事技术打破了中国的高度封闭状况,"英国的大炮破坏了中国皇帝的威权,迫使天朝帝国与地上的世界接触。与外界完全隔绝曾是保存旧中国的首要条件,而当这种隔绝状态在

---

① 程伟礼:《基督教与中西文化交流》,《复旦学报》,1987年第1期。
② [英]李约瑟:《四海之内》,劳陇译,北京:生活·读书·新知三联书店,1987年,第2页。
③ 《马克思恩格斯军事文集》第1卷,北京:战士出版社,1981年,第13页。

英国的努力之下被暴力所打破的时候,接踵而来的必然是解体的过程"①。同时,当轻便的火器增多了,由体能对抗阶段转变到技能对抗阶段时,对于体力较弱的士兵的轻视心理便也逐渐消除了。诚如卡莱所说的:"火药使所有人都变得一样高,换言之,它使战争民主化了。"②因为十三岁的孩子跟三十岁的成年男子打出的子弹是一样的,或许前者更准。而这些平等、民主意识与封建社会显然是相互对立的。一旦人们接受这种新思想,必然对封建制度进行彻底反思和否定。

(三)曾国藩的心理结构中稳定的潜意识

饱读经史的曾国藩对战争的文化意蕴可谓洞若观火。他是中国传统文化的出类拔萃之辈,有着强烈的保卫传统的自觉意识。不遗余力地维护封建主义统治和扶翼传统文化即是曾国藩心理结构中稳定的"潜意识",在其思想与实践中时刻发挥着基石的作用。

太平军兴起以来,咸丰皇帝任命了数十位在籍团练大臣,唯曾国藩慨然以澄清天下、维护名教为己任。郭嵩焘(1818—1891)就评价曾国藩:"以道德文章为时归仰,起乡兵讨贼,……卓然以扶翼名教、砥节砺行为心。"③他护翼传统文化的立场,突出地表现

---

① 《马克思恩格斯军事文集》第1卷,北京:战士出版社,1981年,第213—214页。
② [英]J. F. C. 富勒:《西洋世界军事史》第1卷,钮先钟译,北京:战士出版社,1981年,第487页。
③ (清)郭嵩焘:《郭嵩焘诗文集》,长沙:岳麓书社,1984年,第509页。

在出征前颁布的《讨粤匪檄》一文中:"举中国数千年礼仪人伦、诗书典则,一旦扫地荡尽。此岂独我大清之变,乃开辟以来名教之奇变。"①曾国藩正是打着保护礼教、慰孔孟人伦之隐痛的旗帜,鼓动一大批读书识字者加入自己的阵营对抗太平军。对于外敌入侵的灾难性后果,曾国藩更有着较之其他人更深的焦虑。当英法联军攻入天津时,曾国藩于咸丰十年八月初七日的日记中写道:"夷人占据天津……睡不甚成寐,不图时事决裂至此。"②这种焦虑发自守护传统文化的本能。

在常年征战中,曾国藩对火器与封建社会的不相容性同样有着深刻的体会。为了维护摇摇欲坠的晚清政府,在对手强大而湘军弱小的形势下,必须采用西方先进军事技术武装军队才能战胜对手,达到稳定统治的目的。咸丰三年十一月一日,他在写给部将林源恩的信中指出:"剑戟不利,不可以断割;毛羽不丰,不可以高飞。"③在与太平军的鏖战中,他多次领教过"西洋之落地开花炮"的厉害,并"为之惊心动魄"④。鸦片战争后,他力主购买外洋船炮,并称其为"今日救时之第一要务"。他认为:"若能陆续购买,据为己物,在中华则见惯而不惊,在英、法亦渐失其所持。"⑤曾国藩清醒地看到,"外国技术之精,为中国所未逮。……精通其法,仿效其意,使西人擅长之事,中国皆能究知,然后可以徐图自

---

① (清)曾国藩:《曾国藩全集·诗文》,长沙:岳麓书社,2011年,第140页。
② (清)曾国藩:《曾国藩全集·日记(二)》,长沙:岳麓书社,2011年,第76页。
③ (清)曾国藩:《曾国藩全集·书信(一)》,长沙:岳麓书社,2011年,第313页。
④ (清)曾国藩:《曾国藩全集·日记(二)》,长沙:岳麓书社,2011年,第336页。
⑤ (清)曾国藩:《曾国藩全集·奏稿(三)》,长沙:岳麓书社,2011年,第186页。

强"①。在曾国藩的不懈努力下,湘军火器比例不但高于一般清军,质量也更为优良。

然而当引进西方先进军事技术愈演愈烈,成为一种不可遏止的趋势时,曾国藩意识到西方先进军事技术是最终会演变为侵蚀两千年文物制度的物质力量和思想力量,于是希望对这辆滚滚向前的历史车轮来一个急刹车,并提出"洋枪洋药总以少用为是"的观点。显然,在全军上下专图引进先进火器之时,曾国藩已经看到先进火器的广泛应用对官兵思想的冲击,"人人有务外取巧之习,无反己守拙之道"②。然而,大规模引入军事技术的后果不以曾国藩的意志为转移。正如恩格斯所指出的那样,这些先进的技术"往往是违反指挥官的意志而引起作战方式上的改变甚至变革"③。实际上,军事技术的发展不但为突破旧制度的桎梏奠定了物质和思想基础,同时也为其终结造就了掘墓人,最终不可避免地导致封建社会的总崩溃。可以说,与洪、杨相比,曾国藩引来的军事技术实在厉害得多。具有讽刺意味的是,曾国藩"维护传统又超越了传统;他保守旧物同时却冲撞了旧物"。④

在"师夷长技"一事上,曾国藩的期望显然就是通过有限地利用外国先进军事技术来维护儒家思想指导下的封建制度。由于形势和社会主要矛盾的变化,为了达到这一根本目的,在各个时期所采取的对策和内容是不同的,甚至一个时期因为注意力和侧

---

① (清)曾国藩:《曾国藩全集·奏稿(十二)》,长沙:岳麓书社,2011年,第117—118页。
② (清)曾国藩:《曾国藩全集·家书(二)》,长沙:岳麓书社,2011年,第57页。
③ 《马克思恩格斯军事文集》第1卷,北京:战士出版社,1981年,第17页。
④ 杨国强:《百年嬗蜕——中国近代的士与社会》,上海:上海三联书店,1997年,第188页。

重点不同也有不同的观点。曾国藩所强调的"制胜之道,实在人而不在器",实为国内近代军事工业体系远未建立,洋枪洋炮又不可多得的一种因时制宜的高超策略,与20世纪40年代毛泽东"原子弹是美国反对派用来吓人的一只纸老虎"[1]的著名论断实有异曲同工之妙。曾国藩高唱这种论调,一为时事所趋,二为激励士气需要。私下里,曾国藩却在拼命寻求先进军事技术和武器装备。组建湘军之初,他就想方设法购买洋炮。"炮位一事,专候粤东解来。前遣戈什哈至郴州迎候,顷又遣人径至粤东催迎。日夜焦急以此,倘灯节前不到衡者,真恼郁煞矣!"[2]曾国藩在衡阳督造战船时,"火器之用,……皆经于目而成于心"[3]。更为可贵的是,曾国藩还有亲自改进火器操作方式之举,如他将抬枪由向例用三人改作四人,使其"能快能准"[4]。鸟枪则由以前的一人施放改为两人施放,大大提高了兵器的使用效率,据曾国藩自己宣称:"其灵巧乃过一人者五倍。"[5]采用新式火器后,曾国藩认为操练断不可间断一日,其日记中有关其视察军队火器训练的记载更是俯拾即是。

由此可见,对于"道"与"器"在战争中孰重孰轻的问题,曾国藩在不同的时间和不同的场合所讲的话往往不相一致,甚至自相

---

[1] 毛泽东:《毛泽东选集》第4卷,北京:人民出版社,1991年,第1194—1195页。
[2] (清)曾国藩:《曾国藩全集·书信(一)》,长沙:岳麓书社,2011年,第388页。
[3] (清)黎庶昌:《曾国藩年谱》,长沙:岳麓书社,1986年,第37页。
[4] (清)曾国藩:《曾国藩全集·书信(一)》,长沙:岳麓书社,2011年,第309页。
[5] (清)曾国藩:《曾国藩全集·书信(一)》,长沙:岳麓书社,2011年,第359页。

矛盾,其在"道器"关系上外在的行为表达恰如多变的迷雾。但曾国藩旨意只有一个,那就是不遗余力地维护封建主义统治和扶翼传统文化。这些在道器争执中看似矛盾的论调在这一基旨下达到了高度的辩证统一。

第十二章 曾国藩系统科技价值观探析

科技的价值评判是科学思想与科学社会学交叉领域的重要问题。不同的时代或不同的社会有不同的科技价值思潮,不同的科技专家或不同的思想家亦有不同的科技价值取向。中国传统的科技价值观可分为"为科学而科学"的科学主义价值观、否定科学技术的悲观主义价值观、经世致用的工具主义价值观和兼顾工具主义与科学主义的系统科技价值观四大流派。博采众长、兼收并蓄的思想风格,经世致用与格物致知并重的学术根基,外强入侵与"同治中兴"的历史机遇,统帅湘军与洋务运动的实践活动,不仅培植了曾国藩兼顾实际应用与科学理性的系统科技价值观,而且为其创造了将此科技价值观付诸实施的客观条件。

一、曾国藩系统科技价值观的思想渊源

曾国藩思想的广博性和学问的兼容性,在中国封建社会里鲜有其匹。同时,曾国藩对中国儒家思想中经世致用与格物致知两个方面具有透彻的理解与掌握,都有利于形成一种系统性的科技价值观。

（一）兼容并蓄的思想风格有利于曾国藩形成一种系统性的科技价值观

曾国藩是晚清时期的理学名儒，有"一代儒宗"之称。他对儒家各门派采取兼收并蓄的方针，力图集各门之长，自成一代"大儒"。同时，曾国藩虽是大儒，却又儒、法、道、佛兼容。正如朱东安所评价的那样：曾国藩是一个"以理学为核心，儒学为主体，集古今思想之大成的杂家"①。曾国藩四大弟子之一的黎庶昌也曾提到，曾国藩"自登第以还，于学无所不窥，九经而外，诸子百氏之书，靡不规得要领"②。曾国藩在咸丰八年给其子曾纪泽的家书中说："十三经外所最宜熟读者莫如《史记》《汉书》《庄子》、韩文四种。余生平好此四书，嗜之成癖。……自此四种而外，又如《文选》《通典》《孙武子》《方舆纪要》、近人姚姬传所辑《古文辞类纂》、余所抄十八家诗，此七书者，亦余嗜之次也。凡十一种，吾以配之《五经》《四书》之后，而《周礼》等六经者，或反不知笃好，盖未尝致力于其间，而人之性情各有所近焉尔。吾儿既读《五经》《四书》，即当将此十一书寻究一番，纵不能讲习贯通，亦当思涉猎其大略，则见解日开矣。"③曾国藩对道家庄子之书"嗜之成癖"，并喜好对九流百家无不穷尽的杂家司马迁与班固的史书，并将这样的书籍推荐给自己寄予厚望的长子阅读，表明曾国藩绝非死守

---

① 朱东安：《曾国藩传》，成都：四川人民出版社，1985年，第313页。
② （清）曾国藩：《曾国藩全集：家书（一）》，长沙：岳麓书社，2011年，第254页。
③ 杨国强：《义理与事功之间的徘徊：曾国藩、李鸿章及其时代》，北京：生活·读书·新知三联书店，2008年，第383页。

儒家一说的儒生，而是思想开阔、兼容并包的通人。

曾国藩摈弃门户之见，对于中国整个封建社会积累起来的丰富的文化遗产，都采取兼收并用的态度，并在运用中加以整理和发展。如曾国藩在咸丰十一年八月十六日的日记中就明白无误地表达过对诸子百家应采取兼收并用的态度："周末诸子各有极至之诣……若游心能如老、庄之虚静，治身能如墨翟之勤俭，齐民能如管、商之严整，而又持之以不自是之心，偏者裁之，缺者补之，则诸子皆可师也，不可弃也。"可以说，"曾国藩以一身糅合汉宋，并镶接了儒家和百家，其学问关于此，其事业也关乎此"[1]。

曾国藩兼收并蓄的思想风格还表现在他对中西文化的态度上。当时大多数封建士大夫孤陋寡闻、顽固保守，对西方文化一概拒斥。曾国藩却通过湘淮军使用洋枪洋炮的军事实践及自身的刻苦学习，认识到西方文化尤其是西方先进科学技术的重大价值，并形成类似于"中体西用"的思想。曾国藩一方面主张学习西方科学技术，"外国技术之精，为中国所未逮，如舆图算法、步天测海、制造机器等事，无一不与造船练兵相为表里。……精通其法，仿效其意，使西人擅长之事，中国皆能究知，然后可以徐图自强"[2]。另一方面又强调培植中国固有文化传统，认为出国留学生应该"由沪局委员查考中学、西学，分别教导，将来出洋后，肄习西学仍兼讲中学"[3]。这在当时的历史条件下，不失为关于中西文化的精辟见解。

---

[1] (清)曾国藩：《曾国藩全集·奏稿(十二)》，长沙：岳麓书社，2011年，第34页。
[2] 中国史学会：《洋务运动》第2册，上海：上海人民出版社，1961年，第1117—118页。
[3] 胡维革、张昭君：《曾国藩理学经世思想探渊》，《北方论丛》，1996年第1期。

(二)经世致用的思想传统有助于曾国藩在制器与技术层次上认同科技价值

曾国藩所处的时代是清廷内政外交危机此起彼伏的时代,中国封建社会遇到"数千年未有之强敌",正面临"数千年未有之变局"。这一严峻局势加上中国学术思想内在逻辑的发展使儒家学术思想的主流从繁琐考据转向经世致用。曾国藩正是在这样一种新局势背景下继承和阐发儒家经世致用思想的。

曾国藩出生的湖南,在历史上经济文化相对闭塞落后,因此程朱理学自宋以来在此地独领风骚,即使在考据之风盛行全国之时,亦在绝对优势地位。与曾国藩同时代的学者罗汝怀描述当时的情形说:"湖湘尤依先正传述,以义理、经济为精宏,见有言字体音义者,恒戒以逐末遗本。传教生徒,辄屏去汉唐儒书,务以程朱为宗。"[1]魏源助贺长龄辑成的《皇朝经世文编》一书在当地卓有影响,"三湘学人,诵习成风,士皆有用世之志"[2]。由于长期沐受经世致用之风,早在进京赴考之初,曾国藩便仔细研读过《皇朝经世文编》,并十分推崇经世学派关注社会、注重实践的思想。随着政治局势的进展,曾国藩日益留心国事,不断认识到经世之学的重要性。宦京期间,晚清理学大师唐鉴"由江宁藩司入官太常寺卿,公从讲求为学之方。时方详览前史,求经世之学,兼治诗古文

---

[1] 黄濬:《花随人圣庵摭忆》,上海:上海古籍出版社,1983年,第200页。
[2] 成晓军:《曾国藩与中国近代文化》,长沙:湖南出版社,1991年,第120—121页。

词,分门记录"①。同时,曾国藩与倭仁、吴廷栋、何桂珍、窦垿、邵懿辰、陈源兖等师友往复研习理学,并以"实学相砥砺"②。唐鉴、倭仁、吴廷栋等人都是当时声望卓著的理学家,讲究义理而不忘实行。"与唐鉴等的交游,进一步加快了曾国藩理学与经世之学的结合,并最终促成了理学经世思想的形成"。③ 因此,曾国藩虽然兼具儒、法、道、佛四家思想,但其占主导地位的思想仍是儒家的经世致用思想。曾国藩虽非清季经世致用思潮的首倡者,但其独特的经历与悟性是其经世致用的见识与成就超乎前辈之上:京城政治文化中心的阅历与交往使其娴于历朝掌故,洞观本朝得失;镇压太平天国的艰辛历程和处理夷务的痛楚经历,使其既能深悉当朝政制积弊,又能感知西方科学技术的先进与优越;加上博学好问而积累的相对丰富的科学技术知识,使曾国藩无论在科技为经世致用之具的价值观上,还是使科技发挥经世致用的实际效应上,都远远高出于同辈。

(三)格物致知的深刻体会为曾国藩从纯粹理性层次上认同科技价值奠定了思想基础

仅有经世致用的目标与灵活多变的手段,仍难以避免急功近利的浅俗之弊。如此虽可在制器与技术层次上认同西方科学技术价值,却不大可能形成包含纯粹理论价值层次在内的全方位的

---

① (清)曾国藩:《曾国藩全集·家书》(一),长沙:岳麓书社,2011年,第7页。
② (清)曾国藩:《曾国藩全集·家书》(一),长沙:岳麓书社,2011年,第7页。
③ 张昭军:《曾国藩理学思想探析》,《北京师范大学学报》,2004年第3期。

系统科技价值观。曾国藩恰恰没有这样的局限性。他对儒家格物致知学说的深刻体会,为其从纯粹理性层次上认同近代西方科学技术价值奠定了坚实的思想基础。

曾国藩早年对儒家格物致知学说下过一番苦功,并以此学说来教育诸弟:"格物,致知之事也;诚意,力行之事也。物者何? 即所谓本末之物也。身、心、意、知、家、国、天下,皆物也。天地万物皆物也。日用常行之事,皆物也。格者,即格物而穷其理也。"①值得一提的是,曾国藩对"格物致知"中"物"的理解极其宽广。他认为,"天地万物皆物",都值得穷究其理。这显然继承了朱子之说。曾国藩认为,"本""末"皆物,"天地万物皆物",都值得穷究其理。这样来理解格物致知的对象——"物",便打开了通向自然科学的大门,而将"心""意""知""书"这些波普尔所认为的"第二世界"与"第三世界"的东西作为穷究的对象,则打开了通向"为科学而科学"的科学主义价值观的大门。

深入阅读《曾国藩全集》能使人强烈感受到中国儒学"一物不知,儒家之耻"的优良传统在曾国藩身上尚未歇息。曾国藩生前将不懂抽象科学理论作为平生三耻之首,因此殷切地期望儿子刻苦学习自然科学知识以弥补自己的缺憾:"尔若为克家之子,当思雪此三耻。推步算学,纵难通晓,恒星五纬,观认尚易。家中言天文之书,有十七史中各天文志,及《五礼通考》中所辑观象授时一种。每夜认明恒星二三座,不过数月,可毕识矣。"②当得知长子曾

---

① 杨国强:《义理与事功之间的徊徨:曾国藩、李鸿章及其时代》,北京:生活·读书·新知三联书店,2008年,第35页。
② 杨国强:《义理与事功之间的徊徨:曾国藩、李鸿章及其时代》,北京:生活·读书·新知三联书店,2008年,第373页。

纪泽不负所望,于两月内识得恒星数十座时,曾国藩甚感欣慰,并鼓励其进一步钻研"占验"与"推步"之法。正因为有对纯粹科学理性的内在崇敬与对科学基础理论的价值肯定,曾国藩才有如此严厉的自责。其次子曾纪鸿在不久之后成为名重一时的数学家,并通晓天文、地理、舆图诸学,也就不足为奇了。至于曾国藩本人后来随着军事斗争的需要和洋务运动的展开,而有购器、建厂、翻译、选派留学生一系列积极支持科学技术的行动,并形成兼容器械、技术、理论三个层次的系统科技价值观,也只是其早期格物致知思想在中西文化冲突的历史机遇中合乎逻辑的自然发展而已。

二、曾国藩系统科技价值观形成与实施的主客观条件

曾国藩是中国数千年文明史上第一个将深广的科技见解与显赫稳固的军政大权集于一身,而又依托着急需发展先进科学技术的时代背景的幸运儿。科技见解、军政大权与时代需要三者的有机结合,为其系统科技价值观的形成与实施造就了千载难逢的主客观条件。

(一)兼顾科学理性与实际应用的科技见解

曾国藩本人虽非自然科学家,其自然科学理论修养也未必在同代人之上。但曾国藩高于同代人如左宗棠、胡林翼等的地方在于,他在发挥科学技术经世致用价值的同时,也十分理解并兼顾纯粹科学理论的价值。咸丰十一年九月湘军攻陷安庆,三个月之后曾国藩即设内军械所,试制新式船炮。将中国当时最高级的科

技研制机构设于前线军营内,足以表明曾国藩对科学技术的军事价值的极端重视;而将当时中国顶尖科学家兼技术专家徐寿父子、华蘅芳等邀至幕府,又足以表明曾国藩对科学理性的高度尊重与信任。

　　曾国藩幕府的人才结构也从侧面反映出曾国藩兼顾科学理性与实际应用的科技见解。曾至曾国藩幕府的容闳记述说:"总督幕府中亦有百人左右。幕府外更有候补之官员、怀才之士子,凡法律、算学、天文、机器等等专门家,无不毕集,几于举全国人才之精华,汇集于此。"①将数学家、天文学家与机器技术专家集于一府,足见曾国藩科技见解的宽广性。曾国藩后来主张翻译西方科技著作以掌握近代技术深层原理的真知灼见与此也不无关系。他在上奏清廷时指出:"盖翻译一事,系制造之根本。洋人制器出于算学,其中奥妙皆有图可寻,特以彼此文义扞格不通,故虽日习其器,究不明夫用器与制器之所以然。本年局中委员于翻译甚为究心。……已译成《汽机发轫》《汽机问答》《远规约指》《泰西采煤图说》四种,拟俟学馆建成,即选聪颖子弟,随同学习。妥立课程,先从图说入手,切实研究,庶几物理贯通,不必假手洋人,亦可引申其说,另勒成书。"②由此可见,曾国藩所主张与重视的已不是单纯的师夷之长技,而要进一步洞悉用器与制器的所以然之理。

---

① 容闳:《西学东渐记》,长沙:湖南人民出版社,1981年,第74页。
② (清)曾国藩:《曾国藩全集·奏稿(十)》,长沙:岳麓书社,2011年,第215页。

(二) 显赫而稳固的军政大权

"凡风气之开,外国文化之长足以输入而取用之,亦必有具远大之识见而权足以改革一方者为之倡然后可也。"[1]中国历史上对科学技术有与曾国藩同样见解甚或高出一筹的代不乏人。就宋明两代而言,宋有沈括,而明有徐光启。沈、徐二人科技见解的系统性与深刻性绝不在曾国藩之下,但是沈、徐二人实现各自科技抱负的现实条件都不可与曾国藩同日而语。与曾国藩显赫而稳固的权势相比,沈括与徐光启虽也曾官居高位,但终因权位不稳、掣肘太多、权位不稳而难以实现自己的科技抱负。沈括早年入仕起点较低,从县主簿做起,后来因参与王安石变法卷入激烈的政治漩涡,屡遭降职,以致在科技事业上难以有所作为。同时,在沈括的时代,由于社会发育水平的限制,科学技术在军事、经济、日用上的重大作用远未显于世。科学技术除历法等少数与皇权直接相关的部分外,均被视为不登大雅之堂的支微末节,甚至没有自己独立的身份。即使在沈括撰写的《梦溪笔谈》中,科学技术也无自己独立的篇章,而是大量散布于"辩证""乐律""象数""艺文""技艺"等卷之中。沈括这样的卓越人才虽然已能在某些方面预见到科学技术潜在的巨大力量与作用,但在当时显然无法形成共识。

徐光启对中国传统科学与西方科技的识见,远非曾国藩所能企及:"历法、算法、火攻、水法之类,皆探两仪之奥,资兵农之用,

---

[1] 李鼎芳:《曾国藩及其幕府人物》,长沙:岳麓书社,1985年,第60页。

为永世利。"①徐光启曾任大学士,赏加太子太保衔,又与曾国藩同,然而其执掌实权的时间并不长,据计算,"徐光启全部入阁时间仅一年四个月零十八天;如果扣除病假,那么真正入阁办事的入值时间久更少,仅一年零两个月了"②。可以说,徐光启主要是一位精神领袖,而不及曾国藩兼具精神领袖与事业领袖的双重身份。因而徐光启虽然在科学技术的研究上大有作为,但在科学技术的社会组织上作为却不大。

薛福成清楚地看到稳固的军政大权与成就事业之间的紧密关系:"宋明以来,大儒间出,恒不得居将相之位以有为于时。得位矣,或限于地,或受任未专且久,或丁举世耳目之因循而碍于更革,则亦稍稍补苴掇拾,而未暇为百世深计。此非其人不伟,位不显,而时为之也。若夫天生瑰琦宏杰之人,而畀以至重之任,又有客因之时,则天以百世事业寄之也,不待言而决矣。"③曾国藩由于突出的封建正统文化修养以及镇压太平天国的特殊历史机遇,从总体上说,一生仕途平坦,官运亨通,三十多岁便官至正二品,世所罕见,他自己也引以为傲。他在写给弟弟的家书中不无自豪地提及:"湖南三十七岁至二品者,本朝尚无一人","近来中进士十年得阁学者,惟壬辰季仙九师、乙未张小浦及予三人"。④ 他被视为挽救清王朝衰亡的"中兴名臣",被清廷赏加太子太保、封一等侯爵,开清代"文人封侯"的先例。更重要的是,曾国藩具有长期

---

① 王重民:《徐光启》,上海:上海人民出版社,1981年,第142页。
② 王重民:《徐光启》,上海:上海人民出版社,1981年,第139页。
③ (清)薛福成:《筹洋刍议——薛福成集》,沈阳:辽宁人民出版社,1994年,第1页。
④ (清)曾国藩:《曾国藩全集:家书(一)》,长沙:岳麓书社,2011年,第133页。

稳固的军政实权,是有清两百年来被赋予军政大权的第一位汉人。加之咸丰、同治两朝,保荐幕宾之例开,朝廷用人,往往询之于封疆大吏。有学者评论说"曾国藩于咸同之际,辄左右朝廷用人之权",这绝非夸张之词。

早在攻克金陵之前、攻陷安庆之后的1861年10月18日,清廷即任命曾国藩"统辖江苏、安徽、江西三省,并浙江全省军务,所有四省巡抚、提镇以下各官,悉归节制"①。如此显赫的军政大权,晚清唯僧格林沁可与之相提并论,僧同样节制过"直隶、山东、山西、河南四省督抚提镇,并调度苏皖之徐、宿、蒙、亳各军"②。时势造英雄,曾国藩获得并世无出其右的事权,以一身绾广土重兵系国之安危,肩负昔日五位钦差大臣的职权。曾国藩得此大权,受宠若惊,深感任大责重,他在随后《致澄弟沅弟》的信中说道:"余自十五至二十二日连接廷寄谕旨十四件,倚畀太重,权位太尊,虚望太隆,可悚可畏。"③自咸丰末年受命"统筹全局"以来,曾国藩便成为疆吏中最先与闻国事的重臣,政府倚以为重,直至1872年病逝于两江总督任上。"在晚清朝廷衰微、地方权重的格局下,总督、巡抚既握有军队指挥权,又对地方财政经费分配和人事安排具有很大的自主权。"④三权合一,意味着曾国藩手中掌握了实践系统科技价值观所必需的资源。这一点非常重要,是曾国藩能够推进其系统科技政策的最重要的条件。

---

① (清)曾国藩:《曾国藩全集·奏稿(三)》,长沙:岳麓书社,2011年,第251页。
② (清)曾国藩:《曾国藩全集·日记(二)》,长沙:岳麓书社,2011年,第321页。
③ 杨国强:《义理与事功之间的徘徊:曾国藩、李鸿章及其时代》,北京:生活·读书·新知三联书店,2008年,第717—718页。
④ 皮明勇:《中国近代军事改革》,北京:解放军出版社,2008年,第49页。

(三)科学技术的重要性已为最高决策层所认同

曾国藩发展并实现其系统科技价值观得天独厚的条件不仅在于他有显赫而稳固的军政大权,而且在于他有前所未有的时势相助:西方先进科学技术在军事及民用上的重要性已在朝野上下成为共识。道咸两朝(1821—1861),中国人士论及西洋船坚炮利者计有66人。包括道光皇帝在内,全部为高级官吏和一些著名的绅士。由于对西方如此认识,遂产生国人自身的反省与要求。一种强烈的动机,趋向于火器机械学的研究与发掘。① 第二次鸦片战争后,随着洋务运动的兴起,晚清官僚士绅对近代科技的认识更为普遍和深刻。王韬描述这一变迁时说:"时在咸丰初年,国家方讳言洋务……不谓不及十年,而其局大变也。今则几于人人皆知洋务矣。凡属洋务人员,例可获优缺,擢高官;而每为上游所器重,侧席咨求;其在同僚中,亦以识洋务为荣,嚣嚣然自鸣得意。"②

明末徐光启所处的时代与曾国藩所处的时代有着诸多相似之处。由于火器在军事上开始显示其巨大威力,以徐光启为代表的有识之士已深刻认识到先进武器在战争中的重要作用,并开始呼吁朝廷重视西方先进科学技术和购置西方先进枪炮。但是,在徐光启时代与曾国藩时代,关于科技问题的认识还有一个极其重要的差别,这就是明末少数有识之士的科技价值观尚未转化为明

---

① 王尔敏:《中国近代思想史论》,北京:社会科学文献出版社,2003年,第5页。
② (清)王韬:《弢园文录外编》,郑州:中州古籍出版社,1998年,第80页。

廷最高决策者的认识与意志，而清末由于面临数千年未有之强敌——西方列强的严重威胁，朝野上下已普遍认识到魏源"师夷长技以制夷"的重要性与紧迫性。而且这一看法已为清廷最高决策者所认同。向西方采购先进武器、向西方学习先进科技、以先进科学技术挽救衰败的清朝王权，已具备依靠自上而下的决策来推行的前所未有的势头。明末与清末形势的这一差别，在很大程度上决定了徐光启与曾国藩科技事业霄壤之别。

从《徐光启集》中可以看到，徐光启为说服明廷决策者大力使用西方先进武器屡屡上疏。同时还可看到，徐光启的主张曾受到保守势力的责难与攻击："天启五年五月二十三日贵州道试御史智，为邪氛岁渐涤除等事，内云：'原任礼部侍郎徐光启一味迂腐，百端蹊径，躁心功利之场，无裨国家之用。至练兵一事，孟浪无对，至今相传，笑破缙绅之口。'"[1]与徐光启上疏推动朝廷决策者与说服保守势力使用西洋先进武器相反，清廷决策者常常主动传谕曾国藩，敦促其购买外洋船炮，以利军行而维大局。在清廷的催促之下，曾国藩对购买西洋先进武器表现出前所未有的积极态度，而且往往立即付诸行动。

三、曾国藩系统科技价值观的实际施展

曾国藩早期从儒家经世致用思想通向工具主义科技价值观，同时又通过刻苦学习儒家格物致知学说而接近科学主义价值观。因而，曾国藩在早期已经综合工具主义与科学主义而初步形成系

---

[1] （明）徐光启：《徐光启集》上册，上海：上海古籍出版社，1984年，第210页。

统科技价值观。但是,由于曾国藩早期的政治生涯几乎与科技事业无缘,因而他早期的系统科技价值观只具备纸上谈兵式的理论品格,而缺乏实际施行的实践品格。19世纪中叶以后,由于创立与统帅湘军,以及筹办洋务的实践使曾国藩系统科技价值观获得了实际施展的客观机遇。

(一)购买仿制西洋船炮——工具主义价值观的肇始

在镇压太平天国的军事斗争中,曾国藩为洋枪洋炮的巨大威力所震服,由此发出"外国技术之精,为中国所未逮"[①]的感慨。具体来说,曾国藩在指挥湘军作战的前期,太平军强盛而湘军弱小。由于军事形势紧迫,曾国藩对科学技术的利用不能不处于纯粹的工具主义目的。与此相应的军事科技举措仅仅限于购买仿制西洋船炮以应军事战争之急。通过湘潭、岳州两仗,曾国藩首先体验到船炮的威力。从此不仅抓紧制造战船,而且重视购炮与制炮。1860年《北京条约》签署后,曾国藩就提出:"此次款议虽成,中国岂可一日而忘备?……目前资夷力以助剿济远,得纾一时之忧;将来师夷智以造炮制船,尤可期永远之利。"[②]1861年3月,曾国藩再次强调购买外洋船炮,称其为"今日救时之第一要务",卓有远见地指出"轮船之速,洋炮之远,在英法则夸其独有,在中华则震于所罕见。若能陆续购买,据为己物,在中华,则见惯而不惊,在英、法、亦渐失其所恃",进而主张"购成之后,访募覃思

---

① 中国史学会:《洋务运动》第2册,上海:上海人民出版社,1961年,第117页。
② (清)曾国藩:《曾国藩全集·奏稿(二)》,长沙:岳麓书社,2011年,第618页。

之士,智巧之匠,始而演习,继而试造,不过一二年,火轮船必为中外官民通行之物,可以剿发捻,可以勤远略"。①

从购买洋人船炮着手寻求自强,曾国藩这种眼光既反映了他对近代科学技术的认识程度,又反映了他工具主义的选择标准。1861年9月,湘军攻陷安庆后,军事形势明显有利于湘军一方,曾国藩随后获得节制苏、皖、赣、浙四省的军政大权,加之清廷又催促加速购买西洋船炮,得此良机,曾国的系统科技价值观终于第一次获得全面表达的机会。而其表达的主要场所则在安庆内军械所和江南机器制造局。值得一提的是,安庆内军械所这一标志洋务运动实际肇始的重要事件,这一开创中国近代军事科技事业先河的举止,便是曾国藩工具主义价值观与清廷自上而下的饬令有机结合的产物,是曾国藩借助时势的东风而为中国近代科技事业所做的筚路蓝缕之功。

(二)组织开展翻译工作——工具主义与科学主义的兼容

江南制造局翻译馆是在曾国藩的首肯和支持下建立的。徐寿1867年向曾国藩建议翻译西书,曾国藩开始对徐寿等人的译书能力估计不足,把译书看得太难,因此没有立即采纳该建议。他批示道:"至外国书,不难于购求,而难于翻译,必得熟精洋文而又深谙算造且别具会心者,方能阐明秘要,未易言耳。……其轮船以外之事,勿遽推广言之。"②但徐寿创议译书之举却得到制造

① (清)曾国藩:《曾国藩全集·奏稿(三)》,长沙:岳麓书社,2011年,第186页。
② (清)曾国藩:《曾国藩全集·批牍》,长沙:岳麓书社,2011年,第568页。

局总办冯焌光、沈保靖的赞赏,他们不久即请曾国藩"允其小试",并让徐等聘外人来译书。随着洋务运动的深入开展,曾国藩逐步认识到翻译问题的重要性,并且把它提到了至高无上的地位。他说:"中国学外国之技,则须以翻译为第一要义,得洋人一技之长,始明其迹,继探其意,既乃翻译汉文,使中国人人通晓,可见施行。"①在徐寿等人的努力下,1868 年,江南制造局终于附设了翻译局,在傅兰雅、伟烈亚力、徐寿、华蘅芳等人的努力下,译书工作取得很大的成绩,江南制造局翻译馆因此成为洋务运动时期最大的科技著作翻译机构。

通过曾国藩的搜罗和吸引,可以说在翻译馆内,当时中国著名科学家毕集一隅,"该馆所翻译出版的译著,数量之多、质量之高、影响之大,当时罕有其匹"②。据统计,江南制造局翻译共译书 234 种,广泛涉及数学、天文、物理、化学、地质学、地理学、测绘、航海、矿冶、化工、机械、医学、国际法、经济学、政治学、历史学等内容。尤可注意者是,"在翻译馆的历史早期,许多重要的科学著作已经出版或开始翻译。……工艺技术著作的翻译则同制造局的生产实际和当时进行的某些洋务活动有直接的关联。比如有关蒸汽机的著作,有关造船的译著,以及航海译著都与当时的仿造轮船与海防直接有关。军工的译著更是如此。但就一般情况而言,译书对制造局的实际生产帮助并不大"③。翻译内容与江南制造局的实际生产关系不大,这种状况虽不能说是曾国藩直接策划

---

① 中国史学会:《洋务运动》第 2 册,上海:上海人民出版社,1961 年,第 171 页。
② 王扬宗:《江南制造局翻译馆史》,《中国科技史料》,1998 年第 3 期。
③ 王扬宗:《江南制造局翻译馆史》,《中国科技史料》,1998 年第 3 期。

或指示的结果,但与曾国藩兼顾科学理性与实际应用的系统科技价值观是完全吻合的。因为曾国藩所需要与赞赏的,不仅是用器与制器的技巧与技术,而且还有用器与制器的所以然之理,而翻译正是达到这双重目标的有效手段。

(三)派遣留美幼童——系统科技价值观的升华

曾国藩晚年最有历史意义的工作当属筹划幼童留美,故有学者评价说:"曾国藩在自己的最后一段岁月里走到了他一生中最远的地方。"①而这同样与其系统科技价值观密切相关。幼童留美的设想最早由容闳提出,并商之于江苏巡抚丁日昌。丁日昌奉旨会办天津教案时,屡屡向曾国藩谈起容闳的幼童留美计划,曾国藩深韪其言,随后他或单独上奏或与李鸿章会衔具奏,于同治九年九月、同治十年正月、同治十年七月、同治十一年正月为幼童留美一事四次上奏清廷。容闳虽是派遣出国留学生的首倡者,但真正促成这一事业的关键人物是曾国藩。正如容闳所坦言:"文正种因虽未获亲睹其结果,而中国教育之前途,实已永远蒙其嘉惠。今日莘莘学子,得受文明教育,当知文正之遗泽,勿忘所自来矣。"②能够预见到派遣留学生可以再实用层次与理性层次的结合上促进中国科技事业的也是曾国藩。他在于李鸿章会衔上奏的《拟选聪颖子弟赴泰西各国肄业折》中说:"如舆图、算法、步天、测海、造船、制器等事,无一不与用兵相表里;凡游学他国得有长技

---

① (清)曾国藩:《曾国藩全集·奏稿(十二)》,长沙:岳麓书社,2011年,第51页。
② 容闳:《西学东渐记》,长沙:湖南人民出版社,1981年,第93页。

者,归即延入书院,分科传授,精益求精,其于军政、船政、直视为身心性命之学。今中国欲仿效其意而精通其法,当此风气即开,似宜亟选聪颖子弟,携往外国肄业,实力讲求。……中国欲取其长,一旦遽图尽购其器,不惟力有所不逮,且此中奥秘,苟非遍览久习,则本原无由洞彻,而曲折无以自明。"①

---

① 中国史学会:《洋务运动》第2册,上海:上海人民出版社,1961年,第402—403页。

第十三章 曾国藩选将核心标准与早期选将典范储玫躬管窥

曾国藩在组建湘军时,确立了"士人领山农"的建军原则,并将"忠义血性"确立为遴选将领的核心标准,湘军的领导权也因此始终掌握于书生出身,兼具"书生之血诚"的文人手中。储玫躬(1799—1854)作为早期曾国藩组建湘军时精心挑选的营官,既有着强烈的学术文化意识,又具有突出的尚武精神,堪称"忠义血性"标准的典范。

一、曾国藩选将的核心标准

"忠义血性"乃曾国藩选将的核心标准,这一选将标准的确立首先建立在其对晚清军队弊端的深刻见识上,也彰显了曾国藩治军原则的理学色彩。在湘军中,虽然出身卑微且不通文墨的人也可以致身于分享军事权力,但整体而言,湘军的上层权力始终掌握于书生出身的文人手中。

(一)晚清军队的弊端

1853年初,曾国藩以在籍侍郎的身份被任命为负责湖南省地方防务的团练大臣后,他对晚清军队的腐败无能深为震惊和感到痛心。实际上,在这之前,在京城历练多年的曾国藩就看出了晚清军队的弊端:

一是军风败坏。曾国藩在其著名的《议汰兵疏》中对晚清军兵伍之情状有客观的描述:"漳、泉悍卒,以千百械斗为常;黔、蜀冗兵,以勾结盗贼为业;其他吸食鸦片,聚开赌场,各省皆然。大抵无事则游手恣睢,有事则雇无赖之人代充,见贼则望风奔溃,贼去则杀民以邀功。"①军风败坏突出地表现为兵勇不和。这也是曾国藩认为的"极可伤恨者","虽以古来之名将,用今日之疲兵,亦恐无以变其习气。"②湘军之所以勇悍者,全赖彼此相顾,彼此相救。兵勇不和首先表现为经制兵各营之间败不相救。"彼营出队,此营张目而旁观,哆口而微笑。见其胜,则深妒之,恐其得赏银,恐其获保奏;见其败,则袖手不顾,虽全军覆没,亦无一人出援手拯救于生死呼吸之顷者。"③兵勇之间更是矛盾重重,甚至兵刃相见。正如曾国藩在写给江忠源的信中所言:"至于兵与勇遇,尤嫉恨次骨,或佯为相救,而倒戈以害勇,翼蔽以纵贼。"④兵丁杀害壮勇之事时有发生。如"己西新宁李沅发之变,乡勇一跃登城,将攻破矣!诸兵以鸟枪击勇坠死,遂不能入"⑤。曾国藩在省城长沙督办团练时,湖南营兵与湘勇就发生了两次火拼,特别是咸丰三年八月初六日永顺协兵与辰勇的械斗,甚至威胁到曾国藩的安

---

① (清)曾国藩:《曾国藩全集·奏稿(一)》,长沙:岳麓书社,2011年,第18页。
② (清)曾国藩:《曾国藩全集·书信(一)》,长沙:岳麓书社,2011年,第220页。
③ (清)曾国藩:《曾国藩全集·书信(一)》,长沙:岳麓书社,2011年,第185页。
④ (清)曾国藩:《曾国藩全集·书信(一)》,长沙:岳麓书社,2011年,第185页。
⑤ (清)曾国藩:《曾国藩全集·书信(一)》,长沙:岳麓书社,2011年,第179页。

危,这也是此后他从省城移驻衡阳的一个重要原因。

　　二是调法乖张。清军遇有战事时,不是成建制地派调,而是"此营一百,彼营五十。征兵一千而已,抽选数营或十数营之多,其卒与卒已不相习矣,而统领之将,又非平日本营之官。一省所调若此,他省亦如之。即同一营也,或今年一次调百人赴粤,明年一次调五十赴楚,出征有先后,赴防有远近,劳逸亦遂乖然不能以相入"①。因此,曾国藩断言,"以今日营伍之习气,与今日调遣之成法,虽圣者不能使之一心一气"②。

　　三是将帅无能。曾国藩善于臧否人物,对他那个时代有影响的人物在书信或日记中都有一个基本评价,对晚清将帅也有整体评价:"兵孱将怯,骄蹇散漫,习气已在膏肓,虽名将亦难得其死力。"③同时存在一种浮滑之气,官气太重,良将难觅。"官气多者好讲资格,好问样子,办事无惊世骇俗之象,语言无妨彼碍之弊。"④军兴以来,清廷"无一兵足供一割之用,实以官气太重,心窍太多,离朴散淳,真意荡然"⑤。正因为如此,曾国藩取人"贵有操守而无官气,多条理而少大言",认为"凡官气重、心窍多者,在所必斥"。⑥ 浮滑风气之下通晓战事的将领寥若晨星,"退缩浮滑,恬不事事,骄蹇散漫,如搏沙者之不能成饭,太息痛恨,求如塔

---

① (清)曾国藩:《曾国藩全集·书信(一)》,长沙:岳麓书社,2011年,第185页。
② (清)曾国藩:《曾国藩全集·书信(一)》,长沙:岳麓书社,2011年,第179页。
③ (清)曾国藩:《曾国藩全集·书信(一)》,长沙:岳麓书社,2011年,第219页。
④ (清)曾国藩:《曾国藩全集·书信(二)》,长沙:岳麓书社,2011年,第664页。
⑤ (清)曾国藩:《曾国藩全集·书信(二)》,长沙:岳麓书社,2011年,第616页。
⑥ (清)曾国藩:《曾国藩全集·书信(二)》,长沙:岳麓书社,2011年,第616页。

将之血性奋发,有志杀贼者,实为仅见"①。曾国藩认为他那个时代的将帅浮滑弊端极多,"将帅之浮滑者,一遇危险之际,其神情之飞动,足以摇惑军心;其言语之圆滑,足以淆乱是非,故楚军历不喜用善说话之将"②。

(二)忠义血性:曾国藩选将的核心标准

曾国藩目睹经制军队绿营腐败不可用,他认为"团练"也不足以应付太平军的挑战,因此必须建立一种新型的军事组织才能取得对太平军战争的最后胜利,这种新型组织就是效仿明代戚继光"束伍"练兵而组成的勇营。这支军队"以招募易行伍,尽废官兵,使儒生领农民,各自为营"③。其中处于关键地位的为营官,与八旗和绿营的军官出自行伍不同,湘军的营官皆为儒生,具有较高的文化素质。在以后几年,"这支军队在营以上又精心建置了分统、统领和大帅,分别由曾国藩信任的助手任职,他们多数是取得低级文官功名的人"④。

曾国藩在选用将领时特别看重候选人的道德品质,要求他们具有"忠义朴诚之气质"。"他宁愿要学者来当将领,要求需用之人选必须具备'血性'和'廉明'的品质,这甚至比要求他们具备

---

① (清)曾国藩:《曾国藩全集·书信(一)》,长沙:岳麓书社,2011年,第216页。
② (清)曾国藩:《曾国藩全集·书信(二)》,长沙:岳麓书社,2011年,第57页。
③ (清)王闿运、郭振墉、朱德裳:《湘军志·湘军志平议·续湘军志》,长沙:岳麓书社,1983年,第158页。
④ [美]费正清:《剑桥中国晚清史》上卷,北京:中国社会科学出版社,1985年,第312页。

军事经验的心情更为强烈。"①曾国藩对忠义的重视还可以从其掌握实权后实际行动中得到体现。"曾国藩任总督后第一个行动实际上就是设立忠义局。"②曾国藩着重选择为沾染官僚习气并有"忠义血性"的儒生为湘军各级军官。"带勇之人第一要才堪治民,第二要不怕死,第三要不急急名利,第四要耐受辛苦。"③要做到这四点,无疑是非常难的。但曾国藩认为,哪怕缺少一条,也万不可以带勇。同时,他指出了达到这四个条件的途径,"四者似过于求备,而苟阕其一,则万不可以带勇……大抵有忠义血性,则四者相从以俱至;无忠义血性,则貌似四者,终不可恃"④。因此,他委托别人考察带兵之将时,往往不忘叮嘱:"专从危难之际,默察朴拙之人。"⑤

(三)湘军的上层权力始终掌握在书生出身的文人手中

曾国藩的选将标准在组建湘军过程中得到了很好的体现。湘军将领以书生为主体,那些有官职科第经历的文员尤受曾国藩青睐,这也符合曾国藩治军原则的理学色彩,特别在湘军组建的早期,这一原则得到了很好的贯彻。据罗尔纲统计,在有传可考

---

① [美]费正清:《剑桥中国晚清史》上卷,北京:中国社会科学出版社,1985年,第452页。
② [美]费正清:《剑桥中国晚清史》上卷,北京:中国社会科学出版社,1985年,第481页。
③ (清)曾国藩:《曾国藩全集·书信(一)》,长沙:岳麓书社,2011年,第215页。
④ (清)曾国藩:《曾国藩全集·书信(一)》,长沙:岳麓书社,2011年,第215—216页。
⑤ (清)曾国藩:《曾国藩全集·书信(二)》,长沙:岳麓书社,2011年,第57页。

的179名湘军将领中,"书生出身的为一百零四人,即占可考人数中58%,其武途出身的七十五人,即占可考人数中42%,可见湘军将领的出身书生较武途为多"①。更为重要的是,书生出身的大多担任重大职务,如统帅一级的江忠源、胡林翼、左宗棠等三人,皆为书生出身。那些武途出身的虽然也有塔齐布、杨载福、刘松山、多隆阿、鲍超等独当一面的大将,但绝大多数都是担负偏裨的任务罢了,鲜有进入核心决策层的。而且上述五人也都是经书生的选拔培植出来的,而且他们无不死心塌地地效忠于发掘他们书生伯乐。"塔齐布、杨载福、刘松山是由曾国藩选拔的,多隆阿、鲍超是由胡林翼选拔的。"②可以说,湘军的核心权力始终掌握在书生出身的文人手中。

二、储玫躬是典型的忠义血性型将领

湘西南边陲之地靖州古称诚州,素有崇文尚武的传统,绵延至今,城东重建的文峰塔镌刻靖州历代文武进士名录及历届高考文理科状元于其上即是缩影。生于兹长与兹的储玫躬受这一文化传统的熏陶,既孜孜于功名,同时又对兵学、军政表现出强烈兴趣与普遍关注。

(一)靖州的崇文尚武传统

靖州虽偏居湖南一隅,但因地理位置重要,古有"荆楚锁钥"

---

① 罗尔纲:《湘军兵志》,北京:中华书局,1984年,第66—67页。
② 罗尔纲:《湘军兵志》,北京:中华书局,1984年,第67页。

之称,曾创造过"八邦会靖"的盛况,历代在此设州开府,素为湘西南统治中心,特别是南宋理学名臣魏了翁(1178—1237)被贬靖州后,在城北创办鹤山书院开门纳徒,积极传播程朱理学的种子,开靖州一代文风之先,此后通过科举考试而出仕者代不乏人,其人数和规格在周边地区独树一帜。同时,作为一个少数民族聚居的多民族地区,世代居住在此的苗侗人民反抗封建统治阶级的斗争从未断绝。特别是晚清天地会的势力在南方一带兴起后,起义者常络绎不绝,而其中又以湖南与广东、广西接壤之地为甚。

　　清朝道光末年,魏源对天地会势力的扩张有一个站在士人阶层立场上的描述:"楚、粤边郡奸民为天地会,缔结歃约,横行乡曲,小剽掠,大擅杀,各有名号,兵役皆其耳目羽翼,一呼百诺,吏不敢问。赵金龙起事,即戕杀会匪,故会匪不附,而郴桂两粤奸民已所在蠢动,州县藉军兴团练,随时禽治渠魁,又瑶平迅速,故幸未生变。然党与蔓三省,逋逃薮聚。论者谓边防隐忧在苗、瑶之右。"①此起彼伏的起义和动乱必然呼唤保持并发扬一种尚武精神。同时,艰苦的山居生活又造就了朴实互助的风气。清《直隶靖州志》便对靖州人的尚朴之风有着客观记载:"靖州多山居,故民尚朴;风气融结,故民俗厚;士多秀润,故易于为善;人寡欲,故易足。"②

　　储玫躬,派名尚炳,字石友,号松坞,在靖州求学时就有着强烈文化意识,从小就接受正规的学校教育,才思敏捷,二十岁时补弟子员,不久后取为廪生(廪膳生员,科举制度中生员名目之一。

---

① (清)魏源:《圣武记》,长沙:岳麓书社,2011年,第327页。
② (清)吴起凤、劳铭勋:《靖州直隶州志》,长沙:岳麓书社,2012年,第70页。

清代经岁、科两试一等前列者,方能取得廪生名义),咸丰三年(1853年)被选为湖南武陵县训导。储玫躬在从军之前十分努力地从事学术研究、诗文撰写,著作颇丰,著有《四书精义》《朱子良言》四卷、《闺训》十则,另有《松坞山房文集》二卷、《储英馆诗抄》二卷,文词清茂,能不依人门户独抒己见,有飘然出尘之概,具汉魏风骨。储玫躬不但崇文,更为尚武。他从小爱读兵书,钻研列阵攻击的方法。对此,《清史稿》记载储"少有大志,读书喜讲求营阵攻击之法,尝于本籍擒治传习左道倡乱者"①。从中还可看出,储玫躬的尚武方面,还体现在他能够携笔从戎投身战场,率领乡勇镇压起义军上。新宁爆发李沅发起义时,储玫躬就带着一些乡勇来到新宁县城,并率部从小道赶赴隘口堵截起义军。颇有点曾国藩所赞赏的一旦"兵事起,湘中书生多拯大难、立勋名","矫矫学徒,相从征讨;朝出鏖兵,暮归讲道"的味道。储玫躬因投身湘军而成为"儒将",其"将"的身份使其尚武精神更加凸显出来。

(二)储玫躬在曾国藩心中"朴士"形象的确立

储玫躬出身廪生,且担任武陵县训导,正好符合曾国藩选将的要求。"幼时承庭训,读书至忠义事,辄潸然泣下。"②储玫躬忠厚朴实的湘西人性格给善于察人识人评人用人的曾国藩留下"朴士"的印象。

曾国藩与左宗棠的信中写道:"靖州防堵保举案中,储玫躬现

---

① 赵尔巽等:《清史稿》第44册,北京:中华书局,1977年,第13560页。
② (清)吴起凤、劳铭勋:《靖州直隶州志》,长沙:岳麓书社,2012年,第126页。

在长沙火药局,实朴士。"①储至省城后,先在长沙火药局工作。此时以在籍侍郎身份在省办理团练的曾国藩对于火器的制造极为重视,诚如其自己所称:"于制炮、造药二事,时时与邹、储二君讲求,颇费心力。"②储玫躬以其出色成绩赢得了上司曾国藩赏识。曾国藩在当时写给幕僚郭嵩焘(1822—1882)的信中对储赞誉有加:"火药局内请一储公者,足下在南时,想曾一见。今所为药,好于官物者五倍,而所费减于官价者一倍,用人之有益世事也如是。"③以至于后来储玫躬带勇远征后,曾国藩即以储玫躬为标准,希望接替其工作的丁君能与储玫躬相伯仲即可。

　　曾国藩在与湘军早期重要将领王鑫的通信中也高度评价储玫躬的诚朴忠义:"储石友之为人,仆取其诚朴而有忠义之气,与足下宜相针芥。"④而王鑫是曾国藩评价为忠勇冠群,有刘琨、祖逖遗风的将才。"储君纵才或稍不恢闳,然自是忠节之人,仆已深信之矣。"⑤"曾国藩在籍督办团练,檄玫躬等各统所部遏之。"⑥起初储玫躬所带之兵仅两百六人,曾国藩考察储的为人后,便令其再增添一百人,以符合曾国藩组建湘军之初每营三百六十人的营制。并且下令王鑫与储玫躬私下物色豪杰可共大义者,作为湘军的储备人才,其对储玫躬的信任,可见一斑。

---

① (清)曾国藩:《曾国藩全集·书信(一)》,长沙:岳麓书社,2011年,第172页。
② (清)曾国藩:《曾国藩全集·书信(一)》,长沙:岳麓书社,2011年,第327页。
③ (清)曾国藩:《曾国藩全集·书信(一)》,长沙:岳麓书社,2011年,第166页。
④ (清)曾国藩:《曾国藩全集·书信(一)》,长沙:岳麓书社,2011年,第180页。
⑤ (清)曾国藩:《曾国藩全集·书信(一)》,长沙:岳麓书社,2011年,第180页。
⑥ 赵尔巽等:《清史稿》第44册,北京:中华书局,1977年,第13560页。

(三)储玫躬军事才能的展现

自道光二十九年(1849)率兵赴新宁镇压李沅发起义开始,储玫躬驰逐衡、永、郴、桂间者,先后凡三年,为曾国藩立下了汗马功劳。特别是储玫躬加入湘军后,军事才能得到了实践的广阔舞台,他通过自身的表现给曾国藩留下了深刻的印象。储玫躬与湘军另一位将领周凤山的临战表现迥异,从一个侧面证明了储玫躬将才难得。曾国藩曾评价周凤山,"此人之耐苦精悍,带勇有纪律,实为武弁中仅见之员"[1]。咸丰三年十一月,时任千总的周凤山与储玫躬在郴州协力弹压常宁"会匪案",周凤山见敌已逃,便没有连夜跟踪力追,"竟退回百余里至洋泉地方,专人来衡请示",[2]令曾国藩愤怒无比,欲对其军法从事,并得出此人不可用的结论。

曾国藩考虑到"今武弁中弊劣极多,苟有一长可取,即未宜轻擯之也"[3]。因此才不忍参之。而储玫躬则不顾个人安危,率一营三百余勇追去,令曾国藩刮目相看。曾在与他人的信中细数储玫躬的战绩,可见其对储此役甚为满意:"嘉禾、蓝山之贼,经储玫躬二十四开仗两次,杀毙至六七百人之多,获马至二十一匹之多,大黄旗至四五十面,枪炮至数十件,实为快慰之至。今年剿办土匪,此次功为最大。"[4]曾国藩事后在写给骆秉章的信中写道:"此事

---

[1] (清)曾国藩:《曾国藩全集·书信(一)》,长沙:岳麓书社,2011年,第355页。
[2] (清)曾国藩:《曾国藩全集·书信(一)》,长沙:岳麓书社,2011年,第354页。
[3] (清)曾国藩:《曾国藩全集·书信(一)》,长沙:岳麓书社,2011年,第165页。
[4] (清)曾国藩:《曾国藩全集·书信(一)》,长沙:岳麓书社,2011年,第372页。

若非储教谕,竟不知糜烂若何。"①蓝山一役,令曾国藩在衡、永、郴、桂湘省南四郡无后顾之忧,可将各勇全行带出东征。曾国藩曾说:"湘勇在外,殊得嘉誉。郴、桂一带,多称仁义之师。"②而郴、桂一带,正是储玫躬当时驻扎的地方。

此后,道州民变,曾国藩对距道州甚近的宁远的周凤山能否主动进攻深表怀疑,于是飞札储玫躬,望其星夜进剿。并且高度赞扬其前期艰苦工作:"此次足下率勇在外月余,未带锅帐,未用长夫,极为辛苦。将来回衡,尚须赏赍。"③在曾国藩的眼中,储玫躬无疑是湖南武弁第一流人才。

咸丰三年九月十三日,曾国藩写信给储玫躬,嘱其与周凤山办理安仁善后事宜,并待安仁一案办理完毕之后,"即与周守备带勇来衡城商议一切。在外无事,每日仍须认真训练。将来到衡,恐为日无多,即须东征,不得不多加操练之功也"④。咸丰三年十二月初九日,曾国藩再次写信给储玫躬,希望其帮助罗致人才:"各县有忠义之士可供大事者,望足下为我罗致。明年灯节后,即出师至江南讨贼耳。"⑤曾国藩对储玫躬极为信赖:"另单所呈赏罚之事,甚为公平,将来必照此事办理也。余惟心照。"⑥咸丰三年,曾国藩写信给夏廷樾,高度评价储玫躬的军事才能,赞其与刘蓉推荐储的伯乐之功。"石友破贼之功,有逾寻常,阁下与霞老荐

---

① (清)曾国藩:《曾国藩全集·书信(一)》,长沙:岳麓书社,2011年,第372页。
② (清)曾国藩:《曾国藩全集·书信(一)》,长沙:岳麓书社,2011年,第180页。
③ (清)曾国藩:《曾国藩全集·书信(一)》,长沙:岳麓书社,2011年,第385页。
④ (清)曾国藩:《曾国藩全集·书信(一)》,长沙:岳麓书社,2011年,第208页。
⑤ (清)曾国藩:《曾国藩全集·书信(一)》,长沙:岳麓书社,2011年,第385页。
⑥ (清)曾国藩:《曾国藩全集·书信(一)》,长沙:岳麓书社,2011年,第385页。

贤,允宜享以殊礼。阁下拔此人于万山之中,载之后车,扬之王庭,其等列又当在霞老之上中等云乎哉!"①

咸丰四年正月二十八日,曾国藩自衡阳起程东征。陆勇五千余人,分别以"塔齐布、周凤山、朱孙诒、储玫躬、林源恩、邹世琦、邹寿璋、杨名声及公弟国葆领之"②。储玫躬此时作为主官与塔齐布、周凤山等名将分领一营,显然已跻身曾国藩的得力干将之列。此时太平军自湖北入湖南,并且很快攻陷岳阳、湘阴,前锋直抵湘潭、宁乡,对长沙形成包围之势。曾国藩听说太平军抵达宁乡,于是派遣储玫躬前往支援。储玫躬率兵冒着雨雪赶往宁乡,在距县城约十余里时,得知太平军已经占领了治所,地方官员都作鸟兽散了。于是,众人认为太平军气势正盛,建议停止行军以待援军。储玫躬认为自其率军以来,"皆击土寇",尚未与太平军正式交锋,现在首次碰到太平军便观望不进,何以率众?他慷慨激昂地说:"自军兴,寇破城百数,皆待其休息,或饱掠弃去耳。今舍营兵起义勇奈何闻警咨趄。"③而且他判断:"贼不取正道而旁出,必人少也。"④于是当即将其五百人的部队分为三股,继续赶往宁乡。

王闿运在《湘军志》中对随后的宁乡之战有详细记载:"寇方散掠,遂乘攻之市中,寇各求门出走。玫躬止营郊外,休士会食,而躬率十余人行衢巷,抚难民。寇先出者不知官军至,方还县,见街中横尸,大惊,复出东门,乃反遇玫躬,相挤塞门。玫躬邃前搏

---

① (清)曾国藩:《曾国藩全集·书信(一)》,长沙:岳麓书社,2011年,第394页。
② (清)黎庶昌:《曾国藩年谱》,长沙:岳麓书社,1986年,第37页。
③ 朱孔彰:《中兴将帅别传》,长沙:岳麓书社,1989年,第78页。
④ (清)王闿运、郭振墉、朱德裳:《湘军志·湘军志平议·续湘军志》,长沙:岳麓书社,1983年,第6页。

寇,寇前后刺之,玫躬及十八人尽死。"①郭嵩焘对王闿运的精彩描绘评价颇高:"此一段叙次最有声色,储石友死事甚烈,其人君子也,壬秋于此尚能一持公谊。"②仅就见诸笔端的这段记载而言,储玫躬可谓身先士卒,以寡击众,敢打敢冲,其血性特质体现得淋漓尽致。"省城、湘潭初闻寇破宁乡,大惧,及闻寇去,知由玫躬一战,道路交颂储石友云。宁乡人见其战者尤感念,即日为立祠。盖自此湘军重赴援,人人稍知荣战死矣。"③

储玫躬战死后,曾国藩十分悲痛,将其战斗经过上奏清廷:"该训导以五百之勇,敌三千之贼,歼贼至数百名,我兵丧亡止十八名。逆党胆落气夺,暮夜窜逃,宁乡得以保全,贼遂不敢直犯省城,附近各州县皆获安堵。欲为该训导建立专祠,实属功不可没。前此蓝山之捷,臣拟奏保该训导请以知县升用。道州之捷,复拟奏请以同知直隶州升用。"④在奏折中,曾国藩请求对储玫躬准照同知直隶州例议恤,得到批准,诏进赠道员,谥忠壮。后来,湖南巡抚骆秉章立忠义专祠,祀安徽巡抚江忠源等,复请以储玫躬附祀,也获得清廷允许。

---

① (清)王闿运、郭振墉、朱德裳:《湘军志·湘军志平议·续湘军志》,长沙:岳麓书社,1983年,第23页。
② (清)王闿运、郭振墉、朱德裳:《湘军志·湘军志平议·续湘军志》,长沙:岳麓书社,1983年,第230页。
③ (清)王闿运、郭振墉、朱德裳:《湘军志·湘军志平议·续湘军志》,长沙:岳麓书社,1983年,第23页。
④ (清)曾国藩:《曾国藩全集·奏稿(一)》,长沙:岳麓书社,2011年,第141页。

三、储玟躬乃湖南靖州人

储玟躬的籍贯存在湘乡说和靖州说。其中湘乡说见之于晚清学者朱孔彰(1842—1919,字仲武),朱在其名著《中兴将帅别传》中则将储玟躬列为湖南湘乡人:"储公玟躬,字石友,湘乡人。"[1]因曾国藩的湘军统领籍贯大多属湘乡,这大概是作者不加考证的一种想当然推测。民国词典编纂学者臧励和编纂的《中国人名大词典》撰写储玟躬词目时亦将其籍贯列为湘乡。这一情况在《中国近现代人名大辞典》中亦没有改变。[2]

《清史稿》为储玟躬列传时,明确记载其籍贯为湖南靖州:"储玟躬,字石友,湖南靖州人。"[3]著名历史学家罗尔纲在《湘军兵志》一书中对湘军将领进行了深入研究,并对湘军将领进行了广义界定,其所认定的湘军将领,"不但是指做统帅(统率一军的大将)、分统(分统一军的统将)、营官(管带一营的营长)三种任务的人说,凡上至巡抚、总督的统帅,及参赞机要的幕府重要人物,就是下至随营帮办营务的人,只要有传可考,都同样把他们包括在内"[4]。基于这种原则,罗尔纲把湘军一百八十二位将领人物首统帅、次幕府重要人物、次统领、次分统、次营官,又次帮办,列作一表。储玟躬以营官职务列为湘军将领之一,并且在其所制表的

---

[1] 朱孔彰:《中兴将帅别传》,长沙:岳麓书社,1989年,第78页。
[2] 盛平:《中国近现代人名大辞典》,北京:中国国际广播出版社,1989年,第683页。
[3] 赵尔巽等:《清史稿》第44册,北京:中华书局,1977年,第13560页。
[4] 罗尔纲:《湘军兵志》,北京:中华书局,1984年,第56页。

籍贯一栏中也明确记为湖南靖州。① 光绪年间编撰的《靖州直隶州志》亦将储玫躬列入列传。其侄储裕立(1836—1896)《清史稿》亦有传,储裕立曾跟随储玫躬征战多年,并参与了储玫躬战死的那次宁乡战斗,后累功任贵西道,贵州粮储道。储裕立也明确籍贯为靖州。由此可见,储玫躬籍贯当为湖南靖州。

---

① 罗尔纲:《湘军兵志》,北京:中华书局,1984 年,第 61 页。

第十四章　曾国藩与中国军事技术近代化

曾国藩是中国数千年文明史上第一个将深广的科技见解与显赫稳固的军政大权集于一身,而又依托着急需发展先进军事技术的时代背景的幸运儿。① 他以自己的社会地位和科技价值观,在引领中国军事近代化过程中发挥了开拓作用。虽然他受到"用夏变夷"的传统意识和"中体西用"指导思想以及工具主义的局限,但不管其主观愿望如何,最终却酿成一种学习引进西方军事技术的时代浪潮,大大推动了中国军事技术的进步。

一、理性认知军事技术的地位和作用

洋务运动早期,大多数封建士大夫孤陋寡闻、顽固保守,对西方文化一概拒斥,妄自尊大地认为天朝是最完美无缺的。大学士倭仁提出"立国之道,尚礼义不尚权谋;根本之图,在人心不在技艺"②的基本论点堪称代表。在顽固派眼里,维护封建统治的根本是伦理道德,它能使卑者服从尊者,其威力足以保证中国不受列强的欺负,科学技术这种末端"技艺"是不值得称道的。作为中国传统文化的集大成者且长期沐受湖湘学派经世致用之风的曾国

---

① 朱亚宗:《中国科技批评史》,长沙:国防科学技术大学出版社,1995 年,第 202 页。
② 《筹办夷务始末·同治朝》卷四十七,北京:中华书局,2008 年,第 24 页。

藩,"虽常说打仗在人不在器,然而他对军器的制造,尤其对于大炮的制造,是很费苦心的"①。他通过湘军使用洋枪洋炮的军事实践及自身的锐意进取,认识到西方文化尤其是西方先进军事技术的重大价值,并形成类似于"中体西用"的中西结合思想。"中体西用"一词虽到十九世纪九十年代才为人们所提出,但早于此几十年前,"中体西用"的思想不仅已是洋务运动的指导方针,也是洋务运动的基本思想体系。②曾国藩一方面主张学习西方科学技术,"至外国技术之精,为中国所未逮。如舆图算法、步天测海、制造机器等事,无一不与造船练兵相为表里。……行之既久,或有异才出乎其间,精通其法,仿效其意,使西人擅长之事,中国皆能究知,然后可以徐图自强"③。另一方面又强调培植中国固有文化传统,认为未来的中国留学生应该"肄习西学,仍兼讲中学,课以孝经、五经及国朝律例等书,随资高下,循序渐进。每遇房、虚、昴、星等日,正副二委员传集各童,宣讲圣谕广训,示以尊君亲上之义,庶不至囿于异学。"这在当时的历史条件下,不失为关于中西文化的精辟见解。正是在类似"中体西用"思想的指导下,以"坚船利炮"为表征的西方军事技术被看作富国强兵、御外靖内的利器,而不再是"奇技淫巧"了。这为中国军事技术近代化,准备了理论和思想条件。

值得强调的是,具有经世致用观念与承认科学技术的应用价值,二者并不能简单地画等号。而从经世致用观念通向学习西方

---

① 蒋廷黻:《中国近代史》,上海:上海古籍出版社,2006年,第29页。
② 夏东元:《晚晴洋务运动研究》,成都:四川人民出版社,1985年,第3—4页。
③ (清)曾国藩:《曾国藩全集·奏稿(十二)》,长沙:岳麓书社,2011年,第158页。

科学技术,更需一系列的思想飞跃。同是湘军重要首领的胡林翼在安庆时曾有过这样的经历:

> 驰至江滨,忽见二洋船,鼓轮西上,迅如奔马,疾如飘风;文忠(即胡)变色不语,勒马回营,中途呕血,几至堕马。阎丹初尚书,向在文忠幕府,每与文忠论及洋务,文忠辄摇手闭目,神色不怡者久之,曰:"此非吾辈所能知也。"①

同是具有强烈经世致用观念的儒将胡林翼,却未能以积极的态度承认近代西方科学技术的价值,这是因为胡林翼在见识与资质的许多方面大不如曾国藩,因而在经世致用的鉴定目标与达到此一目标的灵活手段之间无法跟随时势的发展而不断求得统一,以致造成内心的紧张与抑郁。与胡林翼相比,曾国藩却能随着时势的发展而不断调整经世致用的方法,敢于以西方技术为新形势下经世致用的手段,对军事技术的地位和作用具有清醒的认知。他认为,"欲求自强之道,总以修政事、求贤才为急务,以学作炸炮、学造轮舟等具为下手工夫。但使彼之所长,我皆有之,顺则报德有其具,逆则抱怨亦有其具"②。至此,曾国藩完全抛开了最初"天朝上国"的夜郎心态,进一步提出"外须和戎、内须变法""求富求强"的时代命题。他把魏源等人的"师夷"思想,从议论层次转向实践层面,视域也更为开阔。③

---

① 蒋廷黻:《中国近代史》,上海:上海古籍出版社,2006年,第34页。
② (清)曾国藩:《曾国藩全集·日记(二)》,长沙:岳麓书社,2011年,第289页。
③ 张超:《曾国藩与中国科技的近代化》,《华中科技大学学报》,2007年第3期。

二、开创中国近代军事科技事业先河

中国军事近代化的发端,肇始于军事工业的创办。军事工业的创办则有赖于军事科技事业的发展。1861年,恭亲王奕訢在给咸丰皇帝的奏疏中说:"伏思外忧内患,至今已极,譬诸木腐虫生,善治者必先培养根本,根本固而蟊贼自消,臣等办理外国各事,不过活其枝叶,而蟊贼未能尽去;非拔本塞源之方也。是以上年曾奏请饬下曾国藩等购买外国船炮,并请派大员训练京兵,无非为自强之计,不使受制于人。然购买船炮之议,曾国藩等现在是否办理,无从询知。而当此时事孔亟之时,何可再事因循!……总之,兵贵神速,不容迟缓。古人所称得策即行,诚以时不可再。若及今速购船炮,则约计明年四月可以到齐。倘失此不图,贼势既难逆料,即英、法之笼络亦恐无以善其后矣。"①

清廷向曾国藩转述了奕訢奏疏的内容,在这一催促之下,曾国藩对购买西洋先进武器表现出前所未有的积极态度,很快写出了《复陈购买外洋船炮折》:"至恭亲王奕訢等奏请购买外洋船炮,则为今日救时之第一要务。凡恃己之所有夸人所无者,世之常情也;忽于所习见、震于所罕见者,亦世之常情也。轮船之速,洋炮之远。在英、法则夸其所独有,在中华则震于所罕见。若能陆续购买,据为己物,在中华,则见惯而不惊,在英、法,亦渐失其所恃。……购成之后,仿募覃思之士,智巧之匠,始而演习,继而试

---
① (清)曾国藩:《曾国藩全集·奏稿(三)》,长沙:岳麓书社,2011年,第178—180页。

造,不过一二年,火轮船必为中外官民通行之物,可以剿发逆,可以勤远略。"①在曾国藩看来,购入外洋船炮后有利于中国尽快自主掌握造炮制船的技术,以师外洋之所能、夺外洋之所恃。这一构想被恭亲王奕䜣称许为"深思远虑之论"。

曾国藩对利用西洋船炮,不仅思想态度积极,而且立即付诸行动,就在写出上述奏折的同一天(咸丰十一年七月十八日),又写出了《请先调上海旧有轮船试用片》,请求朝廷将上海唯一一艘可用的洋轮拨归湘军水师使用:"现在遵旨购买洋船,据原奏云:船炮配齐,须明年四月始到。臣拟先调现泊上海之'土只坡'轮船一只,由长江上驶安庆一带,就近察勘试用,督令楚军水师将弁,预为练习。俟明年洋船购到,庶易收驾轻就熟之功……相应请旨饬下江苏抚臣薛焕,迅派干员,刻日押令上驶,以资演习。"②

1861年9月,湘军攻陷安庆,曾国藩即着手在安庆"设内军械所,制造洋轮洋炮,广储军实"③。他派人寻觅到了无锡徐寿、华蘅芳等科技人员,并通过江苏巡抚薛焕的访求,于咸丰十一年十一月由薛焕将徐、华送赴曾国藩军营效力。徐、华到后,即奉命筹建机器局。④ "安庆内军械所视为中国近代第一个科技研究所,同时也是中国近代第一个军事技术研究所,第一个科技实验工场。"⑤这一标志洋务运动实际肇始的重要事件,这一开创中国近代军事科技事业先河的举止,便是曾国藩内在的科技价值观与清

---

① (清)曾国藩:《曾国藩全集·奏稿(三)》,长沙:岳麓书社,2011年,第186页。
② (清)曾国藩:《曾国藩全集·奏稿(三)》,长沙:岳麓书社,2011年,第187页。
③ (清)黎庶昌:《曾国藩年谱》,长沙:岳麓书社,1986年,第142页。
④ 夏东元:《洋务运动史》,上海:华东师范大学出版社,1992年,第69页。
⑤ 朱亚宗:《中国科技批评史》,长沙:国防科学技术大学出版社,1995年,第217页。

廷自上而下的饬令有机结合的产物,是曾国藩借助时势的东风而为中国近代科技事业所做的筚路蓝缕之功。将当时中国最高级的科技研制机构设于与太平军相峙的前线军营内,足以表明曾国藩对科学技术的军事实用价值的极端重视。徐寿、华蘅芳是当时国内一流的科学家和军事技术专家,具有较高的科技造诣,安庆内军械所成立后,他们即进入实际科学研究、技术开发和实际制造阶段。

安庆内军械所的第一个成就是制造蒸汽机。徐寿、华蘅芳于1862年8月制成了中国第一台实用的蒸汽机。曾国藩看了蒸汽机的实验运转后颇为高兴,在当天的日记中兴奋之情溢于言表:"窃喜洋人之智巧,我中国人亦能为之,彼不能傲我以其所不知矣。"[1]从曾国藩的评价来看,他对仿造看得过于容易,因而表示乐观。事实上,在此之后,费了一年多时间,该内军械所于同治二年十月初制成一艘暗轮蒸汽船,"试航时,因供气不足,仅航行一华里便停止了"[2]。这次失败使曾国藩对中国的科技实力有了比较清醒的认识。然而,蒸汽机的制造毕竟为造兵轮开辟了道路,某种程度上也为后来江南制造局制造军工设备奠定了基础。

第二个成就便是制造了中国第一艘蒸汽机轮船。该船长约二丈八九,并于1864年1月28日正式在安庆江面试航,曾国藩亲自登船试航,"坐至江中,行八九里,约计一个时辰可行二十五、六里。试造此船,将以次放大,续造多只"[3]。随后两年,徐寿等在此

---

[1] (清)曾国藩:《曾国藩全集·日记(二)》,长沙:岳麓书社,2011年,第306页。
[2] 孔令仁:《中国近代化与洋务运动》,济南:山东大学出版社,1992年,第37页。
[3] (清)曾国藩:《曾国藩全集·日记(二)》,长沙:岳麓书社,2011年,第495页。

基础上进行放大试制蒸汽机轮船的工作。经过全体技术员工的共同努力,蒸汽机船于 1865 年放大试制成功,曾国藩赐名"黄鹄"。

上海第一份英文报纸《字林西报》为了探个究竟,专门派记者跑到安庆这艘木质船体的火轮上"验货",确信火轮是中国人独立制作后,称"黄鹄号"的成功,显示了中国人具有制造机器的天才。曾国藩从"实用"与"知识"两个方面对"黄鹄号"及其雏形做出了两个似乎不相协调的评价:一方面从实用的标准认为"黄鹄号""行驶迟钝,不甚得法"[1],另一方面又从科技知识的角度对制造者的聪明才智称赞不已。"上述两方面的不同评价,生动地反映出曾国藩的科技价值观是系统性的科技价值观——既含工具主义价值观,又含有科学主义价值观。"[2]

安庆军械所的规模很小,但不用洋人而用中国自己的科技人员设计制造火器弹药,特别是制造了第一台蒸汽机和第一艘木壳轮船,虽"不甚得法",却标志了中国进入制造机器的历史时期,为手工造机器向机器造机器创造了条件。有了这次探索和实践,使曾国藩和科技专家既看到自己的优点,也意识到自己的不足,于是有"觅制器之器"的决心和行动。[3] 更为重要的是,经曾国藩的积极招募,中国近代首批著名军事科技人才,如徐寿、华蘅芳、徐建寅、吴嘉廉、龚芸棠、丁杰、李善兰、容闳等陆续汇集于曾国藩幕府,从事兵工产品的研制工作,开创中国近代军事科技事业先河。

---

[1] (清)曾国藩:《曾国藩全集·奏稿(十)》,长沙:岳麓书社,2011 年,第 213 页。
[2] 朱亚宗:《中国科技批评史》,长沙:国防科学技术大学出版社,1995 年,第 218 页。
[3] 夏东元:《洋务运动史》,上海:华东师范大学出版社,1992 年,第 72 页。

曾国藩"访募覃思之士,智巧之匠,始而演习,继而试造"西式枪炮的设想得以付诸实践。自此,曾国藩创办军事工业造船制炮;设翻译馆介绍西方科技;举办学堂和派遣留学生培养新式人才,无一不在这批科技人才的提议和襄助下进行。

三、罗致和培养近代化军事科技人才

由于科技传播的作用和经世致用思潮的兴起,鸦片战争后,我国出现了一批具有近代科学技术知识的专门人才。他们的地位虽不高,但在一些领域里,尤其是在军事科技方面有所成就,因而成为洋务派争取和罗致的对象。在罗致科技人才方面,曾国藩的眼光亦在同代人之上。曾国藩幕府被罗尔纲先生称为"晚清人才的渊薮"。曾经深入安庆曾国藩幕府的容闳记述说:"总督幕府中亦有百人左右。幕府之外更有候补之官员、怀才之士子,凡法律、算学、天文、机器等等专门家,无不毕集,几于举全国人才之精华,汇集于此。是皆曾文正一人之声望道德,及其所成就之功业,足以吸引之罗致之也。"[1]薛福成这样评论曾国藩对人才的态度:"其取之也,如大匠之门,自文梓梗柟以至竹头木屑之属无不储……人人各如其意去,斯所以能回乾轴而变风气也,昔公尝以兵事、饷事、吏事、文事四端,训勉僚属,实已囊括世务,无所不该。"[2]可谓知人之论。曾国藩的幕府中集中了各式各样的专门人才,其中军事科技人才不乏其人。曾国藩幕府先后聚集的军事科

---

[1] 容闳:《西学东渐记》,长沙:湖南人民出版社,1981年,第74页。
[2] (清)薛福成:《薛福成选集》,上海:上海人民出版社,1987年,第213—215页。

技人才情况如表 1 所示。

表 1　曾国藩幕府聚集的军事科技人才

姓　名	籍　贯	入幕时间	在幕时间	入幕途径	个人专长	从事职业
徐　寿	江苏无锡	咸丰十一年	1861—1872	应邀入幕	擅长数学、物理、化学等	安庆内军械所、江南制造总局、翻译馆
华蘅芳	江苏无锡	咸丰十一年	1861—1872	应邀入幕	擅长数学、物理	安庆内军械所、江南制造总局、翻译馆
徐建寅	江苏无锡	咸丰十一年	1861—1872	随父入幕	兵工专家	安庆内军械所、江南制造总局
龚之棠	江苏长洲	同治元年	1862—？	应邀入幕	精于造炮	安庆内军械所
吴嘉廉	江西南丰	同治元年	1862—1870	应邀入幕	军事技术、化学	安庆内军械所、江南制造总局
丁仲文	广东番禺	同治元年	1862—1866	应邀入幕	善制炸弹	安庆内军械所督铸火药局洋炸炮
李善兰	浙江海宁	同治元年	1862—1868	郭嵩焘推荐	擅长数学、物理	主持编书局
张斯桂	浙江慈溪	同治二年	1863—1867	李善兰推荐	制造洋器	秘书处
张文虎	江苏南汇	同治二年	1863—1872	李善兰推荐	精于算法	编书局
容　闳	广东香山	同治二年	1863—1872	李善兰、张斯桂邀请	熟悉机器	赴美购买机器、幼童出洋肄业局副委员

资料来源:根据赵可《曾国藩幕府对近代军事科技人才的聚集及其历史作用》(http://www.baoye.net/News.aspx? ID=319957,2011-9-13),并作充实修改。

除了罗致已有的军事科技人才,曾国藩还从长计议,大力培养军事科技人才,其培养途径大致有三:

一是创办新型兵工学校。抱有"教育救国"志愿的容闳建议江南制造局设立兵工学校,为中国近代军工事业自主培养机械工程师,"以期将来不必需用外国机械及外国工程师"。江南制造局后来办了带有学堂性质的画图房,教授生徒外文、算学、绘图等课,机器图样大多由他们绘制。这实际上就是容闳建议设立的所谓兵工学堂。[1] 1869年10月,上海广方言馆并入江南制造局翻译馆,成为翻译馆附设的学校,于是第一所名副其实培养近代军事技术人才的兵工学校遂告成立。兵工学堂的规模虽然不大,但它是中国设置最早的兵工学堂,在培养近代军事科技人才方面有开山之功。影响所及,"水师学堂""陆军学堂"等各种新型学校,在曾国藩去世后才陆续出现。

二是组织科技人员翻译西方著作。翻译是传播、吸收并使西方科学文化中国化的重要途径。曾国藩认为,翻译出版西方科技书籍,在缺乏科技的近代中国,尤为必要。因此他在奏请增设江南制造局翻译馆时说:"盖翻译一事,系制造之根本。"[2]在《复陈夷务折》中则称"中国学外国之技,则须以翻译为第一要义"[3]。翻译馆成立后先后聘请英国人傅兰雅、伟烈亚力,美国人金楷理、林乐知、玛高温、卫理等人从事翻译和一定的教学工作,并由局员徐寿、华蘅芳、徐建寅等协助西人翻译。由于当时迫切需要火药、

---

[1] 夏东元:《洋务运动史》,上海:华东师范大学出版社,1992年,第86页。
[2] 中国史学会:《洋务运动》第4册,上海:上海人民出版社,1961年,第18页。
[3] (清)曾国藩:《曾国藩全集·奏稿(十二)》,长沙:岳麓书社,2011年,第171页。

炮法、汽机等方面的实用知识,因此翻译馆初期译书多为兵工类书籍,这对中国近代军事技术的发展无疑起了积极的作用。

三是派遣留学出国学习军事科技。关于留学事宜的建议,是容闳最先直接向时任江苏巡抚丁日昌提出来的。丁日昌上书总署后没有得到回应。1870年,丁日昌会同曾国藩办理天津教案时屡与曾国藩商榷留学事宜,曾"深韪其言",认为"远适肄业,集思广益,所以收远大之效"。[1] 但事关重大,曾国藩决定与李鸿章专折会奏。1871年8月,曾国藩与李鸿章会衔具奏《拟选聪颖子弟赴泰西各国肄业折》,"拟选聪颖幼童,送赴泰西各国书院学习船政、军政、步算、制造诸学,约计十余年业成而归,使西人擅长之技中国皆能谙悉,然后可以渐图自强"[2]。

在曾国藩逝世前半个月,即1872年2月27日,他再次领衔上奏促请对"派遣留学生一事"尽快落实。并提出在美国设立"中国留学生事务所",推荐陈兰彬、容闳为正副委员"常川驻扎美国,经理一切事宜"。[3] 在上海设立幼童出洋肄业局,推荐刘翰清"总理沪局事宜"。这是他一生中发出的最后几份奏折之一,也可以说是最具有深远意义的一份奏折。曾国藩在推行留学事业过程中,除了先后四次向上奏请批准外,还参与了第一批留学幼童章程拟定等许多具体工作,堪称幼童留学事业的实际推动者。

1872年8月11日,30名幼童由陈兰彬、容闳率领,从上海坐船赴美,此时曾国藩已逝世近半年了。容闳坦言:曾公未见其手

---

[1] 中国史学会:《洋务运动》第2册,上海:上海人民出版社,1961年,第154页。
[2] 中国史学会:《洋务运动》第2册,上海:上海人民出版社,1961年,第153页。
[3] (清)曾国藩:《曾国藩全集·奏稿(十二)》,长沙:岳麓书社,2011年,第567页。

植桃李开花结果,未见其手创事业欣欣向荣,实为大憾,"然创业之人,既播种子于世,则其人虽逝,而种子已滋生繁殖,绵绵不绝"。随后几年幼童们在美国比较系统地学习了军事、医学、法律、土木工程等方面的知识。回国后的幼童大多被补充到当时国内军事技术发展急需的学习或工作岗位上。从军的留美幼童,在中国军事技术近代化的进程中发挥过英勇而重要的作用。以海军为例,"多达50名留美幼童曾直接或间接参加过中国海军的学习或工作。在列强进逼的近代中国,大批留美幼童的加入,无疑为中国海军的科技现代化注入一股新鲜血液。从加入中国海军事业的留美幼童后来的工作简历看,他们中多数人都曾贡献卓著,甚至为国捐躯"[①]。曾国藩及其同僚极力促成的幼童赴美留学事业对近代中国社会的发展和进步产生了积极的影响,它对中国人学习西方,"实辟一途径";而对于中国近代教育的发展,实"开风气之先也"。

[①] 徐飞、茆时珍:《留美幼童对中国近代科技发展的历史影响》,《自然辩证法通讯》,2005年第2期。

第十五章　李鸿章与中国军事近代化

19世纪60年代到90年代在晚清社会发生的洋务运动,从一定意义上说是中国早期的近代化运动。洋务派官僚兴办洋务运动的动机和目的是拯救清王朝的垂危统治,引进和学习西方先进科学技术首先是军事技术,以便将太平天国等革命运动镇压下去,然后在逐步富强起来的过程中抵御外侮战胜侵略者。洋务运动虽然没有达到预期目的,但对于中国近代军工制造业的发展、晚清军队训练水平的提高以及近代军事教育的普及与深化,都具有一定的推动作用。李鸿章作为与洋务运动相始终的主要领导者和主持者,也自觉或不自觉地推动了中国军事近代化的艰难起步和发展。

一、购求和自制新武器,促进军事装备近代化

近代化的军队第一需要近代化的军事装备。在鸦片战争中,以蒸汽为动力的军舰、爆炸性的炸弹以及英国其他先进的军事技术,给负责防卫的清朝官员留下难以磨灭的印象。鸦片战争以后,学习西方军事技术,引进新式武器成为洋务派官员的普遍追求。在洋务派中追求武器装备近代化,认真购求和自制新式武器并坚持下去加以发展扩大的,首推曾国藩和李鸿章。然而,"曾国

藩虽是较早倡导购置和仿造洋式武器者,但由于他是以封建卫道者自居,他意识到过多地使用洋式武器的后果将是'用夷灭夏',故进展不速,并屡戒其弟曾国荃少用或有限制地使用洋式武器"①。

在实际运用新式武器上,李鸿章是后来居上者。在内忧外患交迫下,李鸿章深刻认识到中国面临数千年未有之大变局与数百年未有之强敌,他对西方军事技术的认识最为透彻,学习西方军事技术的兴趣也最浓,是全面系统使用洋枪洋炮的第一人。1862年4月,李鸿章率领淮军抵达上海,与外国接触后即惊叹洋式武器的性能优越和西方军队的训练有素,不满一年,他就写信给曾国藩说:"鸿章尝往英法提督兵船,见其大炮之精纯,子药之细巧,器械之鲜明,队伍之雄整,实非中国所能及。"②后来与太平军特别是与装备精良的李秀成部交战中,李鸿章进一步意识到"我军惟有多用西洋军火以制之,始克有济",这就使李鸿章对新式武器的功效更为推崇,从而更加坚定了其装备西式武器的决心。因在看待洋枪洋炮问题上李鸿章较曾国藩思想更为开明,淮军与湘军相比,其使用洋式武器便更为迅速而全面。1865年,淮军基本做到了"尽弃中国习用之抬、鸟枪而变洋枪队"。据李鸿章自己记载:淮军五万人中"约有洋枪三四万杆",由此可见其洋枪的普及率已占到近80%。而同期湘军使用洋枪比例不到30%。③

李鸿章认为,从外国购买武器不过一时权宜之计,英法列强

---

① 夏东元:《洋务运动史》,上海:华东师范大学出版社,1992年,第39页。
② 夏东元:《晚清洋务运动研究》,成都:四川人民出版社,1985年,第213页。
③ 夏东元:《洋务运动史》,上海:华东师范大学出版社,1992年,第40页。

对先进武器"禁不出售,价值过昂",治本的办法显然在于自己设厂制造。因此,李鸿章主张大办军工厂,他先后创办了上海洋炮局、苏州洋炮局和江南制造局等军工厂自制新式武器。这些自造武器后来陆续装备清军,如湘淮各军曾拥有10万余杆前膛枪,除部分购自西洋外,多为江南制造局所供给。江南制造局前后还造了八艘兵轮和七艘小型船,据1872年《英领事商务报告》谈到江南制造局所造的第五艘"海安"轮时评论道:"这兵轮的各部分,除了螺轮和曲拐之外,都是局中自己所制造。"①英国提督沙德威尔参观此船,虽"发现了技术上的缺点,但大体上认为它应算是建造得很好的船只"②。

引进和自制武器改善了清军的武器装备,提高了清军的战斗力,为中国军事近代化奠定了物质基础。装备新式武器后,军事技术的学习和广泛推行运用就会随之而来,这也必将导致经济上的进步与飞跃。军事技术的率先更新,在恩格斯看来:"火药和火器的采用绝不是一种暴力行为,而是一种工业的,也就是经济的进步。"③

二、兴办近代军工厂,促进军事工业近代化

在李鸿章等洋务派官吏看来,致力于军事近代化最重要的是

---

① 夏东元:《洋务运动史》,上海:华东师范大学出版社,1992年,第90页。
② 孙毓棠:《中国近代工业史资料(第一辑)》上册,北京:科学出版社,1957年,第288—289页。
③ 《马克思恩格斯军事文集》第1卷,北京:战士出版社,1981年,第13页。

发展军工生产,这是镇压太平军的捷径,也是抵御外侮的首选。因此,军事工业不仅成为引进旨在加强清朝抵御其统治者视为敌人威胁能力的新技术、新教育以及新的社会组织的关键,而且成为整个中国工业近代化的起点。1862年4月,李鸿章率领淮军抵达上海镇压太平军,并且明确了淮军使用西方先进武器的目标,很快淘汰了旧有兵器,装备了新式武器。但新式武器对弹药需求量大,购买难且贵。李鸿章接受英国人马格里的建议在松江筹建上海洋炮局,此为李鸿章创办军事工业的开端。当然,上海炮局的制造设备是极其简陋的,而且凭借手工操作,因此仅能生产开花炮弹和自来火等简单产品,但它毕竟为后来李鸿章创办江南制造局积累了宝贵经验。1863年12月,清军攻陷苏州后,马格里将上海洋炮局迁至苏州,并买下了供应"阿斯本舰队"军火武器的各项机器设备,大大提高了苏州洋炮局的机械化水平,使其初步摆脱手工操作进入机器操作阶段。

江南制造局是中国最早的大规模近代机器工业。1864年,李鸿章将丁日昌关于江南制造局的筹建和讲求驾驶轮船执法上呈时,总理衙门给予了"识议宏远,迥非睹之目前可比,足以洞见症结,实能宣本衙门未宣之隐"的赞许。江南制造局由于综合了丁日昌所购的美商旗记铁工厂全套设备和容闳从美国买来的"制器之器",因此设备较为先进,机械化程度也较高,加之不断补充扩建,到19世纪90年代,江南制造局已成为中国乃至东亚最先进最齐全的机器工厂了。① 真正实现了李鸿章"觅制器之器"的愿望,中国由此步入机器时代。江南制造总局包括16个分厂,堪称"机

---

① 夏东元:《洋务运动史》,上海:华东师范大学出版社,1992年,第90页。

器母厂",它除了能生产军工产品外,还能广泛地制造机械设备、工业、农业等各种民用产品。虽然专用于军用生产的车间设备所占的比重不大,但制造枪炮弹药却是江南制造局担负的首要职责。从 1867 年至 1894 年,江南制造局共生产各种枪支 51 285 枝,各种炮 274 尊,各种水雷 563 具,火药 4 081 469.5 磅,铜引 411 023 枝,各种炮弹 429 900 枚。[①]

天津机器制造局是由三口通商大臣崇厚于 1867 年在天津创办的。天津机器制造局从 1867 年至 1870 的初创阶段都是由崇厚负责主持。1870 年 9 月,李鸿章调任直隶总督后,天津机器局的局务大权从崇厚转入李鸿章之手。李鸿章接手天津机器局后就大刀阔斧地从人员和厂房建置两方面整顿和扩充,他首先将其亲信沈保靖从江南制造局调入天津机器制造局任负总责,同时从南方聘请大批工匠充实队伍。在厂房扩建和添置机器方面,李鸿章亦有大手笔:他在大清河、北运河之间择地兴建了一所火药库;1872 年增建铸铁、熟铁、锯木等厂;1873 年续建机器房和增建碾药厂;1874 年成立洋枪厂和枪子厂。经过逐年扩建,天津机器局终于成为继江南制造局和金陵制造局后又一座以生产军火为主的军工重镇。至此,清政府最重要的江南、马尾、金陵和天津四个军工厂,除马尾外,都在李鸿章的直接控制下。以下是李鸿章创办和接办的军工厂概况:

[①] 孙毓棠:《中国近代工业史资料(第一辑)》上册,北京:科学出版社,1957 年,第 293 页。

表 2 李鸿章创办和接办的军工厂概况

局 名	所在地	创办人	设立年代	主要产品
上海洋炮局	上海	李鸿章	1862	开花炮弹、自来火
苏州洋炮局	苏州	李鸿章	1863	短炸炮、炸弹、火药
江南制造局	上海	曾国藩 李鸿章	1865	机器、轮船、枪、炮、子弹、火药及各种民用机器产品
金陵制造局	南京	李鸿章	1865	枪、炮、子弹、火药、水雷、后膛抬枪
天津机器制造局	天津	崇 厚	1867	枪、炮、子弹、火药、水雷、地雷及各种民用机器产品

从经济发展的观点来看,在军工厂中引进以蒸汽为动力的生产机器,开辟了我国大规模生产的新时代。这是迈向技术近代化必不可少的第一步。机器工具和精密计量的使用,以及通用产品部件的生产——这些技术初次被视为武器装备生产的要素,使国民认识到军事工业的重要性,奠定了我国近代工业将得以发展的技术基础。从中国近代史的角度来看,李鸿章兴办军事工业,进一步加强了中国抵御外来侵略的力量,对延缓中国的半殖民地化进程并最终避免完全殖民地化起了一定的积极作用。有观点认为,清军战斗力的提高起到了镇压太平军、捻军的反动作用,是一种历史倒退。诚然,"军事力量的增强,用以屠杀同胞、镇压国内人民的反抗,这是应该谴责的。但从提高军队素质、增强国防力量,抵御'外侮'来看,则是有进步意义的"①。如 1874 年日军犯

---

① 郑剑顺:《晚清史研究》,长沙:岳麓书社,2003 年,第 174 页。

台时,江南制造局加紧厂里的军火生产,"高昌庙的制炮厂特别忙碌"①。1884年中法战争爆发后,天津机器局向各省供应的军火"较往年多至数倍"。连远在两广的张之洞也来电要求"拨好枪炮并弹若干以济云桂两军"。② 这些史料真实地反映了我国自制军火在抵御外侮的战斗中所发挥的积极历史作用。"老实说,没有洋务运动引进和学习先进科学技术,没有在这过程中建立起来的武装较为先进的海陆军在战场上与武装到牙齿的列强对阵和较量,虽有被梁启超称为中国具有'第一流''外交术'的李鸿章,也不能在谈判桌上谈斤论两、讨价还价的。"③

三、配合新式装备练兵,促进军事训练近代化

恩格斯曾指出:"一旦技术上的进步可以用于军事目的并且已经用于军事目的,它们便立刻几乎强制地,而且往往是违反指挥官的意志而引起作战方式上的改变甚至变革。"④因此,采用新式武器以后,军队的作战方式显然会发生改变,因此军队训练方式也应发生相应改变。洋务派首领奕䜣也意识到了训练军队的重要性。奕䜣在清廷批准总理衙门成立后四天就明确说:"探源之策,在于自强,自强之术,必先练兵。"然而当时中国无人知晓如何训练持新式枪炮的兵士,因此当时唯一的办法便是聘请外国军

---

① 孙毓棠:《中国近代工业史资料(第一辑)》上册,北京:科学出版社,1957年,第294页。
② 夏东元:《洋务运动史》,上海:华东师范大学出版社,1992年,第128页。
③ 夏东元:《洋务运动史》,上海:华东师范大学出版社,1992年,第462页。
④ 《马克思恩格斯军事文集》第1卷,北京:战士出版社,1981年,第17页。

官。所谓"练兵",就是使用新式枪炮和聘请英法等国军官对兵士进行配合新式武器使用的训练,它与八旗、绿营旧式训练有着明显的时代区别。因此,"练军"是洋操与洋枪同步进行的。故也可认为是中国军队近代化的开端。①

　　1861年,洋务派首先倡导和主持了神机营的编练,而后逐步推广至湘军、淮军乃至各省兵营。与兴办军事工业一样,李鸿章对聘请洋员训练军队也有独到眼光。李鸿章既看到洋枪洋炮的威力,又总结了江南大营"虽有此物,而未操练队伍,故不中用"的教训,因而把使用洋枪洋炮和操练队伍结合起来。他聘请外国军官教练,但力主"莫专靠洋人做生活",认为"总要我军能自收自放,然后出而攻战,可无敌于天下"。淮军聘请外国军官教演洋枪,最早始于刘铭传的铭字营。1863年以后,"分令各营雇觅洋人教练使用炸炮洋枪之法,传习日久,颇窥奥妙"。除了聘请外国军官进营教练外,还有派拨兵丁给外国教练的一种形式。如1862年李鸿章应英国驻华海军司令何伯之请,将薛焕旧部1000人拨交何伯选派的英国军官在松江九亩地训练,练就后改为会字营。继而因法军要求代练,李鸿章就从本地练勇中拨出600人,交法国军官庞发在徐家汇(后改为高昌庙)训练,即为日后的庞字营。

　　1870年9月,清政府调李鸿章任直隶总督。李鸿章督直以后在军事上的重要建树之一就是接办扩充了练军,有力地推进了军事训练的近代化。李鸿章首先将天津洋枪队编入练军。该洋枪队是1862年由三口通商大臣崇厚所创建,到1869年已有官兵4700多人。1873年,李鸿章将洋枪队按照练军章程改编后,驻扎

---

① 夏东元:《洋务运动史》,上海:华东师范大学出版社,1992年,第33页。

在天津、大沽、北塘,与内地练军联成一气。① 继而,他又在天津海防改设练军,原设海口炮台,通永镇、大沽协官兵、云字营马队均归练军统辖,使练军防区由内地拓展到海防。李鸿章不断扩充练军规模,到1885年,直隶各镇练军马步队计14 000余人,津防练军计6000余人,二项总计共两万余人。② 使直隶练军人数居全国各省之冠。

　　1875年,李鸿章奉命督办海防,此后其练兵的重点主要体现在海军上。"李鸿章在日本明治维新的初年就看清楚了日本是中国的劲敌。他并且知道中日的胜负要看哪一国的新军备进步得快。他特别注重海军,因为日本必须先在海上得胜,然后能进攻大陆。"③"是欲制胜日本,则于南北洋兵船整齐训练之法,联合布置之方,犹必宜预为之计。"李鸿章任北洋大臣后,以"制取日本"为目标,将训练海军、发展海军作为推进军事近代化的中心课题,自强的"第一要义"。经过十余年的辛苦经营,终使北洋舰队练成一支劲旅,蔚为保卫中华海疆的干城。据《伦敦武备报》称:1891年世界各国海军战舰之等差,中国居第八位,日本则居第十六位。④ 至甲午战争前夕,"我国的海军力比日本海军大。我们的占世界海军第八位,日本占第十一位。"⑤甲午战争中,北洋海军全军覆没,其失败原因很复杂,既有战略战术的原因,亦有人才素质的

---

① 吴汝纶编:《李鸿章全集·奏稿》第2册,海口:海南出版社,1997年,第756页。
② 吴汝纶编:《李鸿章全集·奏稿》第2册,海口:海南出版社,1997年,第1612页。
③ 蒋廷黻:《中国近代史》,上海:上海古籍出版社,2006年,第48—49。
④ 王家俭:《李鸿章与北洋舰队——近代中国创建海军的失败与教训》,北京:生活·读书·新知三联书店,2008年,第124页。
⑤ 蒋廷黻:《中国近代史》,上海:上海古籍出版社,2006年,第55—56。

原因,因非本文探讨之列,故此处不赘。但就训练而言,李鸿章还是投入精力的,因此其过程无疑也就推动了军事训练近代化。

四、培养新式军事人才,促进军事教育近代化

在创办军工厂实践中,李鸿章深感技术与人力资源之不足。基于此种认识,他于1864年写信给恭亲王奕䜣时慷慨激昂地说:"鸿章以为中国欲自强则莫如学习外国利器。欲学习外国利器,则莫如觅制器之器,师其法而不必尽用其人。欲觅制器之器与制器之人,则或专设一科取士,士终身悬以为富贵功名之鹄,则业可成,艺可精,而才亦可集。"李鸿章的建议清楚表明,应该专设一科为科学及工程技术人员提供提升的机会,为他们的社会地位提升开绿灯,同时对他们的成就给予封官加爵的刺激。蒋廷黻认为这是李鸿章最具有历史价值的一篇文章。①

当然,李鸿章的大胆建议不可能被清廷接受,因为在顽固守旧以妥协求苟安的清朝统治者看来,这无异于异端邪说。大理寺少卿王家璧攻击说:"以章句取士,正崇重尧舜周孔之道,欲人诵经史、明大义,以敦君臣父子之伦也。人若不明大义,虽机警多智,可以富国强兵,或恐不利社稷。"②这或许是梁启超"敬李之才,惜李之识,悲李之遇"③的一个注脚吧。此举虽然因顽固派的反对而未能实行,但这是时势之必然。由此可以窥见李鸿章思想之开明和认识时代之清醒。

---

① 蒋廷黻:《中国近代史》,上海:上海古籍出版社,2006年,第36页。
② 中国史学会:《洋务运动》第1册,上海:上海人民出版社,1961年,第129页。
③ 梁启超:《李鸿章传》,天津:百花文艺出版社,2000年,第4页。

第十五章 李鸿章与中国军事近代化

19世纪60年代初,由于李鸿章处于"庄岳之间"的上海,而又正身体力行地实地办近代军用工业,因而较早地意识到培养军事技术人才的重要性。李鸿章在培养军事人才方面主要有两项措施:一是派遣留学生。洋务运动兴起后有计划地向美、德、英、法等国家派遣留学生学习军事指挥和技术,他们中的不少人在以后的军事近代化中发挥了积极的作用。著名的幼童留学美国计划,经容闳提出后,得到了曾国藩和李鸿章的大力支持,其目的是期望这些学生回国后有的能在兵工厂和造船厂任职。派幼童出洋留学一事,诚如李鸿章所言:"固属中华创始之举,抑亦古来未有之事。"其阻力可以想见。除了鼎力支持幼童留学外,李鸿章对马尾船政局前后堂学生出国留学也积极奔走。

1876年,李鸿章于"滇案"议结时将闽厂学生出洋留学事会商于英国驻华公使威妥玛,并告以"将遣学生赴该国水师学堂及铁甲舰学习"。与此同时,李鸿章又与带领学生出洋的日意格、李凤苞再三讨论,拟定章程。后经严格挑选,第一批共得学生30名,其中包括刘步蟾、林泰曾、萨镇冰等未来北洋海军的中坚。在第一批留欧学生学成回国之前,李鸿章奏请续派,并为清廷批准。于是先后共派三批75人。这些留欧学生学成回国后,在军事、外交、教学、实业等诸方面均起到了较为重要的作用。例如,第一、二批45名学生中,除2名调往德国肄业无从考查和2人病故外,41人(工作人员随同学习的陈季同、马建忠、罗丰禄三人除外)中能造船者九名,能开矿者五名,能造火药者一名,通晓军务工程者二名,能造炮者一名,能充水师教习者一名,能充驾驶者十三名,能充匠首者九名。"这些事实说明,出洋留学是卓有成效的。其中学习制造轮船的学员,在工作中的成绩尤为优良。"①二是创办了新式军事学堂。学堂培养的人才涉及军事、科技和翻译等各方面,这些近代军事学堂的出现,是文化教育领域中前所未有的事物,开中国教育风气之先。

1863年李鸿章在上海创办了广方言馆,这是李鸿章创办学堂之始。李鸿章要求把学外语与阅读和翻译西方科学技术书籍联系起来,把学外文科技与"自强之道"联系了起来。②招收文童可以入馆学习外语科技,可以说这是一个创举,而之前的京师同文馆只学习外语。此后李鸿章陆续创办了天津电报学堂、北洋水师学堂、北洋武备学堂、天津西医学堂。为了全面地了解李鸿章在教育领域培养军事人才的举措,兹列表如下:

表3 李鸿章在教育领域培养军事人才情况表

时 间	李鸿章培养军事人才之举措
1872年	与曾国藩等合奏,挑选幼童赴美留学(主要学习军事、矿业、铁路、制造)。
1875年	请设洋学局于各省,分格致测算、舆图、火轮机器、兵法、炮法、化学、电学诸门,择通晓时务大员主之,并于考试功令稍加变通,另开洋务进取一格。
1876年	派游击卞长胜等7人赴德国学水陆军械技艺。
1880年	设水师学堂于天津。
1885年	设武备学堂于天津,是我国近代陆军军官学校之始。

资料来源:参考梁启超:《李鸿章传》,天津:百花文艺出版社,2000年,第40页。

---

① 夏东元:《洋务运动史》,上海:华东师范大学出版社,1992年,第423页。
② 夏东元:《洋务运动史》,上海:华东师范大学出版社,1992年,第152页。

李鸿章认为,近代的新式军队再也不能像过去旧式军队那样不办学堂也可以统兵打仗了。"臣查泰西各国讲究军事,精益求精,其兵船将弁必由水师学堂,陆营将士必由武备书院造就。……我非尽敌之长不能致敌之名。故居今日而言武备,当以其人之道还治其人。若仅凭血气之勇,粗疏之才以与强敌从事,终恐难操胜算。"因此,他奏设天津水师学堂时强调:"伏思水师为海防急务,人材为水师根本,而学生又为人材之所自出。臣于天津创设水师学堂,将以开北方风气之先,立中国兵船之本。"李鸿章欲以该学堂之设立,借之培养军事人才,至为明显。事实上,水陆师学堂对整个社会来说有着推动科技发展的作用。中国办学堂学西学是由军事性学堂开其端的。

天津水陆师等学堂的创办,不仅是海陆军的需要,也与社会经济的近代化有密切关系,是整个社会学西学的一个组成部分。值得指出的是,在留学生和学堂培养学生的使用上,李鸿章不能人尽其才,因此常为人诟病。梁启超就说:"方李鸿章练军之始,即派人赴各国留学,练习枪炮及军事知识,然未闻一人归而任要职者。此数十年之久,习艺而归国者,何止千百人,此千百人中,岂无一学识可取者乎? 鸿章皆弃而不用,而惟以亲属、淮籍及淮军系为用人之资。"[①]由于李鸿章的军事近代化仅限于军事技术和兴办军工厂等器物层面,对于更高层次的军事制度和军事思想的近代化未能涉及,因此,他无法构筑起符合近代化潮流的军事改革体系。这可以说是李鸿章的悲哀,也是整个国家的悲哀。

---

① 梁启超:《李鸿章传》,天津:百花文艺出版社,2000年,第151页。

第十六章　胡林翼与中国近代建军治军范式的转型

近代历史的滚滚长河中,湘军是一支具有独特精神力量的军队,也是一个独特的坐标,它开始了中国军队的近代化进程。胡林翼作为湘军早期的核心人物之一,对于湘军的发展壮大起到了至关重要的作用。出任湖北巡抚后,胡林翼即以雷霆手段的强势作风,对所部湘军进行了影响深远的一系列整顿乃至重铸,他将多年领兵打仗的心得与古代军事史相结合,特别吸收借鉴戚继光的治军方法和曾国藩的练兵经验,撰写了28卷本的《读史兵略》,创造出自己一套逻辑清晰、见解深刻、体系较为完备完整的建军治军思想,其建军治军思想是中国近代军事发展史上的一项重大变革,是对冷兵器时代建军治军范式的一次颠覆。

一、军事技术系统时代的开端与冷兵器时代的建军治军范式

"范式"是美国学者库恩在《科学革命的结构》一书中阐述的核心概念,本质上讲是一种理论体系,其内涵有两层意思:"一方面,它代表着一个特定共同体的成员所共有的信念、价值、技术等等构成的整体。另一方面,它指谓着那个整体的一种元素,即具

体的谜题解答。"①将该概念援引至建军治军领域,可以视为建军治军广泛采用的具有公认性的模式。

自19世纪中期开始,军事技术呈现出一种系统的特征,这不仅表现为各项军事技术在战争中的协调统一,还体现为技术以外的诸多因素逐渐与技术形成一个不可分割的体系。② 技术上的进步必然引起作战方式的变革。美国著名战略学家巴瑞·布赞指出:在古代的战争史中,技术变革非常慢,武器系统的发展更多表现为一种连续性而非变革性,但"19世纪中期开始,军事技术开始发生重要变革,长期的技术稳定性消失了,代之以连续的变革。因而,19世纪中期可以作为技术和战略之间的一个历史边界,在边界的两端,技术都是重要因素。但是,在边界的过去一端,主旋律是技术连续性,通常以几个世纪来度量,变革仅仅是一个和声;在边界的更近的一端,变革成了主旋律,武器系统的连续性仅仅以几十年来度量"③。虽然这一视角主要是基于西方的,但放到中国也大体适用。在19世纪中叶之前,由于技术进步缓慢,中国的建军治军方式主要是农业时代的,世兵制、中心化指挥控制、单域对单域作战等是这一范式的显著标志。这种建军治军范式在应对常见的平叛、镇压起义,以及不确定性较少的小规模边境军事冲突时得心应手,因此康乾时期的一些名将如年羹尧、福康安、杨

---

① [美]托马斯·库恩:《科学革命的结构》,金吾伦、胡新和译,北京:北京大学出版社,2012年,第147页。
② 李婷婷、朱亚宗:《19世纪中期:军事技术系统时代的开端》,《自然辩证法研究》,2009年第9期。
③ Barry Buzan, *An Introduction to Strategic Studies: Military Technology and International Relations*, New York: St. . Martin's Press, 1987.

芳等娴熟运用,并成为一种固定的模式,堪称热兵器战争之前建军治军的范式。在战争时代转换的节点上,胡林翼契合时代发展脉搏,适时改进了建军原则、制定了新的选将募兵标准、开始重视军事技术的重要作用、推进军事组织变革、实施使命为主的指挥控制、开创多兵种合成作战等,形成了独具特色的建军治军范式,这一治军范式和直接影响到其后的新军编练和黄埔军校,其中的合理因子又通过领导者影响到其创建的军队中。

曾有人将胡林翼和曾国藩做了对比:"在军事领域,曾国藩恐怕都不及胡林翼。特别在军事思想方面,胡林翼可谓清军的思想库。"毛泽东曾将胡林翼的号"润芝"作为自己的字,以向其表达仰慕、崇敬之情。《胡文忠公遗集》更是蒋介石的案头必读之书,蒋介石还亲自增补《曾胡治兵语录》,作为黄埔军校教材。湘军和胡林翼对近现代中国历史的影响是令人震惊的。从更大的视角看,胡林翼是我国军事思想和军事文化转折史上的一个路标,代表着近代建军治军范式的转变,具有较为持久的生命力和长远的影响力。

二、近代重文轻武的文化环境

中国自先秦文武分离之后,占据政治舞台中心的文人对战争暴力基本持一种谨慎乃至否定的态度,和平主义逐渐成为中国军事文化的主导心态。实际上,"这种心态在先秦时代便已经萌生。虽然它当时仅是作为多种不同战争观念中的一种,但从一开始便受到多家学派的重视"[①]。

[①] 侯昂妤:《中国古代兵学的反思》,《军事历史》,2011年第5期。

作为一种象征,儒家的理智性与封建的崇尚武力是背道而驰的。打仗主要是年轻人的事,儒家对尚武精神的反对是一种转向——转向老年,转向胜过勇气的学问。① 正因为如此,涉猎极广的孔子唯独对军事未肯下功夫:"军旅之事,未之学也。"②追求恬淡的道家对战争更是持否定的态度。老子明白无误地说:"兵者不祥之器,非君子之器,不得已而用之,恬淡为上。"③并强调指出,对战争应采取远而避之的立场,"以道佐人主",而反对"以兵强天下"。④《周易》认为:无道轻战则师败国凶。《管子》认为战争本身是充满危险的事情,"兵事者,危物也","贫民伤财莫大于兵,危国忧主莫速于兵"。⑤《国语》《左传》无不表现出很强的和平主义倾向。即便是对战争抱积极态度的兵家、法家,对暴力因素的发挥亦留有几分余地。整部《孙子兵法》中,使用"力"(武力)一词也仅仅9次。⑥ 而克劳塞维茨仅在《战争论》第一篇第一章的两个段落里定义和解释战争时,就多达8次使用"暴力"一词。与此形成强烈对比的是,"和平"一词,"在《战争论》中一共才出现过6次"。⑦ 正因为如此,陈独秀评论说:"儒者不尚力争,何况于战?

---

① [美]约瑟夫·列文森:《儒教中国及其现代命运》,郑大华、任菁译,桂林:广西师范大学出版社,2009年,第161页。
② 《论语·卫灵公》。
③ 《老子》第三十一章。
④ 《老子》第三十章。
⑤ 《管子·法法》。
⑥ [美]威廉森·默里等:《缔造战略:统治者、国家与战争》,时殷弘等译,北京:世界知识出版社,2004年,第105页。
⑦ [英]J. F. C. 富勒:《战争指导》,绽旭译,北京:解放军出版社,1985年,第66页。

老氏之教,不尚贤,使民不争,以佳兵为不祥之器。"①

中国重文轻武之风在宋代达到极盛。北宋建立以后,宋太祖赵匡胤以"杯酒释兵权"解除了武将对军队的控制,严禁武人干政,重文轻武思想进一步明朗化,直至"重文教,抑武事"成为两宋的基本国策。实际运行中,"不以武人为大帅,专制一道,必以文臣为经略,以总制之"②。军人升迁则仅以成为一支部队的指挥员为限。位居其上的兵部尚书和枢密使等职向例只由文官充任,军人出身的部队指挥员倘若进入中央政府担任此类职务,则被认为是搞乱了政府的体制,是极端忌讳的。自此国家政治生活中形成了文尊武卑的格局。北宋宰相富弼对这一现象有客观的描述:"应制科者,必乐为贤良方正才识兼茂,耻为将帅边寄之名,盖个人重文雅,而轻武节也。"③王安石在《上皇帝万言书》中就对卒伍质量的下降忧心忡忡:"先王之时,士之所学者,文武之道也。……今之学者,以为文武异事,吾知治文事而已,至于边疆、宿卫之任,则推而属之于卒伍,往往天下奸悍无赖之人。苟其才行足以自托于乡里者,未有肯去亲戚而从招募者也。"④宋代禁止民间私藏和制造兵器,不但如此,即便对于一些武将创新与改良军事技术的行为,也给予严厉打击。如呼延赞曾经发明"降魔杵、破阵刀"等武器,以备杀敌,但是被宋太宗作为反面教材,差点杀头。"上恶其诡异惑众,欲斩之",可见皇帝对将领改良武器、精忠

---

① 陈独秀:《陈独秀著作选》第1卷,上海人民出版社,1993年,第165—166页。
② (宋)赵汝愚编:《宋朝诸臣奏议》下册,上海:上海古籍出版社,1999年,第1226页。
③ 苗春德:《宋代教育》,开封:河南大学出版社,1992年,第38页。
④ (宋)王安石:《王文公文集》上册,上海:上海人民出版社,1974年,第7页。

报国的态度尚且如此,遑论平民百姓。这一国策的长期存在,极大地削弱了宋朝的国防能力和军事潜力,对外只能屈膝投降,毫无招架之力,最终使宋朝成了一个萎靡王朝!

宋后重文轻武的政策和风气给来到中国的旅行家、传教士和汉学家留下了深刻印象。旅行家马可·波罗(1254—1324)对苏杭等地人民崇文厌武的心态曾有过详细描绘。明代军士主要来自从征、归附、谪发,其中谪发罪人占有相当大的比例。历史学家吴晗更是言简意赅地指出军士的本质:"名虽军士,实则工徒。"①除了草创时期的洪武朝外,文官凌驾于武官之上,已成为绝对趋势。历史学家黄仁宇认为,及至明朝中叶,"文官集团进入了成熟的阶段,他们的社会地位上升到历史上的最高点;换句话说,也就是武官的社会地位下降到历史上的最低点"②。

清代继明而起,"凡中外官制、律例、赋额、兵额,大都因明制而损益之"③。虽然满族生长于白山黑水之间,是一个以狩猎和畜牧为生的"马上民族",其祖先勇猛而好战,比起汉民族拥有更多尚武精神。但在入主中原后,随着满族"汉化"渐深,再加上承平日久,其原有的崇尚武力的民族品质渐渐消逝。特别是在统一全国的过程中,由明代降军及各省收编队伍组成的绿营,"因之熟悉内地之地理人情,颇利用之为镇压汉族之工具。自绿营兴,而重文轻武之风益甚。市井之民,常以一勇之征应武科,而为绿营之

---

① 吴晗:《读史札记》,北京:生活·读书·新知三联书店,1956年,第108页。
② 黄仁宇:《万历十五年》,北京:生活·读书·新知三联书店,1997年,第171页。
③ (清)魏源:《魏源全集》第12册,长沙:岳麓书社,2004年,第197页。

官长,遂致为当时所谓士大夫所不齿"①。同时,清廷"必须在相当大的程度上依靠儒生来治理他们的新帝国,他们就维持这一阶层的威信,而这一阶层是惯用道德制裁和传统来鄙薄军人职业的"②。在军事上,为了防止武将擅权威胁中央政权,清朝传承中国传统军事文化的基本秉性,"实行的是以文督武的方针,即地方军政分寄于总督、巡抚,以文臣总督、巡抚节制各省绿营的高级将领提督、总兵。如此形成的官僚阶层,就自然而然地出现了贱武的倾向"③。同时,我们也可以从兵部在清代六部中的排序看出军事的边缘地位。清代六部"以户部为至要,凡总理之大学士及满尚书,皆以眷注第一之人为之,必兼提督及内务府带钥匙,此嘉、道年间风气也。吏、刑二部次之,工部又次之,礼、兵二部又次之"④。由此可见,兵部在六部中居于最末。晚清士人张集馨在其自叙年谱《道咸宦海见闻录》中对道光、咸丰年间的重文轻武现象做了栩栩如生的刻画:"武职体制卑微,虽镇协亦必巴结督署家人,甚有拜弟兄结干亲者。"⑤

　　社会和民众的这种重文轻武态度,是压在清军官兵头上一块又重又大的石头。清朝武官甚至高级将领往往因自己身居武职而感到自惭形秽。"曾国藩、李鸿章等人虽然自己亲自组建军队,

---

① 文公直:《最近三十年中国军事史》,见沈云龙编:《近代中国史料丛刊续编》第64辑,台北:文海出版社,1984年,第9页。
② [美]拉尔夫·尔·鲍威尔:《1895—1912中国军事力量的兴起》,陈泽宪、陈霞飞译,北京:中国社会科学出版社,1979年,第11页。
③ 季云飞、章慕荣:《中国近代军事文化的变迁》,《军事历史研究》,2002年第4期。
④ (清)欧阳兆熊、金安清:《水窗春呓》,北京:中华书局,1984年,第56页。
⑤ (清)张集馨:《道咸宦海见闻录》,北京:中华书局,1981年,第281页。

亲自统兵作战,但他们从未将自己视为清军官兵中的一分子。"①相反,曾国藩在家书中还反复表示自己带兵实属不幸:"吾辈不幸生当乱世,又不幸而带兵,日以杀人为事,可为寒心。"②他甚至认为自己当初做出组建湘军,并将三个胞弟引入军旅的选择不够慎重。由此可见,重文轻武传统观念在传统士大夫心中何其根深蒂固。

三、胡林翼建军治军范式的基本内容

胡林翼建军治军范式是一个复杂系统,包含指挥体制、择将标准、募士准绳、技术认知、组织设计、指控模式、管理教育、兵种合成、战略战术、军事后勤等十个方面。

(一)树立一元化统驭体系

胡林翼始终坚持"吏事与兵事互为表里""吏事尤为兵事之本"③的理念,胡林翼认为"处艰巨危难之时,非带兵不可,仅带兵而吏治不饬,民生无依,即日杀千贼,无补大局。故非兼地方不可。""带兵以讨贼而救民也,受篆治地方以课吏而保民也"④。

在贵州知府任上,胡林翼首开在任官员举办练勇武装的先

---

① 皮明勇:《中国近代军事改革》,北京:解放军出版社,2008年,第166页。
② (清)曾国藩:《曾国藩全集·家书(一)》,长沙:岳麓书社,2011年,第491页。
③ (清)胡林翼:《胡林翼集》第2册,长沙:岳麓书社,1999年,第749页。
④ (清)胡林翼:《胡林翼集》第2册,长沙:岳麓书社,1999年,第749页。

例,招募了一支由他这个知府文官直接掌握指挥的"黔勇"。胡林翼极力主张带兵将领兼职督抚事权,并敢于公开表达这一观点,他通过握有兵权而得授地方巡抚之权,军政与政权得到初步结合。他说若不握督符,"任人作主,则兵不能择,饷不能节"①。武昌攻防战期间,胡林翼采取一系列措施,在湘军内部营造出"一军服从主将,主将服从统帅"的一元化统驭体系。"与此形成鲜明对照的是,曾则显得非常谨守,怀惧忧危之心颇重。没有地方事权时,他为客寄孤悬倍感焦虑,也为委军回籍甚感愤懑、遗憾;而当他出任两江总督又奉节制四省之命后,则又以盈满为惧。"②

胡林翼"深知督抚事权与兵权缺一不可。他极力为曾国藩、左宗棠谋取地方权力"③。在中国近代史上,"湖北首先出现了军政合一、兵饷合一、用人权与军、政、财权合一得以宗法制为核心的军政一体化的政治制度"④。这种制度使得兵权由中央集中改为由将帅分领,由此造就了一支强悍的湘军武装,后来为其他省份所效仿,各省拥兵自重、督抚专权局面逐渐形成,对中国历史产生了极其深远的影响。

(二)制定"四有"将领选择标准

将领是作战指挥和决策的具体实施者,其素质高低对于军队战斗力强弱具有决定性的影响。胡林翼治军首重选将,他反复强

---

① (清)胡林翼:《胡林翼集》第2册,长沙:岳麓书社,1999年,第604页。
② 曾长秋:《曾国藩、胡林翼治军方略之比较》,《求索》,2011年第10期。
③ 薛学共:《胡林翼军事哲学思想略论》,《船山学刊》,2016年第6期。
④ 凌兴珍:《论胡林翼的军事思想》,《西南交通大学学报》,2001年第2期。

调,"盖兵事之强弱系于一将,将得其人,弱者可强,将不得人,虽强亦弱"①。"兵事以人才为根本","天下强兵在将"。② 胡林翼强调要建立一支能征善战的"节制之师"和秋毫无犯的"仁义之师",就必须选择智勇双全、品行兼优的统兵将领。他明确提出了将领必备的四条标准:"求将之道,在有良心,有血性,有勇气,有智谋。"③我们不妨称之为胡林翼择将的"四有"标准。

胡林翼希望用"良心血性"来克服绿营衰惰习气,使他所组建的军队具备生机与活力。这里所说的"良心""血性",概而言之,就是一种强烈的忠诚感、道义感和责任心,也即政治上的为国尽忠的自觉性。尽管胡林翼择取"良心血性"之将是为了巩固清王朝的统治,有其阶级局限性,"但从纯军事的观点来看,这又是符合军事科学要求的,即将领应具有为某种政治势力服务的思想,应具备勇敢、智略、才识、品德等素质。正因为如此,他的择将思想才为后世治兵者如蔡锷、张学良、蒋介石、毛泽东人继承"④。令人惊奇的是,这一标准与一百多年后新时代提出的"有灵魂、有本事、有血性、有品德"的"四有"革命军人要求,在内涵上有诸多相同之处。

除了良心血性,胡林翼认为智谋也非常重要。胡林翼认为,由于"兵事为儒学之至精,非寻常士流所能几及也",所以,只有具

---

① (清)胡林翼:《胡林翼集》第 2 册,长沙:岳麓书社,1999 年,第 500 页。
② 蔡锷:《曾胡治兵语录》,收入《中国兵书十种》,长沙:湖南出版社,1993 年,第 444 页。
③ 蔡锷:《曾胡治兵语录》,收入《中国兵书十种》,长沙:湖南出版社,1993 年,第 444 页。
④ 纪振奇:《胡林翼整军措施论》,《西北第二民族学院学报》,2000 年第 2 期。

有一定文化,即具有智谋的儒生才能充当将领。据统计,湘楚军中有籍可考的将领中,儒生占了绝大多数,这一改之前任用将领重体能、技能而忽视智能的做法,注重考察将领候选者的"智谋",这在中国历代建军史上是一个突破。难能可贵的是,胡林翼既看到了文人领兵的长处,也看到了文人论兵的弊端,他说:"兵事非可空谈而成,赵括仅能读书,马谡言过其实,是兵家所忌也。"①因此,他坚决反对将兵学空泛化,指明"兵事不可言奇,不可言精。盖必先能粗而后能精,能脚踏实地,乃能运用之妙,存乎一心也"②。

胡林翼把将帅之间的和衷共济视为克敌制胜的重要保证。他认为要实现将帅之间和睦相处,关键要有"让美"之心,不争功诿过;要"爱人以德"、待人以诚,以友谊为重。本着这些原则,他在协调湘鄂将帅、八旗与湘军将帅之间的关系方面,取得了比较明显的成绩。胡林翼在安徽,"先后指挥多隆阿、鲍超、李续宾、唐训方、蒋凝学、杨载福等部作战,与这些统将相处得也比较融洽,并能注意协调各统领之间的关系"③。

(三)遵循"朴诚好义"的士兵选择准绳

从1855年抚鄂起,胡林翼通过不间断地招募兵士,组建起强大的军事武装力量。在兵士的招募上,胡林翼实行的是兵由将

① (清)胡林翼:《胡林翼集》第2册,长沙:岳麓书社,1999年,第125页。
② (清)胡林翼:《胡林翼集》第2册,长沙:岳麓书社,1999年,第512页。
③ 施渡桥:《试论胡林翼的军事思想》,《军事历史研究》,1989年第1期。

招,勇丁必须由将领亲自招募,不得假手他人的方式。在士兵的选择上,胡林翼遵循传统伦理"朴诚好义"的准绳。他说:"选朴诚勇敢、知耻尚义之士,以资助剿。"①

胡林翼的招兵思想体现出三个特点:一是招本地户籍的农民,即湘鄂两省的部队,就从本省本地的农民中招募,他认为,"召远方之惰民以充练,不如即本境之农民以自守"②。二是招农民而不招城市之民。他主张选兵"以山乡为上,百技艺者皆可为猎,专挑多力之人"③。"尤不宜用城市之人",因为"近城市者最为难用,性多巧猾,书办差役,断不可为"。④ 这一选兵标准与曾国藩不谋而合。胡林翼之所以强调用"山农",在于他认为只有经历艰苦磨炼之人,才能保证有实心做事的品质。山农剽悍键硕,朴实而好义。"犷悍壮健,便于适应艰苦的训练和残酷的战争环境;朴实少心窍,便于灌输忠君和封建伦理纲常思想。"⑤三是求精不求多。在士兵招募上,胡林翼有着深刻的求精意识,他认为,"招练而不挑选至精,亦与无练同"⑥。为了招到精兵,他采取多招少取的策略,"练兵则必须挑选,定额本多,只须简取十分之二,练成劲旅,则有事时可以制胜,无事时可以震慑奸萌"⑦。

————————
① (清)胡林翼:《胡林翼集》第 2 册,长沙:岳麓书社,1999 年,第 112 页。
② (清)胡林翼:《胡林翼集》第 2 册,长沙:岳麓书社,1999 年,第 63 页。
③ (清)胡林翼:《胡林翼集》第 2 册,长沙:岳麓书社,1999 年,第 67 页。
④ (清)胡林翼:《胡林翼集》第 2 册,长沙:岳麓书社,1999 年,第 105 页。
⑤ 施渡桥:《中国近代军事思想史》,北京:国防大学出版社,2000 年,第 128 页。
⑥ (清)胡林翼:《胡林翼集》第 2 册,长沙:岳麓书社,1999 年,第 97 页。
⑦ (清)胡林翼:《胡林翼集》第 2 册,长沙:岳麓书社,1999 年,第 79 页。

（四）重视武器装备的作用

在整个 19 世纪及以前,大多数军事指挥员尚未普遍认识到技术发展对战争胜负的巨大支撑作用。就连拿破仑那样在军事上极富创新精神的军事统帅,也轻易回绝了富尔顿研制无帆军舰的建议。

在中国传统军事思想和作战指导中,军事技术的重要性亦被漠视,"兵以义动,仁者无敌"成为一个极其显著的特征。受这一思想的深刻影响,胡林翼一开始对将士掌握武器装备的能力要求不高,在人和武器思想上,还是偏重人的一面。[1] 在与太平军的交战中,胡林翼逐步意识到武器装备在战争中所起的作用,开始注重加强武器装备的购买、训练和使用。

胡林翼在指挥湘军对太平军的作战中,就特别重视洋枪洋炮在战争中的作用,他认为抬枪系军中利器,劈山炮可以仰攻对方营垒。因此,屡屡花巨资购买洋枪洋炮等先进武器装备军队,这也因此成为湘军由弱到强、以少胜多的重要保证。"胡林翼闭口不谈洋务,不是他的内心深处真实思想的呈现。"[2]一段被广为引用的胡林翼轶事从侧面印证了他高于常人的军事技术理解力。胡林翼于离世之前,曾策马于长江边,见洋船鼓轮西上,迅如奔马,疾如飘风。胡林翼变色不语,勒马回营,中途呕血,几至坠马。洋人的骄横气焰以及先进的军事技术,加深了胡林翼的忧虑恐

---

[1] 薛学共:《胡林翼军事哲学思想略论》,《船山学刊》,2016 年第 6 期。
[2] 薛学共:《胡林翼军事哲学思想略论》,《船山学刊》,2016 年第 6 期。

惧,其后曾、左等人对洋务大力推行,自然也有他的遗愿在内。

胡林翼在军事行动中十分注重军队的武器装备。他通过对冷热兵器的分析,制定出一套有效的二者结合的方案。冷热兵器相间配置的武器装备适合野战与防御相结合的攻势防御战争方式,故胡林翼主张"冷热兵器相间配置,抬枪鸟枪与刀矛分队,相间而行;长短相间,奇正互应"①。胡林翼十分重视水师的作用,如他对船炮就十分看重,并看作是战胜太平军的主要资本,他说道:"慎守船炮,毋许资贼,致贻祸根。"②曾国藩称赞他说:"阁下于五六年间恢廓水师,以左右博大精至之才,又得湖南公私之助……乃得集事。"③

胡林翼对于武器装备的训练极为重视,他把军事训练分为"练心"和"练技",这在我国军事史上也是一大创举。"练心"就是对部队进行精神教育,训练官兵的志气、品德和意志;"练技"就是训练部队掌握武器、使用武器的军事技能,包括战法阵法,冷兵器使用武艺和火器掌握的技术等。

(五)推进军事组织改革

胡林翼深谙八旗、绿营兵的积弊沉疴,说:"有兵之处无贼,有贼之处无兵,兵与贼终不相逢。即迫之使战,亦不过虚应事故,必

---

① 凌兴珍:《论胡林翼的军事思想》,《西南交通大学学报》,2001年第2期。
② 《湖北巡抚胡林翼奏陈报官军剿贼大胜会师蒲圻水陆并进疏》,咸丰五年十月二十二日。转引自张晓生主编:《中国近代战策辑要》,北京:军事科学出版社,1993年版,第202页。
③ (清)曾国藩:《曾国藩全集·书信(二)》,长沙:岳麓书社,2011年,第172页。

无荡平之日。"①因此,胡林翼主张从改变兵员成分入手,"别树一帜,改弦更张",组建全新的军队,改世兵制为募兵制,实行"兵为将有,将为帅有"的招募制度。与此同时,曾国藩也有类似观点。坚持"尽募新勇,不杂一兵,不滥收一弁,扫除陈迹,特开生面",完全不用营兵,坚持"技艺娴熟,年轻力壮,朴实而有农夫士气者为上。其油头滑面,有市井气者,有衙门气者,概不收用"的标准,在社会上自主招募兵员,以募勇制取代额兵制,可谓开创了近代军制之先河,有效地克服了绿营兵固有的"兵与兵不相知,兵与将不相习",组织松散,不听约束的弊端,使"弁勇视营哨,营哨视统领,统领视大帅,皆如子弟之事其父兄也"。②

对于具体的组织方式,采取以各级将领为"根、干",以兵勇为"枝、叶"的办法。胡林翼在贵州时就编练了一支300多人的黔勇,对勇营制度做了大胆的尝试。组建湘军时,胡林翼主张实行营、哨、队三级制。每营的员额为500—700人,统领还可自招200—300人作为亲兵。他主张将一县之人编在同一营内,以便性情相孚,言语相通,心力易齐。随着湘军的发展壮大,统领所辖营数过多,指挥难以周全,胡林翼提出由数营合一大营,设一小统领,统领向小统领发令,小统领具体调度各营,以利部队管理和作战指挥。胡林翼和曾国藩都要求以将必亲选、兵必自找、层层节制的原则组建军队,自统领至兵勇都是逐级进行募选,改变了绿营中"兵与兵不相知,兵与将不相习"的弊病。

---

① (清)胡林翼:《胡林翼集》第2册,长沙:岳麓书社,1999年,第45页。
② (清)王安定:《湘军记》,长沙:岳麓书社,1983年,第338页。

（六）实施"不遥制"的指挥控制模式

指挥控制（C2）一直是作战的核心。20世纪90年代，美国国防信息系统局（DISA，当时称为"国防通信局"）出资对历史上实施的各种C2模式进行了广泛的研究，包括美国、英国、苏联、以色列、中国、北约及其他在军事上有影响的国家和组织。同时，对艾森豪威尔、尼米兹、布雷德利等优秀指挥官以及重要指挥部在作战中C2模式的变化进行研究，对有关教训也进行了分析。这些历史与比较研究的成果之一就是确定指挥控制模式的三种主要类型，按集中控制程度，即从高度分散的无控制到固有的集中控制，分为使命为主、目标为主以及命令为主等三种类型。每个主要类型包含两种重要的子类型。使命为主的模式包括不加控制和选择控制两类，目标为主的模式包括限定问题和解决问题两类，使命为主的模式包括选择控制和不加控制两类。在使命为主型的指挥与控制模式中，每一级别的指挥员都倾向于将任务分配给下级，并允许下级从选择完成任务所需的目标开始，根据战场态势制定进一步细节。这样做的前提是战场上的指挥员比上级指挥员拥有更及时、更准确的信息，并且拥有足够资源利用战机、完成任务。在当今网络信息化条件下的作战环境中，这一假设更容易被满足。下级指挥员不仅能从过去仅供上级指挥部使用的信息中受益，而且还能从无人机等平台的实时信息中受益。此外，通过条令、训练、经验以及任务指示的结合，可以推测，下级指挥员能够理解上级指挥员的意图以及整个作战概念，从而使局部行动与其他指挥员的更重要军事任务或行动保持一致。

胡林翼治军以身作则，不屑以权术驭下，而是以"诚"待将，对主将放心使用，很大程度上实行的是使命为主的指挥控制模式，其指挥控制模式更好地契合转型时期的战争实际和时代发展。他说："以权术凌人，可驭不肖之将……本性忠良之人，则并不烦督责而自奋也。"①在具体作战中，胡林翼从不遥制部下。一般只提一些意图和建议，但不轻易插手具体指挥事宜。他说："临阵之时，一切机宜，不宜遥制，亦不可遥制。"②战场上的情况风云变幻，指挥将帅为了捕捉最有利的战机，必须详审地势敌情，敢于拍板决策。这种以"诚"待将，对主将放权使用的治军原则，使他能够招募笼络各种军事人才为己所用，使其麾下的湖北楚军猛将如云，自此由弱转强。胡林翼"不遥制"的指挥控制艺术，为毛泽东所继承发扬。在孟良崮战役前夕，毛泽东电示粟裕"当机立断，立付施行，我们不遥制"；在豫东战役中，毛泽东电示粟裕"情况紧张时独立处置，不要请示"；淮海战役中，毛泽东授权粟裕"机断专行，不要事事请示。"赋予一线指挥员机断专行权力，这一指挥控制方式为战争的胜利创造了必要条件。

(七)加强部队军事管理教育

胡林翼在强调训练基本军事技能的同时，特别强调对军队的思想教育和纪律教育。胡林翼在治军实践中秉承"仁""礼"之道，以儒家伦理思想对所属军队实行政治灌输，主张将领以"仁"

---

① 康德:《胡林翼评传》，北京:团结出版社，1990年，第497页。
② (清)胡林翼:《胡林翼集》第2册，长沙:岳麓书社，1999年，第441页。

"礼"带兵,要求官长关心、爱护士兵,严禁乱施刑罚。

胡林翼认为:"不教之兵,将又不取自焚之势,遑论杀敌致果。"他要求所属军队"爱惜百姓,并随时访查、随时董戒,使营团皆行之无事,不扰不惊,戢暴安良",做到"军行之处,秋毫无犯,固结民心"。为严明纪律,胡林翼规定湘鄂军营制"日夜点名三次,勇丁日间出营,须请票登册,以备稽查"。①

胡林翼的军事管理教育思想是软硬两手要灵活使用,"显"以严纪,"隐"以结恩,"立法宜严,用法宜宽,显以示之纪律,隐以激其忠良,庶几畏威怀德,可度节制之师"②。胡林翼认为,一味强调硬与一味强调软皆非合适的办法,应该在软硬两者之间找到一个平衡。同时胡林翼强调要先严,他认为"先宽后严,窃恐始习疲玩,终生怨尤,军政必难整饬"③基于这种认识,胡林翼制订了严格的军纪章程和营规。他从"军政贵在谨严,首戒荡佚"出发,"对于声色犬马、骄奢淫逸、出入赌场烟馆的将领、兵勇,一律从严整治、禀参斥革,对于在行军途中、打仗之时临阵脱逃的人员更是从严处置,或杖,或发配边疆为奴,或拟斩"。④

胡林翼的军事管理教育思想在实践中收到了良好的效果。这种以思想治军的方法被后世的蔡锷、毛泽东、彭德怀、罗荣桓等许多军事家所效仿,对中国近代社会向前发展产生了深刻的影响。

---

① 沈云龙编:《近代中国史料丛刊正编》,台北:文海出版社,1966年,第62—63页。
② 胡林翼:《胡林翼集》第2册,长沙:岳麓书社,1999年,第335页。
③ (清)胡林翼:《胡林翼集》第2册,长沙:岳麓书社,1999年,第335页。
④ 曾长秋:《曾国藩、胡林翼治军方略之比较》,《求索》,2011年第10期。

(八)发展多兵种合成作战

胡林翼发展了多兵种合成作战的思想。武昌攻防战期间,除以湘军水陆师为主体的南岸军外,另有湖广总督官文统帅的北岸军。由于北岸军战绩不佳,一些湘系人物对之极为轻视,如左宗棠称"制军(指官文——引者注)拥数万不能战之众"①。武昌攻防战后,纷纷建议裁撤这支战斗力低下的部队。胡林翼对这支部队的弊端也十分清楚,曾评价其"战则不可恃,而滋事有余,乱萌方卜"②,然而,胡林翼最终还是将这支部队的精华保留下来,导入湘军的战斗序列。其原因是他看到了这支军队的可利用之处,"有马队则贼颇怯"③,北岸军中的东北马队可与以步兵为主的南岸湘军长短互补,形成马步协同的兵种优势局面。进入湖北后,马队在战场上发挥着不可或缺的作用,除鲁家港之战击破石达开援兵外,马队曾提供陆上防卫,保障湘军水师在武汉三镇的水战中击败太平军。

胡林翼为对付太平军而提出加强水师和马队的建设,他认为水师一万,可抵步兵十万;马队之力,一可抵步军五。胡林翼极其重视水师,认为"南服之利在舟楫,犹北方之利在车马"④,"平寇之要,必得水师肃清江面,而后陆师无牵掣之虞"⑤。从这些言论

---

① (清)左宗棠:《左宗棠全集》第10卷,长沙:岳麓书社,2009年,第164页。
② (清)胡林翼:《胡林翼集》第2册,长沙:岳麓书社,1999年,第138页。
③ (清)胡林翼:《胡林翼集》第2册,长沙:岳麓书社,1999年,第131页。
④ (清)胡林翼:《胡林翼集》第1册,长沙:岳麓书社,1999年,第208页。
⑤ (清)梅英杰:《湘军人物年谱》第1册,长沙:岳麓书社,1983年,第240页。

中,我们可以看出,胡林翼已经充分认识到控制江河制水权的重要性,正因为如此,湘军水师在胡林翼手上得到了极大的扩充。1855年6月,胡林翼奉旨以湖北巡抚兼统湘军外江水师,便着手极力扩充外江水师。到1858年,外江水师增至一十八营,胡林翼也不无自豪地说:"水师一军,建议于江忠源,创造于曾国藩,而整理扩充至近年始大","江汉水师,如雷如霆,军声不为不盛"。① 由此可见胡林翼对湘军水师的扩充之力。

从武昌攻防战始,胡林翼即对马队着意笼络,除兵饷优加供给,亦极力拉拢舒保等马队将官。对于多隆阿、金顺等军事才干突出的马队将领,胡林翼会同湖广总督官文越次提拔,乃至将北岸兵勇全部赋予多隆阿统带。胡林翼依靠舒保、都兴阿、多隆阿等旗人将领,运用甚为得力。多隆阿统兵后,"逐日操演,步伐止齐",战场表现令胡林翼也感到惊讶,称改编后的北岸军"居然可战"。② 这支马步兼备的部队在胡林翼支持下日益壮大,安庆之战时已达一万余人,在野战中屡破陈玉成所率太平军援军,为攻克安庆奠定了基础。

由于胡林翼对水师和骑兵的建设十分重视,胡林翼指挥的军队是陆军、水军、马队等多兵种的有机结合,多兵种协同作战局面的形成,使湖北清军集合了湘军陆师的坚韧善守、水师的火力优势以及东北马队的机动突击三者之长,三大兵种协同作战所迸发出的威力,显然是缺乏马匹与火炮的太平军难于抵御的。太平军基本无骑兵,水师屡战屡败,这是造成太平军失利湖北、安徽战场

---

① (清)胡林翼:《胡林翼集》第1册,长沙:岳麓书社,1999年,第335页。
② (清)胡林翼:《胡林翼集》第2册,长沙:岳麓书社,1999年,第198页。

的原因之一。左宗棠因之赞叹:"以目前论之,官军之精,以鄂为最,盖合马、步、水三者而皆拔其尤也。"①

(九)运用灵活机动的战略战术

胡林翼1854年带兵援鄂时,太平军处于强势一方,先后占领了长江中下游两岸大片地区和南京、安庆、九江、武汉等军事要地。一开始胡林翼也急于收复失地,贸然进攻,几次交手后被碰得头破血流。胡林翼仔细研究双方战局和地理形势,总结古今战略得失,逐渐形成先取武汉,以此作为战略基地,然后循九江、安庆,最后夺取金陵的"以上制下"的战略思想。湖北武汉攻取后,胡林翼又从当时形势及湖北本身安危出发,决定出师援剿邻省。他先后用湖北得胜之师主力谋江、皖,分援湘、蜀、豫等省,其战略取得了一次次成功,可以说收放自如。太平军后期缺乏统筹全局的战略思想,偏重于攻城略地,往往顾此失彼,造成了战略上的被动。战略上的高明,成为湘军取得最终胜利的重要原因。

在战术方面,胡林翼把理学"动静互为其根"的思想运用于军事,形成了一套很有实效的"以主待客以静制动"战术原则。胡林翼认为:"凡战,以静制动,以主待客,以整御散,以逸待劳为妙。"②这一战术原则是在汲取沉痛教训的基础上形成。初任湖北巡抚之际,胡林翼激于"义愤"频频向太平军发动猛攻,力攻坚城,结果不到四个月的时间损失精兵三千余人,罗泽南等百余名军官

---

① (清)左宗棠:《左宗棠全集》第10卷,长沙:岳麓书社,2009年,第249页。
② (清)胡林翼:《胡林翼集》第2册,长沙:岳麓书社,1999年,第437页。

战死,血的教训使胡林翼重新审视战术原则,找到一条弱势军队对抗强敌的有效原则。胡林翼的指挥下,武汉战役最终取得胜利,成为整个湘军战局的转折点。对此,学者董丛林评价道:"武汉战役以后,西线太平军的前沿被压迫至赣皖,湘军控制了楚境,便取得了'以上制下'的主动权,战略防御一举变为战略进攻。"①

随后在九江战役中,针对太平军的严密防守,胡林翼灵活机动的战略战术运用更为娴熟,他采取"长堑围困"的办法,围而不攻,主攻援敌,后攻守敌,以守为攻,守中带攻,使清军由客反主,致使九江太平军孤危坐困,弹尽援绝,最后九江城被攻破。② 这种以静制动、以主待客的军事战术原则适应了湘军与太平军力量对比的实际状况。"湘军成立之初,兵力不过 1.7 万人,即使到鼎盛时期也不过 12 万人,而太平军兵力则达五六十万人,且占有长江流域的许多城镇。"③

毛泽东对中国古代兵家文化包括涉及战争的小说,如《孙子兵法》《水浒传》等都有深入研究,特别是直接和全面地继承了湖湘文化中曾国藩、胡林翼的战略战术思想。毛泽东通过对曾国藩、胡林翼等湘军兵法的研究,对曾、胡经常采用的"以静制动""以主待客""避实击虚""致人而不致于人"等战法颇有体会,并发展形成了灵活机动的战略战术,这也是毛泽东军事思想的核心与精髓,"打得赢就打,打不赢就走","敌进我退,敌驻我扰,敌疲我打,敌退我追",当敌人来了,先领他在我们熟悉的根据地里转

---

① 董丛林:《胡林翼与湘系势力的崛起》,《近代史研究》,1987 年第 4 期。
② 欧德良:《试论胡林翼军事思想德理学特色》,《兰州学刊》,2008 年第 6 期。
③ 李成甲、魏均:《论曾国藩的战术思想》,《近代史研究》,1995 年第 4 期。

圈,等他转晕了,消耗了,再抓住机会狠狠反击,无不显示了"以静制动、以主待客"的影子。可以说,胡林翼等湘军将帅的治军原则、用兵方略为毛泽东提供了极为丰富的养料。毛泽东人民战争的战略战术思想正是在继承前人优秀军事遗产的基础上,在中国革命战争的伟大实践中得到全面升华。

(十) 提升军事后勤的地位

湘军建立之时,清朝面临数千年未有之大变局,内忧外患交加,国库空虚、财政枯竭,清军军饷主要靠在地方上筹措。而湘军作为清朝"经制军"之外的临时性地方武装,军饷供应更难保障。在胡林翼出任鄂抚之前,湘军的军饷主要靠湖南提供,但湖南贫弱,力不能支。在这种情况下,湘军军饷严重不足,当时"州县残破饷源绝,文移指拨不时应,欠饷辄逾数月,军无现粮"[1]。

胡林翼认为军队后勤供给至关重要。他对于包括军饷在内的军事后勤的重要性有切身的体会,他曾评价说:"兵与饷相依为命,以前因停兵待饷致误事机者不一而足。兵之利钝,视饷为转移,尤必须先筹给方能有恃无恐,而勇气自倍。"[2]正是基于这种深刻的认识,他在湖北巡抚任上多方筹措,对于湘军财政给予了巨大的支持。为广开财源,胡林翼在厘金、盐务、牙帖、漕运、捐纳等方面大做文章,并取得明显成效,各项收入甚为可观,"丁、漕、盐、厘四项岁入,已四百万金",一改湖北积贫的局面。胡林翼将湖北

---

[1] (清)梅英杰:《胡文忠公年谱》,台北:文海出版社,1968年,第101页。
[2] (清)郑敦谨:《胡文忠公遗集》,台北:华文书局,1965年,第12页。

的这些财政收入最大限度地投入湘军的军需供应上。① 他在财政上对于湘军的支持真可谓尽心竭力、毫不顾惜,据估算,湖北为湘军提供的饷银每年不下三百万两,几乎是湖南的三倍,在湘系省区中首屈一指。② 湖北俨然成为湘军的财库,对于这种巨大的财政支持,近代学者王闿运评价道:"湖南军实所由充,始自湖北。"③胡林翼还特别强调统兵大员须兼领地方行政权,从而更有效地动用地方人力物力维持军队。

四、结语

以上十个方面的论述只能算是对胡林翼建军治军范式的一个简单梳理,难免会挂一漏万。但从中我们已不难看出胡林翼在湘军的兴盛过程,以及中国近代建军治军范式转型中所起到的无可替代的作用。在胡林翼终因积劳成疾而英年早逝时,曾国藩称他"忧国之诚,进德之猛,好贤之笃,驭将之厚,吏治之精,无善不备,无日不新,同时辈流,固无其匹,即求之古人中,亦不可多得"④,评价之高,就曾国藩而言,是绝无仅有的。胡林翼的有关军事改革思想及实践,是有清一代所未有的,打破了清王朝在军事制度上的僵化局面,使传统军事思想达到了一个新的顶峰。毫无疑问,这对近代中国军事思想的进步发展和治军范式的转变起到了积极的推动作用。

---

① 荆晓燕:《略论胡林翼对湘军之贡献》,《兰台世界》,2013 年第 16 期。
② 纪振奇:《胡林翼筹饷论》,《西北第二民族学院学报》,1999 年第 2 期。
③ (清)王闿运:《湘军志》,长沙:岳麓书社,1983 年,第 165 页。
④ (清)曾国藩:《曾国藩全集·书信(三)》,长沙:岳麓书社,2011 年,第 2230 页。

第十七章　晚清军事技术发展策略的调整与福州船政局的成就

重陆轻海的军事战略文化必然带来陆军军事技术和海军军事技术上的非均衡发展。晚清军事战略文化由重陆轻海向陆海兼顾变迁后,军事技术的发展策略也由非均衡发展变迁到均衡发展,海军(水师)和与海军(水师)相关的军事技术获得了跨越式发展,鸦片战争前与西方发达国家之间的巨大差距有所减小。

一、军事技术非均衡发展策略导致的水师装备的衰退

在鸦片战争以前的清朝历史中,除了收复台湾的短暂时间外,清政府从未在海上遇到实质性的挑战。庞大的帝国仅仅凭借其相对强大的陆军和遍布全境的塞防就可以确保其平安无事。因此,相对而言,清政府在相当长的时间内较为注重火药改进、枪支仿造、火炮铸造等陆军武器装备发展,对海军(水师)及其相关军事技术则相对轻视,致使清军水师与全盛时期的明朝水师相比有很大的衰退。

(一)清军水师实力基本情况

清军虽在沿海各省设有水师,但由于清朝极力推行"海禁"政

策,实施的是"守土型"的国防战略,重边防而轻海防,长期的海禁使清朝失去了发展海军(水师)的根本动力,特别是1797年,"清政府下令将沿海战船'一律改小',清水师只能戍卫近海而不能出洋作战"①。这一政策直接导致清军额设师船技术与民船技术不分,大型战船几乎绝迹,此后服役战船排水量多在10吨以下,"最大排水量在250至300吨之间"②。其装备的火器也大多是旧式枪炮和各种传统的燃烧性火器。每船安炮数量不等,通常是中型火炮1门,小型火炮4—6门。因受船体限制,再多便会船身摇晃。与明代军事强盛时期相比,清代水师的装备,包括船型、舰船的数量、武器和作战战术,"不但没有发展和突破,反而日趋退化"③。如明朝水师的全盛时期,沿海各卫所共有战船2700艘,19世纪中期清朝仅有战船800余艘。④ 明朝水师战船通常可配备400人,但清朝水师在鸦片战争时,平均配员只有100人左右。而且清朝水师战船类型差异太大,战船类型高达27种(其中有5种也适用于内河)。严格地说,清朝水师只是一支对付海盗的武装,既缺乏远海作战的实践,也从未有过管理体制上的集中统一。

  清军水师战船式样如此陈旧落后,其战船建造更是处于分散状态,没有战略性的造舰基地,维修补造又很差,损坏的战船很难

---

① 李斌:《清代传统兵学的衰落与"师夷制夷"战略思想的形成》,《故宫博物院院刊》,2002年第3期。
② [美]约翰·罗林森:《中国发展海军的奋斗(1839—1895)》,苏小东、于世敬译,北京:海军军事学术研究所出版,1993年,第3页。
③ 吴杰章、苏小东、程志发:《中国近代海军史》,北京:解放军出版社,1989年,第9页。
④ [美]约翰·罗林森:《中国发展海军的奋斗(1839—1895)》,苏小东、于世敬译,北京:海军军事学术研究所出版,1993年,第9页。

得到及时修补。1859年,郭嵩焘受命襄助僧格林沁布置津沽鲁东防务,他在查看登州水师时称:"有旧战船六七只,损坏过半。"①实际上,鸦片战争爆发时,清军水师装备的基本上都是木质风帆平底战船,不但机动性能远逊于英军,并且在船载武器方面火器与冷兵器并用,大致枪炮等火器占70%,刀矛等冷兵器占30%,其中火器就有红衣炮、碗口炮、鸟枪、火箭、喷筒、火罐、火号、箭箱、溜桶等落后的制品。甚至还有装备油脂与薪草的火攻船,试图用传统的中古的火攻方式战胜西方坚船利炮。

  鸦片战争之前,英国东印度公司派遣林赛与郭士立在中国沿海进行侦察和测量航道的间谍活动时,林、郭二人就断定清军水师不堪一击。他们认为:"由大小不同的一千艘船只组成的整个中国舰队,都抵御不了一艘战舰。"②1835年,他们在给时任英国外交大臣巴麦尊(1784—1865)的信中写到,侵略中国只要一艘主力舰、二艘大巡洋舰、六艘三等军舰、三十四艘武装轮船,加上六百人的舰载陆上部队就足够了。林赛以极其轻蔑的语气断定,这支舰队"会在很短的时间把沿海中国海军的全部威信一扫而光,并把数千只土著商船置于我们的掌握之下"③。甚至有观点认为,在19世纪60年代以前,中国还没有近代意义上的海军。外国评论家辛辣地讽刺中国仅有"几只又小又笨的河船,目的只是在海岸执行任务,装有小型铁铸的炮,这些炮,只有对船上的水手们是

---

① (清)郭嵩焘:《郭嵩焘日记》第1卷,长沙:湖南人民出版社,1980年,第252页。
② 列岛:《鸦片战争史论文专集》,北京:生活·读书·新知三联书店,1958年,第110—111页。
③ 列岛:《鸦片战争史论文专集》,北京:生活·读书·新知三联书店,1958年,第41页。

危险的,这些船就是要逃跑也不够快"①。因此,在英国学者马士编著的《东印度公司对华贸易纪事》中,"大约有十二处提到中国水师,但没有一处是用赞扬的口气来描写这一朝廷政策的实施者的"②。

(二)清军舰船落后的生产管理制度

道光庚子海衅骤开,清军水师"器械之窳,舰船之旧,至是毕见"③。同时也证明了外国观察家的判断绝非夸张之词。这种落后状况的形成既与清朝的"重陆轻海"的军事战略文化有关,也与军工生产管理制度有关。

清朝对于制造武器装备的工价和各种原材料价格均有详细规定,一般每十年才调整一次,而这种调整又往往不能反映各地工价和物价的上升趋势。明文规定与实际情况的脱节,"这就使得火器、火药的制造者无利可图,反而时常可能亏损"④。这在战船制造方面表现得尤为突出。晚清官员张集馨(1800—1878)在福建漳州任职时,曾经每月督造战船一只,对造船赔本之事就有着真实而详细的记载:"每修造一船,道中少则赔银千数百元,多

---

① 中国史学会:《洋务运动》第 8 册,上海:上海人民出版社,1961 年,第 473 页。
② [美]约翰·罗林森:《中国发展海军的奋斗(1839—1895)》,苏小东、于世敬译,北京:海军军事学术研究所出版,1993 年,第 12 页。
③ 徐泰来:《洋务运动新论》,长沙:湖南人民出版社,1986 年,第 43 页。
④ 刘鸿亮:《第一次鸦片战争时期中英双方火炮发射火药的技术研究》,《福建师范大学学报》,2007 年第 4 期。

则赔三四千元。"①更让造船厂苦不堪言的是,"每有船只造成,驾出海口,咨请水师收功领用,乃延搁竟至一年半载,海风飘荡,烈日熏蒸,及至牒请,至查来收功时,油色不能鲜明,不肯领用,又复重新修饰,更添赔累"②。因此,清代军用造船厂所造额设之船,因监造者不肯赔累,偷工减料就势所必然。这导致清军水师战船的质量低劣无比,"板薄钉稀,一遇风涛颠播,必至破坏不堪适用"③。外文新闻报纸对清军水师评价亦很低,《澳门月报》称:"中国海上水师之船,较之西洋各国之兵船则不但不能比较,乃令人一见,即起憎恨之心。"④无独有偶,1840年4月4日的《澳门新闻纸》也曾报道:"见得中国之水师,向来不惯打仗,不过恃有谋算,是他们一半勇气。中国水手不谙驾船,略为操演,即为师船上之好水手。"⑤他们甚至认为以欧洲最少小队之兵,即可以向清军水师发动攻击。

　　清军水师因承平日久,自知不善战,一遇海上战事大多采取消极避战的态度。对此,外文报纸可谓洞若观火:"故每事只用柔治,其防守之兵,有事只闻炮声而已。水师船遇西洋并无军器之商船,尚抵挡不住,何况兵船?"⑥诸如此类的评价很多,鸦片战争的惨败证明这些评价是十分中肯的。第一次鸦片战争后,英国的坚船利炮开始为人们所认识。沿海各省开始纷纷建造大船,似有

---

① (清)张集馨:《道咸宦海见闻录》,北京:中华书局,1981年,第63页。
② (清)张集馨:《道咸宦海见闻录》,北京:中华书局,1981年,第63页。
③ (清)魏源:《海国图志》第4册,长沙:岳麓书社,2011年,第1995页。
④ 中国史学会:《鸦片战争》第2册,上海:上海人民出版社,2000年,第524页。
⑤ 中国史学会:《鸦片战争》第2册,上海:上海人民出版社,2000年,第459页。
⑥ 中国史学会:《鸦片战争》第2册,上海:上海人民出版社,2000年,第543页。

振兴水师之雄心。然而没过几年,改良水师的计划则不了了之。20 年后爆发的第二次鸦片战争,清军水师仍不见坚船巨舰,"仍是清中叶已有的红单、拖风、米艇等式样"①。

(三)同期英军先进的舰船技术

参加第一次鸦片战争的英军舰队,据密切关注军事的恩格斯考证包括:"两艘装有 74 门炮的军舰,8 艘巡航舰,许多轻巡航舰和二桅横帆舰,12 艘蒸汽舰和 40 艘运输船;全部兵力,包括海军和陆战队在内,共计 15 000 人。"②这些英军战舰排水量平均达到 800 吨,载炮多者 120 门,少亦达 10 多门。战舰底面皆有铜片包裹,厚一二分,可防虫防火。整个船底厚约七八尺,表里两层,抗沉性较好,所以又称之为"夹板船"。英军此时已开始装备小型蒸汽动力轮船,"无风无潮,顺水逆水,皆能飞渡"③。以 1839 年下水的内梅赛斯号汽船为例,该船排水量 630 吨,长 184 英尺,宽 29 英尺,由 120 马力的引擎驱动,装备有两门 32 磅的大炮,5 门 6 磅小炮,10 门小回旋炮和一台火箭炮,在侵华军事行动中装载大约 90 名官兵。④ 正因为如此,晚清学者包世臣(1775—1855)将"船只之坚固"视为"英夷之长技"之首,认为船只和火器,"二者皆非中

---

① 茅海建:《近代的尺度:两次鸦片战争军事与外交》,北京:生活·读书·新知三联书店,2011 年,第 95 页。
② 《马克思恩格斯军事文集》第 4 卷,北京:战士出版社,1982 年,第 84 页。
③ 皮明勇:《关注与超越——中国近代军事变革论》,石家庄:河北人民出版社,1999 年,第 225 页。
④ W.H.Hall and W.D.Bernard, *The Nemesis in China*, London, 1846, pp.2—6.

华所能"。① 蒸汽机推动的战舰也成了清军震惊与恐惧之源。"在1841至1842年鸦片战争的几次战役中,装甲舰'复仇女神号'的机动性和火力对中国的守军来说是一个灾难,他们轻易地被一扫而光。"②同时,英国舰船全都装备了先进的导航技术,运用望远镜观察。更为严重的是,清军水师官兵缺乏军事技术素养,具有代表性的水师军官们对外海航行缺乏经验,甚至连航位计算法也没有应用。在这些中世纪军事领导人的管理下,"近代清军战术的改变远比军中兵器的改变慢得多,过去陈旧的战术方法久被沿用"③。鸦片战争前,清军水师仍将中古时代的接舷战视为近代海战的主要作战方式,重点训练火攻和"爬桅跳船各技"。④ 具有开放眼光的林则徐虽然在购置洋船方面不遗余力,但在训练方式上没有迈开步伐,仍然让水师官兵演习传统的"攻首尾、跃中舱之法"⑤。

二、福州船政局:均衡发展策略下海军技术进步的缩影

新中国首任海军司令员肖劲光大将在为《清末海军史料》所作的序言中指出:"丧权辱国的遭遇,使统治阶级中的一些人开始清醒。他们主张'师夷长技以制夷',建议设船厂,练海军,加强海

---

① 中国史学会:《鸦片战争》第4册,上海:上海人民出版社,2000年,第465页。
② [美]保罗·肯尼迪:《大国的兴衰:1500—2000年的经济变迁与军事冲突》,王保存等译,北京:求实出版社,1988年,第184页。
③ 牛俊法:《论近代清军的装备与战术》,《史学月刊》,1985年第6期。
④ 中国史学会:《鸦片战争》第2册,上海:上海人民出版社,2000年,第223页。
⑤ (清)魏源:《魏源集》上册,北京:中华书局,1983年,第174页。

防,抵抗侵略。这些主张得到了清廷中一些具有维新变革思想的人们的支持。同治光绪年间,曾大力筹款,购船造舰,兴办海防,整建海军。经过多年的筹措经营,清海军曾建有相当规模,当时居世界海军第四位。旅顺、威海等地建立了有一定设施的军港,马尾、南京、天津、黄埔等地的海军学堂还为船队培养了大批人才。"①这是新中国海军事业的主要创立者对洋务运动时期海军技术发展的实事求是的评价。著名历史学家蒋廷黻同样对光绪十年左右的中国海军给予了极高评价:"纪律很严,操练也勤,技术的进步很快,那时中国的海军是很有希望的。"②

(一)福州船政局创办的缘起

第一次鸦片战争,英国坚船利炮教训了清朝统治者们,于是有了"购舰外洋以辅水军之议"③。林则徐等积极筹办海防,并有购买舰船火炮的开创之举,开启了旧式水师向筹建近代海军的转折之门。鸦片战争结束后,新式水师的建设也就戛然而止。直到19世纪60年代,当西方轮船成功地将李鸿章的淮军从安庆越过太平军的长江防线运到上海时,中央和地方当权者才普遍认识到现代海军的军事价值,建立新式海军的事宜被再次提上日程。英国驻华公使普鲁斯和参赞威妥玛也竭力建议清政府购买西洋军舰建立海军,清政府于是把建立新式海军当作要事来抓,随后便

---

① 张侠等编:《清末海军史料·序》,北京:海洋出版社,1982年,第3页。
② 蒋廷黻:《中国近代史》,上海:上海古籍出版社,2006年,第39页。
③ 赵尔巽等:《清史稿》第14册,北京:中华书局,1976年,第4029页。

有了"阿思本舰队"事件的发生。"阿思本舰队"遣散后,洋务派便试图自造军舰,以解决建海军急需的舰艇问题。《清史稿》则对清朝海军的创始过程记载如下:"曾国藩、左宗棠诸臣建议设船厂、铁厂。沈葆桢兴船政于闽海,李鸿章筑船坞于旅顺,练北洋海军,是为有海军之始。"①

　　在19世纪中后期,海军实力的强弱是大国地位的主要标志。晚清时期,为使中国军事近代化而付出的努力主要是不惜人力、财力建设一支海军。在这种局势下,海军军事技术获得了前所未有的发展,福州船政局是晚清海军军事技术跨越式发展的一个缩影。1866年6月25日,左宗棠自告奋勇连上两折,向朝廷提出设局造船的主张,他在第一份奏折中指出:"欲防海之害而收其利,非整理水师不可;欲整理水师,非设局监造轮船不可。泰西巧而中国不必安于拙也,泰西有而中国不能傲以无也。"②他并且从海防、商业、民生和漕运四个方面,阐述了"非设局急造轮船不为功"的理由。左宗棠的这份奏折,得到有识之士的高度评价。谭嗣同在《上欧阳中鹄书》中说:"善夫!左文襄请造轮船之疏。"③在名为《复陈筹议洋务事宜折》的第二份奏折中,左宗棠进一步指出创办船政局的紧迫性。三年前的如鲠在喉的"阿斯本舰队"事件,清政府当然记忆犹新,左宗棠提议设厂自造,比向外国购买的办法更容易使清政府接受。因此,不到一个月,其奏稿就获得了朝廷的批准。值得一提的是,一直留心海防的江苏布政使丁日昌在

---

① 赵尔巽等:《清史稿》第14册,北京:中华书局,1976年,第4029页。
② (清)左宗棠:《左宗棠全集·奏稿(三)》,长沙:岳麓书社,1989年,第61页。
③ (清)谭嗣同:《谭嗣同全集》上册,北京:中华书局,1981年,第157页。

1867年首次提出了创设外洋海军的具体方案：建议制造"根驳船约三十号，以一提臣督之，分为三路：一曰北洋提督……；一曰中洋提督……；一曰南洋提督……。有事则一路为正兵，两路为奇兵，飞驰援应，如常山蛇首尾交至，则藩篱之事成，主客之形异，而海氛不能纵横驰突矣"①。

(二)福州船政局的技术成就

福州船政局成立之初，"中国于汽机制造之学一无闻见，不能不借才荒裔，聘订法员日意格、德克碑为正副监督，并法员匠数十人以为导，使国人就而学焉。师其所长，即以立海军之基础"②。船政局于1868年1月开始建造第一艘轮船——"万年清"。一年半后，"万年清"便由管驾贝锦泉驾驶出海，试航成功。沈葆桢事后对这次试航有专门奏折："随于大洋中饬将船上巨炮周回轰放，察看船身，似尚牢固，轮机似尚轻灵，掌舵、管轮、炮手、水手人等亦尚进退合度。"③同治十二年，因中国技术人员"于制造之技渐能悟会，厂屋机器亦渐臻完备，遂于是年十二月遣散洋员匠回国。"④此后，福州船政局完全走上了自主设计制造的道路。

1876年下水的"艺新"轮则是由福州船政局培养的军事技术人才吴德章、罗臻禄、游学诗、汪乔年等自己设计制造的第一艘轮船。这充分表明："船政局在制造轮船方面，已由依靠外国转入自

---

① 张侠等编：《清末海军史料》上册，北京：海洋出版社，1982年，第1—2页。
② 张侠等编：《清末海军史料》上册，北京：海洋出版社，1982年，第143页。
③ 中国史学会：《洋务运动》第5册，上海：上海人民出版社，1961年，第87页。
④ 张侠等编：《清末海军史料》上册，北京：海洋出版社，1982年，第143页。

己独立制造,是船政局初步发展的一个重要标志。"①该年,一位英国海军军官随英国兵船"田凫号"来到中国,在参观马尾船政局后认为:船厂所制产品,其"技艺与最后的细工,可以和我们英国自己的机械工厂的任何出品相媲美而无愧色"②。此后,船政局制造的铁胁"威远"则实现了由制造木质轮船到铁质轮船的重大转折,亦是船政局发展的一个重要里程碑。从1876年至1880年,船政局先后制造了超武、康济和澄庆号。后者"所有铁胁、铁梁、铁龙骨、斗鲸及轮机水缸均系华工自造"③。

进入19世纪80年代,福州船政局开始仿造西方早期的巡洋舰。我国第一艘巡洋舰开济号"制件之精良,算配之合法,悉皆制造学生吴德章、李寿田、杨廉臣等本外洋最新最上最便捷之法而损益之,尤为各船所不及"④。而且开济号的前后大炮开始采用当时世界上最先进的德国克虏伯大炮,共计装备21厘米后膛炮2尊,15厘米后膛钢炮5尊,拿登飞连珠炮6尊。1888年竣工的双机钢甲兵船"龙威"(后改名为"平远"),由船政出洋毕业生魏瀚、陈兆翱、郑清濂、杨廉臣等参照法国蚊炮船设计制造。该船"长十九丈七尺,宽四丈,吃水一丈三尺一寸,载重二千一百吨"⑤。裴荫森在奏稿中称此舰"船式精良,轮机灵巧,钢甲坚密,炮位严整"⑥,反映了19世纪晚期中国造船技术达到了较高水平。"平

---

① 沈传经:《福州船政局》,成都:四川人民出版社,1987年,第164页。
② 中国史学会:《洋务运动》第8册,上海:上海人民出版社,1961年,第370页。
③ 林庆元:《福建船政局史稿》,福州:福建人民出版社,1986年,第165页。
④ 中国史学会:《洋务运动》第5册,上海:上海人民出版社,1961年,第267—268页。
⑤ 林庆元:《福建船政局史稿》,福州:福建人民出版社,1986年,第226页。
⑥ 中国史学会:《洋务运动》第5册,上海:上海人民出版社,1961年,第371页。

远"在甲午战争中亦有出色表现:"屡受巨弹,毫无损伤,较之外购之'超勇''扬威''济远'似有过之,即较之'镇''定''致''靖''经''来'六远,亦无不及也。后为日人所得,日俄之战,该船颇著战绩。"①

福州船政局于同治十三年十月开始独立制造轮船,"仅一年时间,船体由木胁过渡到铁胁木壳;又4年两个月,船型由普通兵轮向快碰船(巡洋舰)过渡;再进而经过5年7个月……就过渡到钢甲快船'龙威'号"②。其发展速度之快,引起了西方工业界、军界和媒体的极大关注。欧美各国来华游历者,无不绕道过闽,以参观福州船政局为幸事。"船政局不但与西方船厂一样设备齐全,而且规模之大超过当时向西方学习的日本……无论是横滨或横须贺铁厂均无法跟船政局相比拟。"③因此,历史学家戚其章指出:"晚清国防工业中,以造船工业发展最早,又最有成绩,成为中国近代化的嚆矢。"④采用新型蒸汽动力的军用船舶是各国工业水平的集中体现,福州船政局"开办最早,成绩昭著,实为中国海军惟一之大制造场也,其影响于工业界、实业界者甚大"⑤。福州船政局的成立与左宗棠的努力分不开。

---

① 张侠等编:《清末海军史料》上册,北京:海洋出版社,1982年,第152页。
② 张家瑞:《李鸿章与晚清海军舰船装备建设的买与造》,《军事历史研究》,1998年第3期。
③ 林庆元:《福建船政局史稿》,福州:福建人民出版社,1986年,第50页。
④ 戚其章:《晚清史治要》,北京:中华书局,2007年,第157页。
⑤ 张侠等编:《清末海军史料》上册,北京:海洋出版社,1982年,第145页。

(三)技术发展策略的嬗变与海军成长

在福州船政局和江南制造局自造舰艇的同时,为了跟上军事强国海军技术的发展,加快我国海军建设步伐,李鸿章主张大力购买西方先进舰船并付诸实践。特别是19世纪70年代发生的日本侵台事件,日本之所以敢藐视中国,"正恃铁甲船为自雄之具"①。因此,李鸿章、沈葆桢等人意识到,要提高中国沿海的防卫能力,消除来自日本的威胁,必须拥有铁甲船。清政府在19世纪70年代主要向英国购买舰船,自80年代起逐渐转向新兴军事强国德国购买。"从1875年筹建海军到1884年中法战争的10年间,清廷购买并已使用的巡洋舰(亦名碰快船)两艘,炮舰12艘,共为14艘;自制各式兵船14艘。连同原有舰船,虽未成军,但已是初具规模的三洋水师了。"②

中法战争结束后,清政府总结海军惨败的教训,愈加认识到加强海防建设的紧迫性,提出了"大治水师为主"③的方针。1888年10月,清政府批准了《北洋海军章程》,北洋海军正式成军。至此,北洋海军已有定远、镇远两艘铁甲船、巡洋舰7艘、蚊炮船6艘、鱼雷艇6艘、3艘练习舰、1艘运输舰,共25艘,实力一度位居亚洲海军第一位。与此同时,海防军事工程也取得了可喜进步。洋务派认识到,沿海仍需择要仿制西洋之势修筑炮台,使其"与沿

---

① 中国史学会:《洋务运动》第2册,上海:上海人民出版社,1961年,第337页。
② 夏东元:《洋务运动史》,上海:华东师范大学出版社,1992年,第344页。
③ 朱寿朋:《光绪朝东华录》第2册,北京:中华书局,1984年,第51页。

海水师轮船,相为表里,奇正互用,则海滨有长城之势,而寇盗部位窥视矣"①。因此,李鸿章先后在旅顺口、大连湾、威海卫等地,"既设军港,筑船坞,复建炮台,移陆军精兵分扎,累年经营,蔚成重镇"②。洋务运动末期,"无论是海防思想还是海防建设,在此阶段中都达到了其发展的巅峰"③。然而,令人遗憾的是,自成军以后,北洋海军未再增添任何新式军舰,晚清海军也便走上了一条下坡路。

通过同光年间的海防大讨论,作为海军事务主管大臣的李鸿章海防思想也有了很大转变。早在1876年9月,李鸿章就致函船政大臣吴赞诚,建议吴赞诚建造新式巡洋舰。及至1880年,李鸿章已认识到:"夫军事未有不能战而能守者,况南北滨海数千里,口岸丛杂,非购置铁甲等船,练成数军,决胜海上,不足臻以战为守之妙。查西洋兵船,利于海面进攻者约有三种,一、铁甲船,形式大小不等,铁甲厚薄不等,船首冲锋有无不等。一、快船,或配铁木,或用钢壳,专取行驶快速,能追击敌船,而为敌船所不及。一、水雷船,吃水虽浅,或带在大船上,或隐于大船后,冲击最宜。"④对梅启照"水胜于陆"的观点深表赞同:"梅启照谓水能兼陆,陆不能兼水,敌船可以到处窥伺,我挫则彼乘势直前,彼败则我望洋而叹,洵属确论。"⑤即便是当时尚在清流派阵营中的张之洞对洋务派的购舰活动也能持理解甚至赞赏的态度,甚至要求增

---

① 张侠等编:《清末海军史料》上册,北京:海洋出版社,1982年,第10页。
② 罗尔纲:《晚清兵志》第2册,北京:中华书局,1997年,第16页。
③ 戚其章:《晚清史治要》,北京:中华书局,2007年,第35页。
④ (清)李鸿章:《李鸿章全集》第3册,北京:时代文艺出版社,1998年,第1433页。
⑤ (清)李鸿章:《李鸿章全集》第3册,北京:时代文艺出版社,1998年,第1564页。

加引进西方军事技术的力度:"李鸿章新购蚊子船,颇称便利,惜为数不多,其价尚廉,似宜向欧洲续造数十艘。"①"惟有立发数十万金,饬南、北洋大臣向上海洋行迅速购买各种精巧后膛洋炮、洋枪及戈登所云之春坎炮,并火药炸弹等物。"②

日本吞并琉球后,清廷痛下决心购买先进铁甲舰,并颁布上谕:"现在各国恃有铁甲船,狡焉思启,则自强之策自以练兵购器为先。著李鸿章、沈葆桢妥速筹购合用铁甲船、水雷以及一切有用军火,用备缓急,不得徒托空言。"③李鸿章奉谕后将发展海军技术作为推进洋务的"中心课题",立即致电驻德公使李凤苞,委托其在西欧各国查看"须购用何项铁甲与中国海口相宜?能制日本之船,每船约实银若干?"④中国海军技术也因此走上了快速发展的道路。到甲午战争爆发之前,清政府已经拥有一支约80余艘军舰的海军,其中包括"定远""镇远"等当时远东地区最大、最先进的战舰,综合实力步入世界海军十强之列。此时,李鸿章显然不再视海军为陆军的附属,而是有了"海陆相依,海陆兼防"的思想:"自来设防之法,必须水陆相依,船舰与陆军实为表里。"⑤并且赞成内阁学士梅启照"水能兼陆,陆不能兼水"⑥的观点。

---

① (清)张之洞:《张之洞全集》第1册,石家庄:河北人民出版社,1998年,第37页。
② (清)张之洞:《张之洞全集》第1册,石家庄:河北人民出版社,1998年,第63—64页。
③ 张侠等编:《清末海军史料》下册,北京:海洋出版社,1982年,第552页。
④ (清)李鸿章:《李鸿章全集》第6册,北京:时代文艺出版社,1998年,第3755页。
⑤ (清)李鸿章:《李鸿章全集》第5册,北京:时代文艺出版社,1998年,第2682页。
⑥ (清)李鸿章:《李鸿章全集》第3册,北京:时代文艺出版社,1998年,第1564页。

三、福州船政局与清末海军军事技术人才力量的成长

魏源早在19世纪40年代就关注水师技术人才的培养,并建议闽、粤两省武试中增设水师一科。然而遗憾的是,决策层对魏源的建议没有给予应有的重视。20余年后,左宗棠在奏请设局造船时远见卓识地提出造船与育才并举的思路:"如虑船成以后无人堪作船主、看盘、管车诸事,均需雇请洋人,则定议之初,即先与订明,教习制造即兼教习驾驶,船成即令随同出洋,周历各海口……将来讲习益精,水师人材固不可胜用矣。"①因此,左宗棠与日意格商定的创办船政局保约中,即包含了创办学堂的内容。其任务是"为中国海军培养造船工程技术人员和海上作战指挥、驾驶人员,目的是为了培养中国自己的海军技术人才,防止被外国长期操纵和控制海防技术的大权"②。

左宗棠的继任者沈葆桢同样认为,培训人才比实际造船更重要。因此,在合同期内,船政局的培训计划也全面展开。福州船政学堂分为前、后学堂两个部分。"船政前后学堂是近代洋务运动中成绩显著、影响深远的一所近代学校……。它是我国当时师资力量最雄厚的一所科技学校,也是最早采用西方教学制度某些环节和一些方法的新式学校。"③前学堂聘请法国教师,教授法国轮船制造技术,课程主要有法文、算术、几何、代数、图画、机械制

---

① (清)左宗棠:《左宗棠全集·奏稿(三)》,长沙:岳麓书社,1989年,第62页。
② 董守义:《清代留学运动史》,沈阳:辽宁人民出版社,1985年,第107页。
③ 林庆元:《福建船政局史稿》,福州:福建人民出版社,1986年,第76页。

图、机械操作等,其附属绘事院则专门教学绘图技术;后学堂则聘请英国教师,教授英国驾驶技术,课程除英文外,与前学堂大同小异。此后,随着福州船政局的发展,学堂的规模也相应扩大,并增设专门培养技工人才的"艺圃"。及至1883年,福州船政学堂除"艺圃"学生外,"有前堂学生四十七人,后堂学生七十一名,管轮学生三十一名,共计一百四十九名"①。在福州船政学堂的鼎盛时期,合计艺圃学生共达三百多名。② 据统计,福州船政学堂先后培养了600余名海军指挥与技术人才。其中军事技术人才绝大多数供职于海军各舰队,成为推进晚清海军军事技术近代化的中坚力量。

海军军事指挥人才和军事技术人才的留学教育,在中国近代留学运动史上也写下了光辉的篇章。日意格认为,鉴于海军技术的飞速发展,船政学堂毕业生的教育要不间断地继续下去,以使他们学到的知识得到不断更新,最好的办法显然是派遣学生出国留学。沈葆桢也打算把学生送到欧洲进一步深造,恭亲王、左宗棠和李鸿章对这一计划都表示支持。1874年,沈葆桢就为派学生赴英、法留学制定了详细章程,其中包括很多优惠政策,如"甚至规定他们可在星期天下午去观光游览,每周给国内写一次汇报,邮资由船政局支付"③。

1877年初,作为南北洋大臣的沈葆桢和李鸿章联衔上奏,提出要想避免步人后尘,就必须派遣留学生深入欧洲学习其本源。

---

① 中国史学会:《洋务运动》第5册,上海:上海人民出版社,1961年,第297页。
② 蔡冠洛:《清代七百名人传》上册,北京:中国书店,1984年,第340页。
③ [美]约翰·罗林森:《中国发展海军的奋斗(1839—1895)》,苏小东、于世敬译,北京:海军军事学术研究所,1993年,第57页。

并且认为制造学堂的毕业生应该去法国深造,驾驶学堂的毕业生应该去英国深造。他们最初计划一共派遣30名,由1名中国官员和1名欧洲人为留学生监督。两个专业的三年课程将包括理论和实践,并定期进行考试。留学生学成后将作为精通熟练的造船专家或海军指挥官回到中国。1877年3月底,日意格和李凤苞这两位监督带领的26名学生和3名艺徒前往欧洲留学终于成行。同时,赴欧培训还有其他的形式。在此之前的1875年,日意格曾去欧洲为造船购买设备时,带领船政学堂的五名高材生魏瀚、陈兆翱、陈季同、刘步蟾、林泰曾一同前往。此后,虽然反对国外留学的呼声一直没有停止,清政府还是先后派遣了四批共85名海军留学生。

这些留学生中,"有一人未能出洋,有一人被先行送回,有四人因病扶归,有三人病逝于国外"[①]。涌现出了刘步蟾、林泰曾、魏瀚、陈兆翱、严复等一批杰出的军事指技人才和军事教育人才,极大地推动了晚清军事技术近代化。福州船政局后,洋务派先后创办了天津水师学堂、昆明湖水操学堂、广东水陆师学堂、江南水师学堂等海军学校。其中天津水师学堂是一所比较齐全的学堂,设有驾驶和管轮两个专业,每个专业又分"内堂"和"外场"两个课目。"内堂课目"同福州船政学堂一样,开设英语、中国古代经典、地理、天文、航海及其他理论课;"外场课目"则学习信号、枪炮、集体操练等。天津水师学堂注重理论与实践相结合,有些课程是在航行训练中讲授的。至甲午战争前夕,"全国海军学校总数共达

---

① 董守义:《清代留学运动史》,沈阳:辽宁人民出版社,1985年,第142页。

八所。近代海军教育达到全盛时期"①。

　　清政府自创办福州船政局开始到北洋海军覆败,确实训练了一批海军人才,"但还没有出现一个能统率全军的海军将领,清政府所能选择的还只是封建官吏"②。像丁汝昌这样未谙海战的陆将却被委以海军提督的重任,从一个侧面反映了我国海军专业人才的匮乏。海军衙门中的官员,除曾纪泽等极少数人外,绝大多数包括总理海军的醇亲王不仅不谙海军事务,也不具备一般的军事技术知识,他们仅仅把这个新机关当作擢升的终南捷径。海军人才一方面供不应求,另一方面又存在"用非所学、用非所长"的现象。福州船政局的留学生学成回国后,"皆散处无事。饥寒所迫,甘为人役。上焉者或被外国聘往办事;其次亦多在各国领事署及各洋行充当翻译。我才弃为彼用,我用转需彼才"③。

---

① 姜鸣:《龙旗飘扬的舰队——中国近代海军兴衰史》,上海:上海交通大学出版社,1991年,第217页。
② 林庆元:《福建船政局史稿》,福州:福建人民出版社,1986年,第179页。
③ 张侠等编:《清末海军史料》上册,北京:海洋出版社,1982年,第129页。

下编

第十八章　从湖湘文化中汲取强军兴军力量

博大精深的中华优秀传统文化是我们在世界文化激荡中站稳脚跟的根基,要认真汲取中华优秀传统文化的思想精华和道德精髓。湖湘文化是在漫长的历史进程中逐步形成与演进的一种具有显著特色的区域文化,是中华优秀传统文化的重要组成部分,它既为文化强国战略提供了有力的思想支撑,也为强军兴军增添了丰富的养料。在青年官兵注重个性、追求多元思想,价值取向、行为方式等差异较大的今天,运用湖湘文化拓宽强军兴军的途径,这对于把广大青年官兵的意志和力量凝聚到中国梦强军梦上,有非常重要的现实意义。

一、从湖湘文化的政治意识中汲取爱国报国的道德精髓

克劳塞维茨指出:"战争不仅是一种政治行为,而且是一种真正的政治工具,是政治交往的继续,是政治交往通过另一种手段的实现。"[1]军队是最讲政治,也是最需要政治意识的地方。湖湘

---

[1] [德]克劳塞维茨:《战争论》第1卷,中国人民解放军军事科学院译,北京:商务印书馆,1978年,第43页。

文化的突出特色是注重经世致用,经世致用要求的是对现实的关注和参与,而参与的最高境界是政治的参与,因此也就造就了湖湘文化中政治意识极为强烈的现象。特别是近代以来,与其他地域文化相比,湖湘文化中忧国忧民的政治意识尤为明显。

湖湘文化中的政治意识建立在高昂的爱国主义精神之上。湖湘文化源头的代表性人物屈原、贾谊就有浓烈而执着的故国乡土之情,这种浓重的爱国情操在湖湘文化中一脉相承。近代湖湘文化的发展,孕育和推动了爱国主义的发展。可以说,在湖湘文化中,救亡图存、爱国报国、忠诚献身的信念追求历来是主旋律。魏源的"梦回汉使㟖头外,心在秦时明月先"、左宗棠的"身无半文,心忧天下"、毛泽东的"埋骨何须桑梓地,人生何处不青山",无不体现了这种责任和担当,饱含着为信念为正义为国家舍生取义的大爱情怀和崇高境界。

在历次抵御外敌入侵和争取民族独立的战争中,湘籍精英都表现了大无畏的爱国主义精神,写下了许多威武雄壮,动人心魄的篇章。湘军统帅左宗棠在国难当头之际挺身而出,抬棺西征,把个人的命运与国家、民族的命运联系在一起,破灭了英、俄等帝国主义国家分裂中国领土的阴谋。清末民初,蔡锷以极大的热情关注着国家和民族的命运。袁世凯倒行逆施称帝后,蔡锷振臂一呼,首先举起护国反袁的旗帜。以毛泽东、刘少奇、任弼时为代表的湘籍无产阶级革命家群体更是怀着强烈的忧国之心,以拯救天下为己任,勇敢地承担起挽救民族危亡的责任,缔造了人民当家作主的新中国。

在当代中国,社会主义核心价值观与中国特色社会主义道路的有机统一,民族精神与时代精神的有机统一,是当代爱国主义精神最本质、最重要的表现。湖湘文化中的爱国主义传统在长期革命斗争中也早已创造性地转化为坚持中国共产党的领导、坚持中国特色社会主义道路的政治自觉。强军兴军,就要汲取湖湘文化爱国报国的道德精髓,结合弘扬时代精神筑牢听党指挥的军魂。我们要在学习传承的基础上,将湖湘文化中"安邦保民""精忠报国"的忠贞思想,"吃苦在前、享受在后"的奉献精神,"心忧天下、敢为人先"的价值取向,赋予崭新的时代内涵,使湖湘文化孕育的大忠大爱、大仁大义的感情基础与我军"全心全意为人民服务"的宗旨意识高度一致起来,切实筑牢听党指挥这个强军之魂,无论国际风云如何变幻,始终坚持党对军队绝对领导的根本原则和人民军队的根本宗旨不动摇,坚决抵制"军队非党化、非政治化"和"军队国家化"等错误思想,把听党的话、永远跟党走的最高政治要求变为自觉行动,永远忠于党、忠于社会主义、忠于祖国、忠于人民。

二、从湖湘文化的尚武精神中汲取能打胜仗的意志能力

能打胜仗是强军之要,是军队存在的根本价值,也是战斗力建设和军事斗争准备的根本出发点和落脚点。湖湘文化得南北文化交汇融合之利,历经劫难,创造了自己独特的文化,形成了倔强刚毅的性格和尚武重智的精神,而永不言败的尚武精神堪称湖湘文化最耀眼的明珠。近代以来,湘人统帅的军队也以能打胜仗而著称于世。

《史记》中有一句名言:"楚虽三户,亡秦必楚也"①,可见湘楚血性根基之深厚,非其他区域可比。近代以来,湖南士人为了挽救国家和民族的危亡,焕发出了一种百折不挠的奋斗精神和勇于牺牲的献身精神。太平天国起义之后,沿江操办团练者几乎各省皆有,但唯独湘军能由小变大、由弱变强,湘军头魁人物及湘军将卒好胜斗勇的风格也尤为突出。从曾国藩组织湘军开始,湖南人就认定"国家不可一日无湖南"。曾国藩与太平天国对抗初期,常常是扎硬寨、打硬仗、屡败屡战。湘军的崛起带动了湘运之兴,尚武从军蔚然成风,以至有"无湘不成军"的俗语流传至今。

　　中法战争中,法军窜扰台湾,湘籍将领杨岳斌不顾个人安危,夜渡台湾海峡协同台湾军民一举收复基隆。在新疆遭沙俄分裂的紧急关头,年逾花甲的湘军老帅左宗棠率军西征收复新疆,维护了国家的统一。甲午战争后,维新派认为救中国要靠湖南人。熊希龄在《时务学堂公启》中宣称:"吾湘变,则中国变;吾湘立,则中国存。"杨度在所作《湖南少年歌》中更是掷地有声地说出了"若道中华国果亡,除非湖南人尽死"的惊人之语。"无湘不成军",正是湖南血性精神熏染所致。这一名言在党领导的人民军队中得到了最好的诠释。在新中国首次授衔的十大元帅中,有3位湖南人;在十名大将中,湖南人得6位;在57位上将中,湖南人占19位;在177名中将中,湖南人有45位。

　　党领导下的人民军队,血性豪气铸成其铮骨脊梁,也是其从小到大、由弱到强、从胜利走向胜利的重要保证。今天,无论战争形态如何变化,勇敢无畏始终是撬动胜利的支点。湖湘文化中的

―――――
① (汉)司马迁:《史记》,长沙:岳麓书社,1986年,第81页。

尚武精神无疑是我们培育虎狼之师的丰富养料。我们要以湖湘文化崇尚的勇敢坚毅、血性霸蛮为激励，推崇"杀了夏明翰，还有后来人"的无畏气魄，发扬谭嗣同"我自横刀向天笑，去留肝胆两昆仑"的豪迈气概，结合急难险重任务，加强在复杂恶劣、近似实战的战场环境中磨炼战斗意志、砥砺打仗作风，像彭德怀、贺龙、罗荣桓、粟裕、陈赓等开国将帅那样将死生置之度外，面对任何强敌，都敢于"亮剑"，都有敢打必胜的战斗精神、勇于一往无前、决战决胜。

三、从湖湘文化的务实学风中汲取精神力量

修身正己、以身作则、不尚空谈的务实作风是湖湘文化区别于其他区域文化又一显著特点。胡宏、张栻在宋代创立一时称盛的湖湘学派，就以求真务实的传统学风见称于世。这种务实作风，逐渐衍化成湖湘文化的基因，对其后湖湘文化的演变和近代湖南人才群体的产生有着深刻的影响。

近代思想家魏源发扬光大了湖湘文化的务实作风。魏源主张"以事实程实功，以实功程实事"，通过对当时世情和国情的悉心探究，及时调整"天朝上国"的保守自大心态，提出了"师夷长技以制夷"的振聋发聩的思想，道出了"在东西军事文化冲突中处于被动局势的东方民族摆脱落后地位追赶世界潮流的一个重要战略方针"[①]，堪称湖湘学人求真务实的优秀典范。曾国藩一生禁大

---

① 朱亚宗：《"经世致用"的拓展与局限——魏源科技价值观述评》，《江海学刊》，1995年第5期。

言以务实,其各方面的成就都体现了务实力行的功夫,曾国藩日记全面表现出其严格律己及生活节制的品质。左宗棠明确告诫其部下说:"实事求是,不宜稍涉虚浮,是为至要。"①湘籍教育家杨昌济也一向强调知行统一和力行的重要性,认为"博学、深思、力行,三者不可偏废,博学、深思皆所以指导其力行也,而力行尤要"②。青年毛泽东寄住在岳麓书院的半学斋,深受实事求是学风熏陶。毛泽东在出生入死的革命斗争中,更加认识到实事求是的深奥道理,并将其成功地融化在马克思主义的哲学体系中。1937年,毛泽东撰写了《矛盾论》《实践论》,为实事求是思想进行系统的哲学论证和阐释。1938年,毛泽东在中共六届六中全会所做的政治报告《论新阶段》中借用了"实事求是"一词,提倡马克思主义同中国实际相结合的态度。他指出:"共产党员应该是实事求是的模范,又是具有远见卓识的模范。"③

在湖湘文化勤谨务实风气的熏陶下,湖湘之人统帅的军队历来重视对军人的作风培育和道德教化,坚持以纪治军,"内修文德,外治武备"。曾国藩目睹八旗、绿营的腐朽,对经制之兵纪律松弛深恶痛绝,早年曾上《理财汰兵》一疏请求裁撤腐朽冗兵。他在创建湘军过程中极为注重作风建设,重视对军人的"以礼教化",亲自编写《水师得胜歌》《陆军得胜歌》《爱民歌》训诫部队,并写信给部下刘长佑和王鑫明确指出,"军士所过,有取民间一草一木不给钱者,即行正法,望两君日以斯言训儆之。至要至要!

---

① (清)左宗棠:《左宗棠全集·札件》,长沙:岳麓书社,1986年,第27页。
② 杨昌济:《杨昌济文集》,长沙:湖南教育出版社,1983年,第365页。
③ 毛泽东:《毛泽东选集》第2卷,北京:人民出版社,1991年,第522页。

千万千万！"①湘军作风中的优良部分，在中国革命斗争时代得到了发扬光大，中国人民解放军的一些优良传统即渊源于此。毛泽东在领导湘赣边秋收起义时，就要求部队官兵对待人民群众说话和气，买卖公平，不拉夫，不打人，不骂人。1928年3月，他向工农革命军正式颁布《三大纪律六项注意》，这个纪律后来修改补充为《三大纪律八项注意》，并长期实行，成为人民军队政治工作的重要内容。

我军是人民的军队，作风优良是我军的鲜明特色和政治优势。长期以来，我军正是靠严明的纪律战胜了一个又一个艰难险阻，从胜利走向胜利。如今，在市场经济和改革开放大潮中，面对社会不良风气的侵蚀渗透，我军要始终无愧于威武之师、文明之师、胜利之师的光荣称号，实现强军目标，就必须高度重视作风纪律建设和精神风尚养成，要始终以社会主义核心价值观和先进军事文化培育官兵，同时要从包括湘湘文化在内的优秀传统文化中汲取思想精华和道德精髓，将湖湘文化中躬亲务实、反求诸己的修养方法，修身正己、以身作则的自律精神，崇德向善、见贤思齐的价值追求发扬光大，切实筑牢作风优良这个强军之基，按照"标准更高、走在前列"的要求，把作风建设抓得紧而又紧，实而又实。

---

① （清）曾国藩：《曾国藩全集·书信（一）》，长沙：岳麓书社，2011年，第122页。

第十九章　用中华优秀传统军事文化助力强军实践

绵延数千年的中华优秀传统军事文化,是中国军事软实力的重要依托,是人民军队成长发展的深厚基础,它为中国当代军事实践提供了强大的文化支持和精神滋养,更是一剂让我军始终保持高度军事文化自信的营养剂。在实现强军目标的伟大征程中,要注重发挥中华优秀传统军事文化的重要作用,使之成为发展先进军事文化的精神之根,成为助推建成世界一流军队的力量之源。

一、先秦军事文化是中国传统军事文化的重要源流

在中华文化的百花园中,军事文化是一朵格外绚丽多彩的奇葩。兵学作为军事文化的重要组成部分,是关于战争准备和战争实施的理论与方法。① 它是战争的实践经验的集中反应,是中国传统军事文化的重要组成部分。要了解军事文化的整体面貌,就不能不考察兵学。"据《中国兵书知见录》的统计,中国目前存目

---

① 黄朴民:《秦汉兵学的建树及其文化特征》,《济南大学学报》,2001年第5期。

的兵书为3380部,其中存世兵书为2308部。"①在几千种兵书战策中,留下了古代思想家关于战争与政治的关系、战争与经济的关系、战争的性质与作用、战争观、作战指导思想、治军原则、将帅素养和指挥艺术、训练与布阵、军事技术、军制与军规等问题的深邃思考和聪明智慧,成为中华民族一笔宝贵的财富。春秋战国时期是中国古代历史上的一个重大的社会转型期,是政治、经济、文化、科技大发展时期。"文化上,学术下移,私学勃兴,诸子蜂起,百家争鸣。而绵延近600年的战争,更使军事斗争成为这一时期居特殊地位的时代主题。"②据统计,自公元前770年到公元前476年这个史称春秋时期的294年间,共发生大小战争395次,平均每年1.34次;自公元前476年到公元前221年的战国时期的255年间,有大小战争230次,平均每年0.91次。③

连绵的征战,不停地角逐,军事文化就在这样的背景下得到长足的发展。先秦是产生中国学术思想的重要源头,也是中国兵学的思想渊薮。"恰如近代西方的各种思想几乎都可以追根到古希腊一样,中国封建社会的历代思想大多可以溯源于先秦。"④早在西周时期,就有军事条令性质的文献《军政》《军志》。遗憾的是,这两部军事文献已经亡佚。《孙子兵法》是我国流传下来的最早、最完整的军事理论著作。继之,有《吴子》《司马穰苴兵法》《孙膑兵法》《尉缭子》《六韬》等问世并流传,共同组成了蔚为大

---

① 许保林:《中国兵书知见录》,北京:解放军出版社,1988年,第1页。
② 黄朴民:《先秦两汉兵学文化研究》,北京:中国人民大学出版社,2010年,第3页。
③ 中国军事史编写组:《中国历代战争年表》上册,北京:解放军出版社,2003年,第1页。
④ 朱亚宗:《中国科技批评史》,长沙:国防科学技术大学出版社,1995年,第162页。

观的先秦兵家学派。儒、道、法、墨等各大学派都特别关心和深刻思考社会军事生活及战争活动,他们从各自的立场出发,深刻论述了大量有较高理论层次的军事思想。这些论兵篇章是先秦时期兵学著作的重要组成部分,是先秦兵家在其他诸子学派著作中的拓展和延伸。发展中国先进军事文化必须继承中华民族优秀的文化传统,必须从先秦军事文化中汲取智慧。

二、汲取中华传统军事文化优秀特质助推强军实践

在如期实现建军一百年奋斗目标,加快把人民军队建成世界一流军队的伟大征程中,要发挥中国优秀传统军事文化的重要作用,汲取中华优秀传统军事文化中的辩证思维、尚武精神和和平意识等优秀特质,不断增强我军的文化软实力。

(一)中华优秀传统军事文化的辩证思维

中华优秀传统军事文化包含了丰富的唯物辩证法思想,在认识论与实践论、世界观与方法论等方面都体现了唯物辩证法思想。[1] 以《孙子兵法》为例,十三篇中包含着丰富的唯物辩证法思想的因素,涉及军事领域中的诸多矛盾。如众寡、强弱、攻守、进退、奇正、虚实、动静、迂直、勇怯、治乱和胜败等一系列矛盾。而在分析问题过程中强调"两点论",是孙子考虑和处理问题的指导思想。孙子看到,无论攻守、强弱、劳逸、奇正、虚实、远近等战争

---

[1] 李桂生:《诸子文化与先秦兵家》,长沙:岳麓书社,2009 年,第 418 页。

中的对立双方,都是互相依存的,可以互相转化的。比如敌人的防御由于"备前则后寡,备后则前寡,备左则右寡,备右则左寡;无所不备,则无所不寡"①。因此,如果避实就虚,敌人的主动地位就转化为被动地位了。这种触及矛盾转化的朴素思想,对于以弱敌强、以少胜多的国家和军队,无疑是一件锐利的思想武器,有着重要的实现意义。可以毫不夸张地说,孙武在军事理论上的辉煌成就和卓越贡献,是与其朴素的唯物论、辩证法思想密不可分的。

同样,作为同一事物的两个方面,安与危都蕴含着与自己相反的因素,彼此间相互渗透,并在一定的条件下相互转化。安中蕴含着危的因素,危中蕴含着安的契机。安危互动的关系要求军事家见微知著,从表面现象中看到隐藏着的对立因素,进而趋安避危,使安危转化向着有利于己的方向发展。《司马法》说:"故国虽大,好战必亡。天下虽安,忘战必危。"②这一充满辩证法思想的论断告诉人们,在天下太平的时候必须看到潜在的战争威胁,积极做好战争准备,如果刀枪入库、马放南山,便会面临覆亡的危险。先秦兵学强调必须具有强烈的忧患意识,将祸乱消灭于萌芽之中。

《六韬·文韬》说:"涓涓不塞,将为江河;荧荧不救,炎炎奈何;两叶不去,必用斧柯。"因此,只有防患于未然,才能保持长久的安定。其他诸如《司马法》对轻和重这一对范畴的论述"甲以重固,兵以轻胜"③,《尉缭子》关于文武的论述"兵者,以武为植,以

---

① 《孙子兵法·虚实篇》。
② 《司马法·仁本第一》。
③ 《司马法·严位第四》。

文为种,武为表,文为里"①,《军志》看待和处理战争中先发制人与后发制人的关系"先人有夺人之心,后人有待其衰"②,无不蕴含着丰富的辩证法思想。其实,毛泽东军事思想吸纳了先秦兵学思想中诸多有价值的观点和论述,包括其辩证法思想,并紧密结合中国革命的实际情况,丰富和发展了马克思主义的军事思想,创造性地回答和解决了中国革命战争一系列纷繁复杂的理论和实践问题。思维方式和思想方法不改变,因循守旧,抱残守缺,不思改革,不求进步,军事文化创新只能是一句没有实际意义的口号。这里强调的思维方式和思想方法,核心是辩证思维。

(二)中华优秀传统军事文化的尚武精神

考察中国传统社会的军人角色,有一个史实很耐人寻味,即传统社会"四民"结构中的"士",其最初的含义是指武士而非文士,军人阶层在先秦时代曾具有相当高的社会地位。③ 尚武精神在先秦得到社会各阶层的崇尚。根据周凤瀚的研究,"西周时代多数的男性封建主也同时是武士"④。顾颉刚先生也指出:"吾国古代之士,皆武士也。士为低级之贵族,居于国中(即都城中),有统驭贫民之权力,亦有执干戈以卫社稷之义务,故谓之'国士',以

---

① 《尉缭子·兵令》。
② 《左传·昭公二十一年》。
③ 熊志勇:《从边缘走向中心——晚清社会变迁中的军人集团》,天津:天津人民出版社,1998年,第2页。
④ 朱凤瀚:《商周家族形态研究》,天津:天津古籍出版社,1990年,第305页。

示其地位之高。"①同时,先秦思想家对战争问题也有了比较成熟的认识,提出了很多精辟的观点,如"国之大事,唯祀与戎"②,"夫武,禁暴、戢兵、保大、定功、安民和众、丰财者也"③等。孙武则在其兵书中开宗明义,指出"兵者,国之大事也。死生之地,存亡之道,不可不察也"④。

春秋战国时期战火频仍,为早日击败对方,战争撕开了春秋以前的温柔面纱,进入以直接消灭敌人有生力量为目的,灭国灭种的阶段。于是战争无所不用其极,秦国甚至连童子军也派往战场,而且以斩首数目论功行赏,于是坑杀降俘的事例也屡屡见于史书。人口的生产显然补偿不了战争机器的巨大吞噬。仅限于贵族从军已不能适应时代的发展需要。只有动员每一个成年男子从军才能应对规模不断扩大的战争。于是征兵制度初见端倪,某些国家如秦国出现了全民皆兵的局面。历史学家雷海宗先生甚至推测:"各国似乎都行军国民主义;虽不见得人人当兵,最少国家设法鼓励每个男子去当兵。"⑤征兵制度的完善有力地促进了尚武精神的发展。管仲变法以后,齐国部分农民有了当兵的责任。但并不是全体农民当兵,而是挑选其中的优秀分子。春秋其他各国情况与此大体相似。男子都以当兵为职务,为荣誉,为乐趣。不当兵是莫大的羞耻。

我们看《左传》《国语》中的人物由上到下可以说没有一个不

---

① 顾颉刚:《史林杂识初编》,北京:中华书局,1963 年,第 85 页。
② 《左传·成公十三年》。
③ 《左传·宣公十三年》。
④ 《孙子兵法·计篇》。
⑤ 雷海宗:《中国文化与中国的兵》,北京:商务印书馆,2001 年,第 9 页。

上阵的,没有一个不能上阵的,没有一个不乐意上阵的。即便贵为国君也不例外。在春秋时代,国君视死如归,御驾亲征的事迹不绝于书,有些如晋惠公、宋襄公等还因此遭遇了被俘的厄难。此外,一般贵族子弟在成年之前,都必须接受一定的军事教育和进行军事训练。"执干戈以卫社稷"被引为一种光荣。正如著名历史学家雷海宗指出的那样:"当兵不是下贱的事,乃是社会上层阶级的荣誉职务。战术或者仍很幼稚,但军心的盛旺是无问题的。一般地说来,当时的人毫无畏死的心理;在整部的《左传》中,我们找不到一个因胆怯而临阵脱逃的人。当时人可说没有文武的分别。士族子弟自幼都受文武两方面的训练。……即如春秋末期专门提倡文教的孔子也知武事。《论语·述而篇》记孔子'钓而不纲,弋不射宿',可见孔子也会射猎,并不像后世白面书生的手无缚鸡之力。"①

同时,需要强调指出的是,先秦兵学中的尚武精神,不包含穷兵黩武的成分,中国式的"尚武"是以战止战,并特别警戒。诚如《司马法·仁本第一》所言:"国虽大,好战必亡;天下虽安,忘战必危。"当今战争形态已由机械化战争向信息化智能化战争转变,世界新军事变革呈全方位加速发展的态势,世界各国在军事领域的竞争更加激烈。若要屹立于世界强国之林,除了要有雄厚的经济基础与先进军事技术外,还需要有先进军事文化的引领。特别要看到,长久的和平环境和市场经济的价值取向多元,很容易使官兵淡漠危机意识、松懈战斗意志、弱化战斗精神,尤其需要建设先进战斗精神文化。中华优秀传统军事文化中的尚武精神是建设

---

① 雷海宗:《中国文化与中国的兵》,北京:商务印书馆,2001年,第6—7页。

先进战斗精神文化不可或缺的精神财富。汲取中华优秀传统军事文化的尚武精神,有助于加强战斗精神培育,深化"爱军精武"的时代内涵,激发广大官兵为了人民利益不怕牺牲、一往无前的英雄气概。

(三)中华优秀传统军事文化的崇信品格

中华传统文化推崇以诚相待、以信相交,传统文化中的"信"也主要作"信用、诚信"理解。中国古代思想家特别是兵家非常注重"信"的作用。《孙子兵法》提出的将帅必须具备的"五德",即"智、信、仁、勇、严也"①,可见"信"是将帅不可缺少的品德之一。强调只有"五德皆备,然后可以为大将"。所谓"信",便指讲信、诚信、守信。孙武认为,讲信是将帅的一种美德,也是将帅力量之所在。讲信,首先要自信,优秀的将帅必须有一种不畏艰难、克服困难、敢打必胜的信念。孙武说:"善战者,求之于势,不责于人。"②就是说,善于指挥作战的将帅,在战争中,总是依靠自己的组织指挥才能,依靠自己的主观努力,去夺取战争的胜利,而不是苛求部属,推卸责任。

这种相信自己的能力和水平的心理素质,也是将帅必备的品质。其次,要信任他人。在孙武看来,信任是调动部属积极性的作用剂。《孙子兵法》曰:"知胜有五……将能而君不御者

---

① 《孙子兵法·计篇》。
② 《孙子兵法·势篇》。

胜。"①这虽然是针对国君与将帅之间的信任而言的,对于将帅与部属间的信任同样适用。就是说,"用人必须信人,只要下属有能力完成某项任务,就要让他放开手脚,积极行动,不要从中过多地干涉、牵制,做到疑人不用,用人不疑,信任下级。有信任才能上下一致,同一协力,发挥力量"。② 再次,将帅还必须立信,也即"号令一也"。恪守信用,说到做到,不讲大话,不放空炮,以信用来赢得上下左右的信任。

诚然,在不同的时代,"信"的内涵不尽相同,但诚信这一本质不会改变。忠诚老实首先通过诚信表现出来,那些阳奉阴违的人是最不讲诚信的。我们现在倡导忠诚老实,首先必须夯实诚信的道德根基,保证任何时候都坚守自己的道德信仰。对于共产党员和革命军人来说,"信"的地位和重要性更为突出,因此要坚持弘扬崇信至诚的精神品格,把坚定共产主义远大理想和中国特色社会主义共同理想作为共产党人的精神支柱和政治灵魂,始终把对马克思主义信仰、对共产主义的信念作为毕生追求。

三、推动中华优秀传统军事文化的创造性转化与创新性发展

中国传统军事文化是一个多层次、多向度、不断发展的思想体系,时刻影响和制约着生活在各个时代的中国人。中华优秀传统军事文化中蕴含着丰富的极具现代价值的思想资源,是推进军事文化创新发展的深厚根基,具有强大的生命力。如崇尚和平与

---

① 《孙子兵法·谋攻篇》。
② 顾智明:《中国军事伦理文化史》,北京:海潮出版社,1997年,第53页。

义战、反对非正义战争的军事价值观念;重谋略,尚"不战而屈人之兵"的软实力,反对一味诉诸武力的军事思想;重视战争道义的军事伦理等等。这些资源既是当代中国先进军事文化的应有之义,也是建设先进军事文化的宝贵财富,必须加以继承和弘扬。对于那些与现代军事实践发展不相适应的传统军事文化因子,必须进行扬弃,实现时代性提升,使之与当代相适应。[1] 如倡导和实行以礼治军,人治现象严重,缺乏法治意识;过度强调防御,反对先发制人;重道轻器,缺乏科学精神,军事技术发展滞后等。这些价值取向、思维方式、伦理观念,是旧时代军事实践发展的产物,与现代军事实践发展的要求不协调,与世界新军事变革的要求不相适应,显然必须进行转型。

毛泽东指出:"中国的长期封建社会中,创造了灿烂的古代文化。清理古代文化的发展过程,剔除其封建性的糟粕,吸收其民主性的精华,是发展民族新文化提高民族自信心的必要条件;但是决不能无批判地兼收并蓄。必须将古代封建统治阶级的一切腐朽的东西和古代优秀的人民文化即多少带有民主性和革命性的东西区别开来。中国现时的新政治新经济是从古代的旧政治旧经济发展而来的,中国现时的新文化也是从古代的旧文化发展而来的,因此,我们必须尊重自己的历史,决不能隔断历史。但是这种尊重,是给历史以一定的科学的地位,是尊重历史的辩证法的发展,而不是颂古非今,不是赞扬任何封建的毒素。"[2]在这里,

---

[1] 马军伟、秦国涛:《中国传统军事文化转型的几点思考》,《西南交通大学学报》,2008年第5期。
[2] 毛泽东:《毛泽东选集》第2卷,北京:人民出版社,1991年,第707—708页。

毛泽东实际上阐明了我们如何对待传统文化,当然也包括传统军事文化的基本态度、基本方法和基本原则,即"古为今用"的文化观。

从中华优秀传统军事文化中汲取智慧,弘扬中华优秀传统军事文化,必须坚持继承性与创新性相统一,需要从传统军事文化中汲取营养,但不能简单地、原封不动地继承和移植,而应该根据时代和社会发展的客观要求,对它们进行改造、批判、升华和创新,使之具有新的、特定的含义和新的表达方式,成为先进军事文化的有机因素。在这里,继承、借鉴与批判、创新是相辅相成的关系,两者在任何时候都不能相互替代。①

---

① 方永刚:《试论中国先进军事文化发展的原则要求》,《复旦学报》,2007年第4期。

第二十章　以先进军事文化助推国防科技创新的案例实践

先进军事文化是国防科技进步与创新的深层动力。近年来，国防科技大学取得了以"天河"、超精密加工、"北斗"等为代表的一批重大国防科技自主创新成果，团队成功很大程度上得益于先进军事文化的建设：强军兴国的科技价值观为国防科技创新提供不竭的精神动力；厚德博学的科技文化观为国防科技创新提供强大的智力支持；团结协作的科研传统为国防科技创新提供宽松和谐的外部环境。新的历史条件下，要使先进军事文化更有力地推进国防科技创新，必须繁荣发展强军文化、积极吸收借鉴古今中外优秀的军事文化成果、加快先进军事文化与国防科技创新的有机融合。

一、军事文化与先进军事文化的科学内涵

军事文化是人类文化的重要组成部分。界定军事文化，首先要厘清"文化"这个概念。文化可以说是一个仁者见仁、智者见智的概念。早在20世纪50年代，据美国人类学家克鲁伯和克拉克洪不完全统计，学者们在1871年至1951年间共给出了164种文化概念。文化概念的多义性和复杂性，由此可见一斑。作为文化

的一个重要分支,军事文化是在长期的军事实践活动中所形成和积淀起来的产物,是一个国家或者民族的核心文化之一,它直接关系着国防和军队建设的质量,关系着战争的成败。正如毛泽东所指出的:"没有文化的军队是愚蠢的军队,而愚蠢的军队是不能战胜敌人的。"[1]具体而言,军事文化通常是指影响和制约人们评价和从事军事活动的观念因素,主要包括军事环境、军事思维、军事价值、军事战略等内容。

在长期的军事斗争与革命实践中,中国人民解放军英勇奋战、忠于使命,在创造辉煌业绩的同时,树立了坚定的理想信念和崇高的价值追求,积淀了优良的传统和作风,形成了具有鲜明特色的先进军事文化。本书所指的先进军事文化是:中国共产党领导人民军队在长期奋斗中创造的宝贵精神财富,是体现我军性质宗旨、职能任务、历史传统的文化形态,是提高我军战斗力的重要因素和滋养官兵的精神沃土,是社会主义先进文化的重要组成部分。

与文化一样,依据不同的标准,先进军事文化有着不同的分类,依据其特点与功能可以初步划分为政治文化、科学文化和人文文化三类。军队自古以来与政治紧密联系,军事斗争在很大程度上是政治斗争的延续,因此军事文化相对于其他形式的文化而言,最显著的特点就是其鲜明的政治性。政治文化是军事文化的灵魂,它主要包括政治制度、政治路线和政治措施等。科学文化是一支军队质量和发展水平的最直接体现,它直接影响到战斗力的生成模式,决定着战争的胜负。科学文化主要包括军事科学、

---

[1] 毛泽东:《毛泽东选集》第3卷,北京:人民出版社,1991年,第1011页。

军事技术和武器装备等。先进军事文化中的人文文化主要指涉及理想信念、战斗精神、价值观念、思维方式、伦理道德、军人气质等方面潜在的精神成果,其中价值观念是人文文化的核心。

二、军事文化是国防科技创新的深层动力

纵观人类科学技术发展的历史长河,可以发现:任何一个技术创新活跃的时代,无不由先进文化引领和激励。近代科学诞生以来,世界科学活动中心先后经历了从意大利转移到英国、法国、德国和美国的过程。世界科学活动中心的转移,表面是地理位置的更替,实质是科技创新能力强弱转换的结果,这种转换包含着深厚的文化根由与文化基础。中国近现代国防科技发展过程中,"两弹一星"精神、载人航天精神为包括"两弹一星"工程与载人航天工程在内的无数重大国防科技创新成果的取得提供了强大的精神动力和智力支持。先进文化既是科技进步与创新的母体,也是其强有力的催化剂与助推器。诺贝尔奖获得者沃森在谈到双螺旋发现的情景时回忆道:"科学很少会像门外汉所想象的那样,按照直截了当合乎逻辑的方式进行。相反,科学的进步(有时则是倒退)往往全盘是人为的事件。在这些事件中,人物本身以及文化传统都起着巨大的作用。"[1]军事文化是国防科技创新的母体,为国防科技创新提供充分的养料与不竭的动力。国防科技大学军事文化建设的成功实践充分证明,军事文化所提供的精神动力与力量源泉,在该校国防科技创新事业中发挥了极其重要的

---

[1] [美]J. D. 沃森:《双螺旋》,吴家睿评点,北京:科学出版社,2006年,第13页。

作用。

(一)强军兴国的科技价值观为国防科技创新提供不竭的精神动力

科学技术本身是价值中立的,但是科学技术的研究与应用却是由人来掌控的。正如爱因斯坦所言:科学是一种强有力的工具,怎样用它,究竟是给人类带来幸福还是灾难,全取决于人自己,而不是工具。几乎一切科技进步与创新活动都带上了价值观的色彩。美国物理学家费曼也曾经指出:科学不只是大量知识的聚集,也不只是一种累积知识、验证知识的方法,它是融入了人类价值观的社会活动。国防科技创新同样不仅仅是一种纯粹的科技进步与科技创新活动,它也是融入了科技工作者自身价值观的活动。不同的科技价值观在很大程度上决定着科技工作者的研究动机、研究进程和研究目标,在科技创新活动中发挥着十分重要的作用。

从人的内在素质的角度而言,决定科技创新的主要因素有科技价值观、知识结构、交流能力与科学思维方式等。科技价值观是支撑科技工作者从事科技创新活动的精神动力,只有崇尚科学、追求真理并具有献身科学精神的人,才会有强大而持久的创新动力。对于国防科技工作者来说,崇尚科学、强军兴国的科技价值观为其国防科技创新活动提供正确的方向指引与不竭的精神动力。以国防科技大学自主创新团队为例,他们数十年自觉而无怨地坚持国防科技自主创新研究,克服重重困难,攻克道道难关,其重要原因之一,就是因为他们胸怀强军兴国的科技价值观与使命意识。长年累月超负荷工作,婉拒地方高薪聘请的事例在国防科技大学自主创新团队中不胜枚举。比如,在面对国外对我国急需的核心芯片封锁禁运的国际背景下,国防科技大学高性能微处理器团队急国家之所急,加班加点、仅仅用10个月的时间就成功研制出高性能核心芯片,满足了国家和军队重大战略需求。对此,"天河一号"总设计师杨学军道出了心声:"创新事业中,忠诚与能力同样重要。为国担当的责任与使命,是自主创新最好的'加速剂'。"高伯龙院士为了尽快参破激光陀螺的奥秘,废寝忘食,带着团队平均每人每年加班一千五百个小时以上。国防科技大学几代科研人员以强军兴国的科技价值观为己任,胸怀祖国、志在高峰、奋勇拼搏的科技价值观和使命意识已经深深沉淀为自主创新团队中先进军事文化的灵魂与内核。可以毫不夸张地说,强军兴国的科技价值观是国防科技大学自主创新团队攻克重重险阻,勇攀一个又一个科技高峰的不竭源泉与精神动力。

(二)厚德博学的科技文化观为国防科技创新提供强大的人才和智力支持

爱因斯坦在悼念居里夫人时说:"第一流人物对于时代和历史进程的意义,在其道德品质方面,也许比单纯的才智成就方面还要大。即使是后者,它们取决于品格的程度也远超过通常所认为的那样。"[1]科技工作者的科技文化观是其深层意识形态的反

---

[1] [美]爱因斯坦:《爱因斯坦文集》第1卷,许良英、李宝恒、赵中立等译,北京:商务印书馆,1977年,第339页。

应。无论是爱因斯坦,还是居里夫人,古今中外许许多多优秀科技工作者尽管个人出身、经历、环境及性格、爱好不尽相同,却有着许多共同的品格和人格。这包括他们对人生的目的,社会责任的认识,对科学的理想和信念,对道德与价值的诠释,以及他们的勤奋、毅力、严谨、求实、谦虚、谨慎等美德。正是这种优秀品德,使他们在科学实践中沿着崎岖的山路不断向上攀登,并取得光辉的成就。

同时,人类知识宝库的日益丰富促成了知识横向交流的无限可能性,由此导致文理兼修、博学多识的交叉型创新在创新方式中占据日益重要的位置。正如杨振宁所指出的:"在今天这种科学发达、发展方向繁多的时代里,只有能够掌握学科发展方向,同时对各种知识都能发生兴趣的人才才能够在科学领域里有最重要的新发现和达到最新的境界。"①

据统计,诺贝尔自然科学奖授予跨学科交叉创新的比例,20世纪初仅占1/3,20世纪末已升至2/3。自20世纪以来最伟大的几项自然科学基础创新,无一不是跨学科的交叉创新:爱因斯坦的相对论是物理学与哲学交叉之臻品,海森伯的量子力学是物理学与矩阵数学交叉之瑰宝,DNA双螺旋结构是生物学与物理学交叉之杰作,维纳的控制论则是数学、神经生理学、机械学与哲学交叉之硕果。正因为如此,美国著名科技哲学专家罗伯特教授到中国招收研究生,要求至少有三种不同本科专业的学术背景。大科学时代,各学科之间的联系日益紧密且相互交叉相互渗透。任一学科对整体世界的认识,大致只如盲人摸象,为了达于深广的整

---

① 宁平治等主编:《杨振宁演讲集》,天津:南开大学出版社,1989年,第143页。

体性认识,必须一方面立足本专业,一方面打通其他学科专业。对于国防科技工作者而言,树立厚德博学的科技文化观,多科兼修,拓展出文理兼备的知识结构,是从事国防科技创新活动的基础和前提。

网络信息化时代背景下,国防科学技术迅猛发展,现代武器装备原理复杂、结构复杂、技术复杂,需要利用多学科专业的知识和多种不同门类的技术。任何单一学科和技术均无法支撑信息化时代武器装备的发展和创新,多学科知识与技术的交叉融合是推进国防科技创新、发展现代武器装备的必然趋势。这就要求现代国防科技人员既要掌握自然科学及人文和社会科学的基本理论,又要精通技术科学的原理和方法,还要了解军事指挥艺术。对现代国防科技人员的知识结构和能力结构的这种高度综合化的要求是一般科技人员所不及的。

国防科技大学自主创新团队厚德博学的科技文化观为国防科技创新提供强大的人才和智力支持。厚德,就是始终保持政治上的坚定性和思想道德上的纯洁性,具有高度的政治觉悟、高尚的人生追求、过硬的思想品质和无私的奉献精神。博学,就是自觉钻研军事高等教育和军事高科技发展前沿知识,具有宽广的战略眼光、复合的知识结构、深厚的文化底蕴、旺盛的创新精神和精湛的业务技能。面对新军事变革的挑战,国防科技大学组建了若干个跨学科研究中心,组织多个学科合力攻关,促进学科专业的交叉融合,促进重大关键国防技术的攻克和原始科学创新。比如,光学工程学科以高科技武器装备关键技术研究为突破口,运用数学、物理等学科基础研究成果解决工程中的深层次理论与技术难题,取得光学陀螺等多项高水平科研成果,使我国成为全世界第四个能独立研制激光陀螺的国家。而自主创新团队成员中，他们为了国防和军队建设的需要，有的人甚至在50多年的科研生涯中多次改换专业和研究方向。

(三)团结协作的科研传统为国防科技创新提供宽松和谐的外部环境

美国物理学家A·芬贝格于1961年首先指出,20世纪二三十年代开始,特别是第二次世界大战爆发以后,科学技术发展进入了"大科学时代"。科学学研究表明,"大科学"有明显的特征：一是科研的难度和复杂性迅速增大,所需要的设备仪器复杂昂贵,参加研究的科技人员及所投入的资金数量都非常庞大；二是科学技术的发展越来越专业化,学科门类越来越多,同时科学劳动的社会分工越来越细化,这使得每个科研人员所能涉及的专业面及工作范围越来越窄,往往需要相互协作攻关；三是科学技术的发展在高度专业化的同时又高度综合化,并且以高度综合化为主要趋势,除出现了许多综合性的交叉学科和边缘学科之外,许多重大的科技问题需要来自不同学科和应用部门的专家学者共同参加。[①]

进入21世纪,科研工作更加趋于团队化、组织化,牛顿式的单枪匹马或作坊式的科研模式已很难完成重大科研工程项目,这就更需要团结协作的精神。正如马克思在《关于费尔巴哈的提

---

① 温熙森、匡兴华:《国防科学技术论》,长沙:国防科学技术大学出版社,1995年,第476页。

纲》中所指出的那样:"人的本质并不是单个人所固有的抽象物。在其现实性上,它是一切社会关系的总和。"①因此社会中的每个人都不可避免要面临极其复杂多元的人际关系。科技工作者也和普通人一样,要和社会建立无数的关系,虽然科技工作者一般并不追求人情练达、长袖善舞式的人际关系,但是一种和谐舒畅的人际关系和宽松包容的外部环境对科技工作者更有效地进行科学研究活动却是非常重要的。

国防科技大学自主创新团队获得的非凡成就得益于团结协作的科研传统。正如"天河一号"总设计师杨学军院士在回答"天河一号"这一奇迹是如何创造的那样:"最重要的是团结协作。"②面对大科学时代大型科技工程,国防科大坚持统一调配人财物资源,建立行政、技术、质量三条指挥线,实施矩阵式指挥管理体系,建立顺畅高效的协作机制,营造了通力合作、集智攻关的创新氛围,最大限度地调动科技人员的积极性和首创精神,从而确保项目任务的圆满完成。实际上,无论是超级计算机还是环形激光器,都是跨学科、跨领域的重大创新项目,需要各个学科的人才参与,需要大家的通力合作和协同创新,这就离不开每一个参研人员的团结协作。为了尽快完成"天河一号"这一巨大工程,国防科技大学计算机学院整合优势科研资源,由高性能计算等4个创新团队组成"联合舰队",合力攻关。硬件与软件、工程设计与工艺制作、科研人员与服务保障人员之间,既分工又合作,配合默

---

① 《马克思恩格斯选集》第1卷,北京:人民出版社,1974年,第18页。
② 赵永新:《胸怀祖国 拼搏奉献——国防科技大学自主创新团队素描(下)》,《人民日报》,2011年8月20日。

契、衔接紧密。

国防科技大学"高性能计算"自主创新团队在艰辛奋斗中总结出的"胸怀祖国、团结协作、志在高峰、奋勇拼搏"的精神,激励着一代代"银河人"披荆斩棘、勇往直前。这十六个字,是"银河人"几十年奉献、牺牲的生动写照,其中就蕴含着"团结协作"的精神。面对世界高科技领域激烈竞争的严峻形势,只有深入研究探索加快我国高科技发展的正确道路,其中包括对大团队科学管理模式的研究,在更大范围、更多领域探索"联合作战""协同作战"的形式、手段、方法,才能加快推进我国国防科技事业向世界领先水平的全面跃升。

三、军事文化助推国防科技创新的路径

国防科技创新是国防和军队现代化建设的主旋律,新的历史条件下,要使先进军事文化更有力地助推国防科技创新,必须积极吸收借鉴古今中外优秀的军事文化成果、加速先进军事文化与国防科技创新的有机融合。

(一)把培养新时代革命军人融入发展军事文化的生动实践

文化的核心问题是价值观问题,世界上各种不同的文化形态反映了创造该文化形态主体的价值取向与价值诉求。在某种程度上,文化是社会经济与政治在价值观念形态上的反映,价值观在整个文化系统中起着举足轻重的作用。从社会发展的历史进程来看,价值活动及其成果构成了文化的内容和历史特点,价值

观念及种类方式构成了文化的种类差异;价值观一旦与文化发生不和谐,便会造成严重冲突,这种冲突或者导致价值观的变革,或者导致文化的危机。军人核心价值观是军事文化的灵魂,它规定军事文化的性质、指引军事文化的发展方向、彰显军事文化的作用与功能。

2014 年 10 月 30 日,习近平主席在福建省上杭县古田镇召开的全军政治工作会议上鲜明提出,着力培养"有灵魂、有本事、有血性、有品德"的新一代革命军人。此后,又多次强调,要引导官兵争做"四有"革命军人。这是习近平总书记从时代和全局出发,为实现中国梦强军梦所做出的重要战略谋划,深刻回答了新形势下培养什么样的军人、怎样培养新一代革命军人的重大问题,为培养堪当强军兴军重任的革命军人提供了科学指南和根本遵循。培养"有灵魂、有本事、有血性、有品德"的"四有"新一代革命军人,反映了强军目标对铸魂育人的时代要求,实现了中国共产党培养合格革命军人目标要求的与时俱进,体现了祖国和人民对广大官兵的期望重托。"四有"回答了强军兴军进程中我军官兵应当具备的政治信仰、素质本领、精神特质和道德情操,立起了官兵立身立志立德的基本准则,树起了新一代革命军人应有的样子。要使先进军事文化更强有力地助推国防科技创新,必须充分发挥"四有"的支撑与引领作用。

当今时代,以国防科技创新为主导、基于信息系统的体系作战能力成为决定战争胜负的关键要素,这要求我军官兵自觉适应军队向智能化、信息化转型的需要,坚持提高官兵的创新能力和信息化素质。未来智能化战争中,高技术武器装备的复杂性和智能性对参战人员的意志和信念提出了更高的要求。从这个层次来说,精神因素是未来战争中敌我双方对抗的重点,而精神的对抗从根本来说是意志的对抗,意志的对抗实质就是核心价值观和文化信仰的对抗。只有增强凝聚力和向心力,强化国防科技工作者的使命感和责任感,才能使他们更加自觉自主地坚持国防科技自主创新,在未来的体系作战中成为最后的强者和胜者。坚持培育是发展先进军事文化的根本任务,是持续推进国防科技创新的精神动力。

(二)积极吸收和借鉴古今中外优秀军事文化成果

文化是在社会历史长河中逐步积淀起来的,文化的繁荣和进步既需要传承和交流,也需要发展和创新。任何先进文化都是对以往文明成果在批判基础上的继承、发展和创新。先进军事文化是在长期的革命斗争和实践经验中形成的,创新是先进军事文化的鲜明特色和本性。

我军成长壮大的历史表明,先进军事文化是提升我军战斗力的重要因素,它不仅为我军克敌制胜提供重要的思想保证,而且为国防科技的发展提供强大的精神动力。在"热爱祖国、无私奉献、自力更生、艰苦奋斗、大力协同、勇于攀登"的"两弹一星"精神指引下,"两弹一星"科学共同体克服重重困难,艰苦奋斗,以其惊人的智慧和高昂的战斗精神实现了高水平的技术跨越,创造了科技发展的奇迹。载人航天精神、银河精神在对"两弹一星"精神传承和创新的基础上,为我国载人航天事业和巨型计算机事业的发展提供了强大的精神动力,引领了国防科技创新的又一奇迹。可见,创新发展先进军事文化,密切关系到国防和军队建设的科学发展,关系到国防科学技术的进步与创新。

军事文化要更强有力地助推国防科技创新,必须积极吸收借鉴古今中外优秀的军事文化成果,树立与时俱进的开放思维。"只有在综合全人类军事文化优秀成果的基础上,结合我军现代化的实践进行创新,才能始终代表中国先进军事文化的前进方向。"[1]中国传统军事文化源远流长,体现了追求和平、崇尚道义、重视武德、礼智信勇等一以贯之的精神追求和价值观念,是中国军队的宝贵资源。繁荣发展强军文化,要在继承和发扬中国传统军事文化精华的基础上,构建起与新军事变革时代发展同步的中国特色社会主义的先进军事文化,保持先进军事文化的生机和活力。

文化具有多样性,每个国家和每个民族都有自己独特的文化,相互之间的交流、学习和借鉴是繁荣发展文化的前提条件。当今网络信息化时代背景下,随着军队职能使命的不断拓展,军队的国际交往更加频繁。大科学的时代背景下,国防科技创新更是离不开广泛深入的国际交流与合作。积极吸收和借鉴外军的优秀文化成果,努力提高军队跨文化交流的能力,是创新发展先进军事文化的有效途径,也是有效推进国防科技创新的加速剂。

(三)加速军事文化与国防科技创新的有机融合

军事文化与国防科技创新相辅相成。一方面,军事文化是国防科技进步与创新的母体和助推器;另一方面,军事文化的繁荣

---

[1] 徐长安:《军事文化学》,北京:解放军出版社,2009年,第271页。

和发展同样离不开国防科技创新。从科学与文化的关系来说,文化的传承、交流与发展离不开科学技术。就文化的传承而言,它首先需要的是物化的基本载体,而物化载体的出现是离不开科学技术的,这样的例子俯拾皆是。

　　试想,如果没有造纸术和印刷术的发明,诸多文艺作品何以流传至今?如果没有照相机、录音机、摄像机、光盘等等,我们何以在今天还能欣赏到自1896年以来历届现代奥运会的盛典图片和实况场景?科学技术通过创造新工具和新产品为文化的传承提供基本的物化载体。就文化的交流而言,科学技术通过对信息进行加工、处理和传递介入文化领域,为文化的交流和进步提供基本手段。从古代的烽火台到19世纪电磁技术广泛应用于通信传播,再到今天电话、电视、互联网、人工智能的普及,科学技术大大加深和拓展了信息的加工处理与传递,成为当今文化传播与交流须臾不可离开的手段。

　　同样,国防科技创新的外化成果也是军事文化的物质基础和重要支撑,它推动着先进军事文化的繁荣与发展。要使军事文化更强有力地助推国防科技创新,必须正确把握先进军事文化与国防科技创新的内生互动关系,加速军事文化与国防科技创新的有机融合。一方面要使军事文化孕育的核心价值观引领国防科技创新的方向,为国防科技创新提供正确的探索路标;要使军事文化培育出的进取心、责任感、凝聚力,为国防科技创新提供源源不断的精神动力。另一方面要加强核心技术、关键技术的攻关,通过大批国防科技创新活动的物化成果,来支撑军事文化的物质基础、硬件装备、软件和系统的研制与自主发展等,从而增强军事文化产业的核心竞争力,使军事文化能更好地服务于国防科技创新。因此,正确把握军事文化与国防科技创新的内生互动关系,不断推进军事文化与国防科技创新的有机融合,不仅是繁荣发展军事文化的重要方式,也是加速推进国防科技自主创新、全面推进武器装备现代化、建设世界一流军队的有效路径。

第二十一章　以高度的军事文化自信推动强军兴军

文变染乎世情,兴废系乎时序。党的十九大报告指出,"文化是一个国家、一个民族的灵魂。文化兴国运兴,文化强民族强"①。一个民族的觉醒,首先是文化上的自觉和基于这种自觉之上的文化自信。党的二十大报告强调,"全面建设社会主义现代化国家,必须坚持中国特色社会主义文化发展道路,增强文化自信"②,一个国家和民族之所以能站上人类文明的制高点,首先得益于文化"自知之明""文化自信"后的励精图治、砥砺奋进。同时,国家和民族的每一个进步,都是迈向文化自信的一步。文化是一个国家和民族的根与脉,同样是一支军队的魂与魄。军事文化意蕴越来越深,军事文化在军事实践中的作用也愈益重大。可以毫不夸张地说,一支军队的发展壮大,很大程度上取决于其军事文化自信的程度。军事文化自信在我军由小到大,由弱到强的过程提供了

---

① 习近平:《决胜全面建成小康社会　夺取新时代中国特色社会主义伟大胜利——在中国共产党第十九次全国代表大会上的报告》,北京:人民出版社,2017年,第40—41页。
② 习近平:《高举中国特色社会主义伟大旗帜　为全面建设社会主义现代化国家而团结奋斗——在中国共产党第二十次全国代表大会上的报告》,北京:人民出版社,2022年,第42—43页。

源泉和不竭动力。当前,建设世界一流军队,推进强军兴军伟业,更需要高度军事文化自信凝聚意志力量,提供深层动力。

一、军事文化自信是决定战争胜负的深层因素

文化自信既不是妄自菲薄,也不是夜郎自大,其前提是基于理性的文化自觉。"文化自觉是一个民族对于自身文化之由来、发展历程、内在特质、现实状况、发展趋势的理性把握,对于自身文化与其他民族文化关系的理性把握。"[1]以此推及,军事文化自觉是一支军队对于自身军事文化的理性认知。军事文化自信就是基于理性认知上对自身军事文化价值的高度认同、充分肯定和积极践行。恩格斯在剖析欧洲军队的特点时指出,由于历史传统、民族性格,特别是不同的军事文化,造成了各个军队的许多差异,并形成了各个国家军队所特有的长处和短处。[2] 军事文化自信正是对自身长处和力量的清醒认知。

纵观世界军事史,引领军事变革方向的军队并不是一开始就处于领军的位置。恰恰相反,它们最初都是处于弱势的一方,都是在打了几场败仗后,有了高度的军事文化自觉,从自我革新的苦痛中分娩未来的。他们总是不停地实现自我变革,在不停地自省、筛选中积淀那些有利于自己茁壮成长的营养元素,并逐渐积累军事文化自信的因子。反观军事变革时期被历史潮流所淘汰湮没的军队,其领导者往往看不到自身军事文化的衰微与落后,

---

[1] 李宗桂:《文化自信是强大的精神力量》,《人民日报》,2016年9月14日。
[2] 《马克思恩格斯军事文集》第1卷,北京:战士出版社,1981年,第224页。

他们无不失去了军事文化的"自知之明"。从公元3世纪起,古罗马进入军事史上军事理论、组织体制和作战方式的大转变时期。伴随而来的是军事和政治的全面崛起。然而当罗马军事环境文化逐步转向重文轻武,罗马公民逃避服兵役,将卫国戍边的重任交给了雇佣军时,罗马帝国便变得不堪一击了。罗马帝国的衰落何尝不是军事文化的衰落!工业革命以来,面对狂飙猛进的西方先进军事理论和军事技术,清朝官员大多坐在无知于近代军事文化嬗变的愚昧厚垫上,最终只能饱尝"落后就要挨打"的滋味。

战争实践表明,"提高军事文化认识水平及军事文化反省力度,保持清醒的军事文化自觉意识,是推进军事实践发展、实现军事变革的逻辑与认识前提"①。随着科学技术的飞速发展,军事文化因素在战争和军事变革中的作用日益突出。纵观中外军事变革史,可以得出这样的结论:每一次引领军事变革的军队,都伴随着最初的军事文化自知之明和随后的军事文化大发展、大飞跃,而军事文化的发展和飞跃又必然巩固军事文化自信,进而对军事变革产生极其广泛而深刻的影响。军事文化自信是推进军事变革进程的深层动力,高度的军事文化自信是一支军队由弱到强的必由之路。可以预见,未来战争中,军事文化的地位和作用会更为突出,耀眼的战争桂冠仍将属于具有相对较高军事文化自信的一方。

---

① 方永刚、程建波、车跃丽:《军事文化自觉与中国先进军事文化创新》,《军事历史研究》,2006年第2期。

二、高度的军事文化自信是强军兴军的重要基石

我们的强军之路,就是一场深刻的变革,必然面对错综复杂的种种问题。打造强军文化,用军事文化自信这把金钥匙从根上破解这些问题,进而提供源动力和深层持久动力,是推进强军兴军进程的必然选择。

(一)军事文化自信是开启观念更新的解冻剂

当前全面展开的国防和军队改革,不仅涉及军队内部的领导管理体制、作战指挥体制、规模结构和政策制度的改革,而且涉及军队和社会关系的深层调整,是对原有的思想观念的一场彻底革命,必将遭到保守僵化观念的反对和抵制。对此,习近平主席指出:"要破除思维定势,树立与强军目标要求相适应的思维方式和思想观念。"[1]从历史到现实,传统习惯定势"尾大不掉",如影随形,成为改革半途而废的重要根源。在近代和更早一些时期,从新兵器的采用到被军事体制所吸收,大约需要 20 年的时间。造成这种时间上的延滞现象的一个重要原因便是保守指挥员的阻挠和抵制。

军事文化由三个层面的"同心圆"构成:最外层是器物文化层,中间是制度文化层,内核是观念文化层即思想精神价值体系

---

[1] 习近平:《以改革创新精神开拓国防和军队建设新局面 为实现党在新形势下的强军目标而努力奋斗》,《人民日报》,2014 年 3 月 12 日。

层面。器物文化层的转变尚且如此,更遑论军事体制和观念文化层的转变。可以说,在改革中,观念的转变是最难的转变,也是最根本的转变。因为将合理而有创建的思想观念运用于改革和指导战争,要比发明任何新兵器意义重要得多。因此,推进改革强军,首先要打破旧观念和旧思维的定势。如果没有军事文化自信凝聚的强大意志力量,往往会在保守僵化思维的阻挠下缴械投降。当今世界上,一国的军事改革能处于领先地位并不是偶然的。这不是哪个种族具有特殊的军事才能,而是它的政治机构和军事文化自信发挥作用的结果。实际上,军事失败并不必然成为改革动力,中间需要由内而外的催化转化过程。如果缺乏这种内在自觉和由此建立的军事文化自信的推动,变革始终只能在表面进行,在武器装备这一物质层面缓慢推进。

(二)军事文化自信是破除体制障碍的清道夫

与作为理性思维结晶的军事思想文化相比较,军事制度更加具体化和现实化,因此也更具可操作性。可以说,各种军事思想观念正是通过军事制度才能真正发挥自身的价值。"人类之所以优胜于其他动物,社会制度及其相关规范体系的存在乃是一个重要的原因,它们在某种程度上保证了人类文化的延续发展和社会组织的有序进行。"[1]军事制度文化作为军事文化的一个重要组成部分,对于军事组织的有序存在和发展,对于军事文化的发展,乃

---

[1] 徐长安、刘宝村、陶军、尚伟:《军事文化学》,北京:解放军出版社,2009年,第104页。

至一支军队的强盛,都具有极大的推动作用。当前,我们所面临的这场世界新军事革命是全方位、深层次的。正如习近平主席所指出的那样,"不仅反映在军事科技突飞猛进上,也反映在军事理论不断创新上,还反映在军事制度深刻变革上"①。军事革命一般按照"武器装备变革——体制编制变革——军事思想变革"的顺序演进。

武器装备的突破堪称军事革命的逻辑起点。与所有的革命一样,技术所带来的巨大变动将彻底影响军队的所有编制体制,打破所有传统作战样式和军事观念。实际上,军事变革最鲜明标志就是体制机制上的重塑重构。然而,体制重塑绝非易事。美国社会学家简诺威茨认为,军队是一种高度官僚化的组织,经常关注的是其独特生活方式和动作常规的永存。"任何一种既有体制都会形成固有的利益格局,一旦打破这种平衡,必然会遭到他们的反对和抵制,成为改革阻力。"②

随着军事技术的发展,体制编制的改变显然不以保守者的意志为转移。"不同时代的战争对军队的体制编制都有着不同程度的要求,优化军队的体制编制,不仅是转变战斗力生成模式的重要任务,而且对战斗力生成模式转变发挥着重要作用。"③在军事变革的过程中,军事思想和观念的变革,必须具有相应的制度体制的变革才能得以落实。当前,不论是我军组织结构和力量体系

---

① 习近平:《准确把握世界军事发展新趋势 与时俱进大力推进军事创新》,《解放军报》,2014年8月31日。
② 汤俊峰:《现代军事改革的内在困境》,《学习时报》,2015年8月6日。
③ 阎佩玮、郭建昌、李勇玲:《浅析军事文化在战斗力生成模式转变中的作用》,《军队政工理论研究》,2012年第1期。

的整体重塑,还是政策制度的调整改革,这其中始终蕴含着人民军队的高度军事文化自信,并与强军兴军事业同频共振。没有这种军事文化自信作为破除固有体制的清道夫,改革强军战略难以行稳致远。

(三)军事文化自信是洞察武器发展趋势的航向标

武器装备对战争胜负有着重要的影响。恩格斯针对他那个时代的武器装备水平指出:"手枪战胜利剑,即使最幼稚的公理论者在这里也应当明了,暴力不单是单纯的意志行为,它要求促使意志行为实现的非常现实的前提,特别是工具,其中,较完善的战胜较不完善的;其次,这些工具必须是生产出来的,同时也可以说,较完善的暴力工具即一般所说的武器的生产者,战胜较不完善的暴力工具的生产者。"[1]军队现代化首先离不开先进的武器装备。

世界军事变革的历程一再表明,军事技术发展及其引起的武器装备改进,始终是引发军事变革的先导性因素。然而技术本身不能创造革命,军事变革的发生首先取决于人们对新出现的军事技术做出怎样的回应,也即取决于他们的军事文化自觉意识。马克思用以揭开社会进化之谜的,正是武器的发展和演变这把重要钥匙。对军事文化的不同认知所产生的不同效用,必然导致完全不同的发展方向和效应。军事文化自觉意识强,军事文化自信就更具有持久的生命力和价值前景,也就愈能敏锐地懂得和感悟军

---

[1]《马克思恩格斯军事文集》第1卷,北京:战士出版社,1981年,第12页。

事技术发展中所显现和蕴含的全部意义,军事技术就发展、就创新、就领先,在军事实践中的作用就突出;反之,军事文化自觉意识弱,军事文化自信也就无从谈起,对新出现的军事技术往往视而不见或漠然处之,军事技术就缓慢、就守旧、就落后,在军事实践中的作用就弱化,两者总体趋势呈正相关。

三、培养高度军事文化自信

对我军先进军事文化的自信,是新时期国防和军队现代化建设取得巨大成就的必然要求,是实现强军目标、建设世界一流军队的价值支撑和精神动力。只有始终保持高度的军事文化自信,才能不断增强提升军事文化软实力的文化担当,才能最大程度地凝聚全体官兵的意志力量,为推进强军事业提供深层精神动力。

(一)弘扬博大精深的优秀传统军事文化

我国优秀传统军事文化源远流长、内涵宽广、博大精深,是中华民族自豪的资本,也是构筑军事文化自信的重要基石。培养高度军事文化自信必须弘扬优秀传统军事文化。

1.从中华优秀传统军事文化崇信至诚的精神品格汲取坚守信仰的道德精髓

我国传统文化推崇以诚相待、以信相交,传统文化中的"信"也主要作"信用、诚信"理解。中国古代思想家特别是儒家都非常注重"信"在修身养性中的作用,孔子曰:"人而不信,不知其可也";孟子说:"诚者天之道也,思诚者人之道也。"《大学》将"诚意""正心"视为修身的基础,认为没有诚实守信,便不可能成为真正意义上的"人"。儒家作为中国古代文化的主流,其核心价值观很大程度上反映了传统文化的标志和诉求,同时也可看出优秀传统文化的核心价值观十分重视诚信的品质和力量。

同样,我国优秀传统军事文化高度重视"信"的作用。《孙子兵法》提出的将帅必须具备的"五德",即"智、信、仁、勇、严也",可见"信"是将帅不可缺少的品德之一。所谓"信",便指讲信、诚信、守信。孙武认为,讲信是将帅的一种美德,也是将帅力量之所在。讲信,首先要自信,优秀的将帅必须有一种不畏艰难、克服困难、敢打必胜的信念。孙武说:"善战者,求之于势,不责于人。"就是说,善于指挥作战的将帅,在战争中,总是依靠自己的组织指挥才能,依靠自己的主观努力,去夺取战争的胜利,而不是苛求部属,推卸责任。这种相信自己的能力和水平的心理素质,也是将帅必备的品质。其次,要信任他人。在孙武看来,信任是调动部属积极性的作用剂。《孙子兵法》曰:"知胜有五……,将能而君不御者胜";《虎钤经》言:"王之于将也,阃外之寄,择贤授柄,举无所疑";《百战奇略》说:"上好信以任诚,则下用情而无疑",这些虽然都是针对国君与将帅之间的信任而言的,对于将帅与部属间的信任同样适用。就是说,"用人必须信人,只要下属有能力完成某项任务,就要让他放开手脚,积极行动,不要从中过多地干涉、牵制,做到疑人不用,用人不疑,信任下级。有信任才能上下一致,同一协力,发挥力量"①。再次,将帅还必须立信,也即"号令一也"。恪守信用,说到做到,不讲大话,不放空炮,以信用来赢得

---

① 顾智明:《中国军事伦理文化史》,北京:海潮出版社,1997年,第53页。

上下左右的信任。

十八届六中全会提出加强党内政治文化建设,倡导弘扬的忠诚老实,是对中国优秀传统文化所推崇的"信"的传承和发展,与孔子、孙武所说的"信"的内涵是一脉相承的。诚然,在不同的时代,"信"的内涵不尽相同,但诚信这一本质不会改变。忠诚老实首先通过诚信表现出来,那些阳奉阴违的人是最不讲诚信的。我们现在倡导忠诚老实,首先必须夯实诚信的道德根基,保证任何时候都坚守自己的道德信仰。对于共产党员来说,"信"的地位和重要性更为突出,因此要坚持弘扬崇信至诚的精神品格,把坚定共产主义远大理想和中国特色社会主义共同理想作为共产党人的精神支柱和政治灵魂,始终把对马克思主义信仰、对共产主义的信念作为毕生追求,要体现在军魂永铸、听党指挥上,坚决贯彻党对军队绝对领导这一根本原则,筑牢听党话、跟党走的思想根子。①

2.从中华优秀传统军事文化的尚武精神中汲取能打胜仗的意志毅力

能打胜仗是强军之要,是军队存在的根本价值,也是战斗力建设和军事斗争准备的根本出发点和落脚点。中华优秀传统军事文化中蕴含着丰富的尚武精神特质。"明犯强汉者,虽远必诛""黄沙百战穿金甲,不破楼兰终不还""愿得此身长报国,何须生入玉门关""封侯非我意,但愿海波平"等气度恢宏的经典名句,蕴含着视死如归的英勇气概,彰显着勇往直前的骁勇作风,激励了无

---

① 陈龙斌:《论优秀传统文化与党内政治文化建设的内在逻辑》,《湖南行政学院学报》,2017年第3期。

数热血男儿矢志报国,投身军营建功立业,造就了卫霍大军、岳家军、戚家军等众多雄师劲旅的辉煌。

近代以来,中华民族为了挽救国家和民族的危亡,焕发出了一种百折不挠的奋斗精神和勇于牺牲的献身精神。鸦片战争中,关天培亲自率军坚守炮台,以身殉国;在沙俄分裂新疆的紧急关头,左宗棠抬棺西征收复新疆,维护了国家的统一;中法战争中,老将冯子材一马当先,取得了镇南关大捷。党领导下的人民军队,血性豪气铸成其铮骨脊梁,也是其从小到大、由弱到强、从胜利走向胜利的重要保证。网络信息化条件下的现代战争,军人尚武精神的作用不但没有降低,反而更为重要。中华优秀军事文化中的尚武精神无疑是我们培育虎狼之师的丰富养料。

3.从中华优秀传统军事文化的辩证思维中获得矛盾问题的破解之道

中国古代兵家包含了丰富的辩证思维,在认识论与实践论、世界观与方法论等方面都体现了唯物辩证法思想,堪称中国古代最具哲学价值的文化。以《孙子兵法》为例,十三篇中包含着丰富的唯物辩证法思想的因素,涉及军事领域中的诸多矛盾。如众寡、强弱、攻守、进退、奇正、虚实、动静、迂直、勇怯、治乱和胜败等一系列矛盾。而在分析问题过程中强调"两点论",是孙武考虑和处理问题的指导思想。孙子看到,无论攻守、强弱、劳逸、奇正、虚实、远近等战争中的对立双方,都是互相依存的,可以互相转化的。比如敌人的防御由于"备前则后寡,备后则前寡,备左则右寡,备右则左寡;无所不备,则无所不寡。"因此,如果避实就虚,敌人的主动地位就转化为被动地位了。这种触及矛盾转化的朴素思想,对于以弱敌强,以少胜多的国家和军队,无疑是一件锐利的思想武器,有着重要的现实意义。

　　同样,作为同一事物的两个方面,安与危都蕴含着与自己相反的因素,彼此间相互渗透,并在一定的条件下相互转化。安中蕴含着危的因素,危中蕴含着安的契机。安危互动的关系要求军事家见微知著,从表面现象中看到隐藏着的对立因素,进而趋安避危,使安危转化向着有利于己的方向发展。先秦兵学强调必须具有强烈的忧患意识,将祸乱消灭于萌芽之中。《六韬·文韬》说:"涓涓不塞,将为江河;荧荧不救,炎炎奈何;两叶不去,必用斧柯。"因此,只有防患于未然,才能保持长久的安定。其他诸如《司马法》对"轻"和"重"这一对范畴的论述"甲以重固,兵以轻胜"、《尉缭子》关于文武的论述"兵者,以武为植,以文为种,武为表,文为里"、《军志》看待和处理战争中先发制人与后发制人的关系"先人有夺人之心,后人有待其衰",无不蕴含着丰富的辩证法思想。其实,习近平强军思想中蕴含的辩证法思想,正是以马克思主义经典作家的军事辩证法思想为理论渊源,以中华优秀传统兵学为强军文化根脉,紧密结合国家安全威胁叠加凸显期、国家和军队由大到强质量跃升期、中国特色军事变革加速推进期、军队履行使命任务严峻考验期的时代特征,思考国防和军队建设中突出矛盾问题的破解之道,既深化了我们党对军事力量建设和运用规律的认识,又推动我们党的军事辩证法思想取得新的重大发展。①

---

① 肖冬松:《党的军事辩证法思想的重大创新发展》,《人民日报》,2016年11月9日。

(二) 传承奋发向上的人民军队独有的革命文化

十月革命一声炮响,给中国送来了马克思列宁主义。"在近代以后中国社会的剧烈运动中,在中国人民反抗封建统治和外来侵略的激烈斗争中,在马克思列宁主义同中国工人运动的结合过程中,一九二一年中国共产党应运而生。"①从1921年起,党带领全国各族人民进行了28年的浴血奋战,在这二十多年的艰苦斗争中形成了一系列革命精神,孕育出了奋发向上、不畏艰险、勇于牺牲、敢于担当革命文化。它是中国共产党人培育创造并具有独特文化价值的文化形态。"这一文化迸发出生生不竭、代代不息的文化动力,激励着一代又一代的中国共产党人领导中国人民矢志不移、不断前行。"②

纵观党和人民在伟大斗争中形成的革命精神,是我党由小到大、由弱到强、不断发展壮大的精神力量支撑,具有超越时空的恒久价值和旺盛生命力。从"建党精神"到"井冈山精神",从"苏区精神"到"长征精神",从"延安精神"到"西柏坡精神",这些先进军事文化是人民军队光荣传统和优良作风的生动体现,是我军特有的政治优势,已经成为我军各个时期创造奇迹的精神支柱和力量源泉,成为传统教育的有力思想武器,成为推进强军兴军的宝贵精神财富,必将激励着一代又一代革命军人献身使命、建功立

---

① 习近平:《决胜全面建成小康社会 夺取新时代中国特色社会主义伟大胜利——在中国共产党第十九次全国代表大会上的报告》,北京:人民出版社,2017年,第13页。
② 黄海:《文化自信的来源和底气》,《光明日报》,2016年8月10日。

业。习近平总书记在党的十九大报告中,向全军发出了"传承红色基因、担当强军重任"的号召。建设世界一流军队,必须用红色基因铸魂、励剑、聚气、正心,才能真正回答好习近平主席"能不能始终坚持住党的绝对领导,能不能拉得上去、打胜仗,各级指挥员能不能带兵打仗、指挥打仗"的胜战之问、使命追问。[1]

(三)弘扬具有鲜明时代特色的社会主义先进文化

时代是文化的脉搏。任何一种文化想要获得大繁荣大发展,都必须与时代脉搏一起跳动。新时代中国特色社会主义强军文化,本质上"是一种反映时代、充满活力的文化,必将从改革创新中吸收营养,同时又为深化改革注入强大精神动力"[2]。具有鲜明时代特色的社会主义先进文化为创新发展新时代中国特色社会主义强军文化提供了丰富的滋养。

弘扬社会主义先进文化,根本的是培育和践行社会主义核心价值观。"社会主义核心价值观是社会主义先进文化的精髓,它坚持一元性与多样性、先进性和广泛性的有机统一,体现了当代中国社会主义在价值观上的'最大公约数',让社会主义先进文化永葆生机与活力。"[3]在社会主义核心价值观中,最深层、最根本、最永恒的是爱国主义。必须把爱国主义作为永恒主题,贯穿强军文化建设全过程。必须坚持爱国主义和社会主义相统一,始终围

---

[1] 陈振宇:《坚持用红色基因铸魂聚气正心》,《解放军报》,2018年1月10日。
[2] 军事科学院军队政治工作研究中心:《打造具有我军特色的强军文化》,《解放军报,》2015年2月27日。
[3] 徐茂华:《增强社会主义先进文化自信》,《人民日报》,2017年4月28日。

绕实现民族富强、人民幸福而发展,最终汇聚于中国特色社会主义。"新时代军事文化建设,最紧要的是高举中国特色社会主义伟大旗帜,以习近平新时代中国特色社会主义思想为指引,贯彻党在新时代的强军目标,努力建设贴近时代、助力强军、面向未来、面向世界的先进军事文化,为深入推进国防和军队改革、全面建成世界一流军队提供持久动力。"①必须维护祖国统一和民族团结,旗帜鲜明反对分裂国家的图谋、破坏民族团结的言行。必须尊重和传承中华民族历史和文化,不断增强中华民族的归属感、认同感、尊严感、荣誉感。

---

① 周皖柱:《努力担负起发展新时代强军文化使命》,《解放军报》,2017年12月18日。